"O transtorno bipolar pode fazer você se sentir como se tivesse perdido o controle de sua vida. Com sabedoria prática e dicas fáceis de implementar, o Dr. Miklowitz mostra como recuperar o senso de controle sobre essa condição às vezes frustrante e muitas vezes desconcertante. Suas ideias são inestimáveis para quem tem um diagnóstico de transtorno bipolar ou que se preocupa com alguém diagnosticado. É raro encontrar tanta experiência clínica combinada com uma compaixão tão genuína."

—*Terri Cheney, autora de* Manic: A Memoir

"Este é um livro excelente — um guia prático para viver com transtorno bipolar. O Dr. Miklowitz, uma autoridade aclamada no tratamento de transtornos do humor, fornece sugestões claras e valiosas sobre como lidar com uma condição que parece intransponível."

—*Kay Redfield Jamison, PhD, autora de* Uma mente inquieta

"Este é o livro que eu queria ler! Como membro de uma família com muitas pessoas diagnosticadas, acho o livro do Dr. Miklowitz um recurso inestimável. Ele escreve com autoridade, carinho e compaixão. É o remédio que toda família como a minha precisa."

—*Meg Kissinger, autora de* While You Were Out: An Intimate Family Portrait of Mental Illness in an Era of Silence

"É incrível como o Dr. Miklowitz reúne informações científicas complexas e as resume a um guia acessível sobre como viver bem com transtorno bipolar. Todos os aspectos práticos concebíveis da vida são abordados, da ansiedade ao sexo, dos pensamentos suicidas ao trato com chefes e colegas de trabalho, do combate à insônia ao controle da raiva e da irritabilidade. Um recurso incrível!"

—*Michael J. Gitlin, MD, Departamento de Psiquiatria, UCLA Health*

VIVENDO *bem* com transtorno bipolar

Autor

David J. Miklowitz, PhD, é um renomado professor de Psiquiatria e Ciências Biocomportamentais do Semel Institute for Neuroscience and Human Behavior, da David Geffen School of Medicine, University of California, Los Angeles, e professor visitante do Departamento de Psiquiatria da University of Oxford, Reino Unido. Ele é autor de *The Bipolar Disorder Survival Guide*, para o público geral, e de vários livros premiados para profissionais, incluindo *Bipolar Disorder: A Family-Focused Treatment Approach*, 2ª edição. Dr. Miklowitz publicou mais de 300 artigos científicos e 70 capítulos de livros. Ele recebeu prêmios de "Renomado Pesquisador" da Brain and Behavior Research Foundation, da Depression and Bipolar Support Alliance, da International Society for Bipolar Disorders e da Society for a Science of Clinical Psychology. Foi nomeado para cátedras da University of Oxford, do Massachusetts General Hospital, da University of Massachusetts School of Medicine e da Case Western Reserve University School of Medicine. Ele é um dos poucos psicólogos a ter recebido o Prêmio de Pesquisa em Transtornos do Humor do American College of Psychiatrists.

M636v Miklowitz, David J.
Vivendo bem com transtorno bipolar : estratégias práticas para melhorar seu dia a dia / David J. Miklowitz ; tradução : Daniel Bueno ; revisão técnica : Thiago Henrique Roza. – Porto Alegre : Artmed, 2026.
x, 283 p. ; 23 cm.

ISBN 978-65-5882-355-1

1. Psiquiatria. 2. Transtorno bipolar. I. Título.

CDU 616.89-008

Catalogação na publicação: Karin Lorien Menoncin – CRB 10/2147

DAVID J.
MIKLOWITZ

VIVENDO *bem* com transtorno bipolar

estratégias práticas para melhorar seu dia a dia

Tradução:
Daniel Bueno

Revisão técnica:
Thiago Henrique Roza
Psiquiatra e psiquiatra forense. Professor adjunto do Departamento de Medicina Forense e Psiquiatria da Universidade Federal do Paraná (UFPR). Doutor em Psiquiatria e Ciências do Comportamento pela Universidade Federal do Rio Grande do Sul (UFRGS) e pelo Programa Tripartite em Psiquiatria Translacional do Desenvolvimento (USP, Unifesp, UFRGS). Jovem Liderança Médica da Academia Nacional de Medicina.

artmed

Porto Alegre
2026

Obra originalmente publicada sob o título *Living Well with Bipolar Disorder: Practical Strategies for Improving Your Daily Life*, 1st Edition.
ISBN 9781462553532

Gerente editorial: *Alberto Schwanke*

Coordenadora editorial: *Cláudia Bittencourt*

Capa: *Paola Manica | Brand&Book*

Preparação de original: *Adriana Lehmann Haubert*

Leitura final: *Caroline Castilhos Melo*

Editoração: *Matriz Visual*

Rua Ernesto Alves, 150 – Bairro Floresta
90220-190 – Porto Alegre – RS
Fone: (51) 3027-7000

SAC 0800 703 3444 – www.grupoa.com.br

IMPRESSO NO BRASIL
PRINTED IN BRAZIL

Prefácio

Escrevo sobre transtorno bipolar desde o início dos anos 1980, a partir de um conjunto de experiências que tive como estagiário de Psicologia na Clínica de Transtornos do Humor da University of California, Los Angeles (UCLA). Eu tinha 20 e poucos anos e tive a sorte de receber a incumbência de dirigir um grupo noturno de apoio para pessoas com transtorno bipolar. Boa parte do trabalho era focada em como viver uma vida satisfatória e produtiva apesar do transtorno. Não me lembro muito bem do que disse ao grupo, mas me lembro do que me disseram. Cada pessoa tinha uma história distinta e passou pelo inferno do transtorno bipolar: hospitalizações, tentativas fracassadas de medicação, tentativas de suicídio e conflitos familiares graves. Ouvi, ainda, grandes histórias de alegria durante a mania. Suas vidas eram muito mais aterrorizantes — e muito mais emocionantes — do que a minha.

Um participante me abordou depois de uma reunião de grupo e perguntou o que eu fazia quando voltava para casa à noite. Eu voltava para o meu apartamento de um cômodo e ficava olhando para uma única lâmpada pendurada no teto? Diante de minha hesitação, ele perguntou: "Quem é você exatamente e por que está tão interessado em nós? Você também é bipolar e está apenas escondendo isso, ou essa condição ocorre na sua família ou algo assim?". Essas são perguntas que ouvi muitas vezes desde então, geralmente quando as pessoas se questionam por que sou tão fascinado por essa condição complexa.

Nunca fui diagnosticado com transtorno bipolar, mas há muito nele com que me identifico. Os altos e baixos do humor, junto com as mudanças sutis no sono e no ritmo dos processos de pensamento. Os períodos em que fico irritado ou reativo e outros em que sinto maior emoção e excitação ou embotamento e fadiga. Talvez essas variações apenas façam parte da condição humana, ou, talvez, descobriremos que constituem uma condição bipolar subclínica. Nesse meio tempo, porém, continuo com meu fascínio.

Como surgiu este livro

A ideia para este livro surgiu de uma discussão com minhas duas editoras favoritas na The Guilford Press: Kathryn "Kitty" Moore e Chris Benton. Foram elas que me guiaram na produção de meus livros anteriores, incluindo *The Bipolar Disorder Survival Guide*, agora em sua 3ª edição. Elas me indicaram a necessidade de um livro que fornecesse soluções práticas para viver bem com transtorno bipolar — não apenas informações, mas respostas a: o que você pode fazer para evitar episódios e suas complicações? Como viver da melhor maneira possível, apesar dos drásticos altos e baixos? Como evitar que os sintomas controlem sua vida? No início de 2023, construímos um plano detalhado projetado para atingir o objetivo de responder a essas perguntas no contexto da vida diária da família e da comunidade em geral.

Minha especialização na pesquisa e no trabalho clínico é o estudo da família — como as famílias se comunicam, como resolvem problemas e, fundamentalmente, como devem ser ajudadas a entender um transtorno tão desafiador quanto o transtorno bipolar em um de seus membros. Em cada capítulo desta obra, você encontrará seções sobre como envolver sua família para ajudá-lo a lidar com esse transtorno — o que é bom e o que não é bom que eles façam e como esclarecer o que você precisa que façam. Desse ponto de vista, este livro pode ser tão útil para seus familiares quanto espero que seja para você.

Uma palavra de agradecimento

As pessoas que contribuíram para o conteúdo deste livro são numerosas demais para citar, mas gostaria de destacar algumas. Minha colaboração com Michael Gitlin, da UCLA, um dos meus primeiros instrutores clínicos e um ótimo colega e amigo, me manteve avançando nesse campo difícil. Meus colegas do Max Gray Child and Adolescent Mood Disorders Program (CHAMP) da UCLA ocupam lugar especial em meu coração, incluindo os psicólogos clínicos Patricia Walshaw, Angus Strachan, Sarah Marvin, Marc Weintraub, Megan Ichinose, Danielle Denenny, Alissa Ellis, Lisa O'Donnell e Jessica Burns; e os psiquiatras Elizabeth Horstmann, Robert Suddath, James McCracken, Peter Whybrow, Gregory Barnett, Manal Khan e Jennifer Nguyen. Além de serem grandes amigos e colegas, me ajudaram a treinar outros profissionais a diagnosticar e tratar jovens com transtornos do humor e contribuíram de maneiras imensuráveis para minha pesquisa. Os membros da minha equipe no CHAMP, principalmente as maravilhosas Georga Morgan-Fleming, Samantha Frey, Brittany Matkevich, Robin Brown e Anabel Salimian, mantiveram o programa funcionando e me acalmaram quando pensei que estava dando tudo errado.

Meus agradecimentos também vão para Grace Mellor e Seth Patrick Calvin, que contribuíram com ideias de arte e *design* para os materiais deste livro. Laurie e Steve Gordon têm apoiado continuamente meu trabalho na clínica Max Gray e sempre me incentivaram a "pensar grande".

Meus colegas da Child and Adolescent Bipolar Network ajudaram a manter a chama acesa em uma área que parece estar cercada por pessoas que não acreditam que crianças ou adolescentes possam ter transtorno bipolar. Esses colegas, por meio de seus escritos e pesquisas, mostraram o que é e o que não é verdade sobre esse transtorno em jovens: David Axelson, Melissa Batt, Boris Birmaher, Kiki Chang, Melissa Delbello, Robert Findling, Ellen Frank, Ben Goldstein, Tina Goldstein, Danella Hafeman, David Kupfer, Christopher Schneck, Manpreet Singh, Aimee Sullivan, Eric Youngstrom e o inestimável Robert Post.

Meu amor e gratidão vão para minha esposa, Mary Yaeger, uma artista, que me ajudou a manter tudo em perspectiva durante o longo e às vezes árduo processo de escrita. Sua paciência e compreensão são lendárias em nossa casa. Minha filha, Ariana, e seu marido, Steven Ross, me alegram e divertem. Meu irmão, Paul, sua esposa, Marija, sua filha, Sabina, e seu marido, Alex, trouxeram alegria e me lembraram de onde eu vim.

Mais uma vez, obrigado a Kitty Moore e Chris Benton por suas ideias, reescritas e bom humor. Sem vocês, nada disso teria visto a luz do dia.

Finalmente, obrigado às inúmeras pessoas com transtorno bipolar e suas famílias que tive o privilégio de conhecer e tratar. Obrigado por tudo que vocês me ensinaram.

Sumário

Introdução

Nos últimos 20 anos, quase todos os artigos científicos que li sobre transtorno bipolar começam dizendo que a doença é comum e prejudicial, afeta de 2 a 4% da população e custa muito dinheiro ao sistema de saúde. Geralmente, há uma declaração de que é incurável e está associada a prejuízos sociais e profissionais, abuso de substâncias e álcool e pensamentos ou comportamentos suicidas. Esses artigos costumam dizer que devemos estudar algum aspecto do transtorno (como genética, correlatos neurológicos, funcionamento imunológico ou ambientes adversos) e que isso levará à descoberta de tratamentos novos e superiores. É raro ver artigos científicos abordando a questão que é mais importante para as pessoas com o transtorno e seus familiares: **o que posso fazer para levar uma vida mais satisfatória, apesar da doença?**

Ainda que tenhamos as melhores intenções, muitas pessoas com transtorno bipolar se sentem desapontadas pelo sistema de saúde mental, seja nos Estados Unidos ou em outras culturas ocidentais. A assistência de saúde mental costuma ser complicada e ineficiente, oferecendo a maioria dos serviços às pessoas que menos precisam deles. Alguns usuários não podem contar com os tratamentos medicamentosos mais básicos para o transtorno bipolar a partir de um profissional que saiba o que está fazendo. E fazer psicoterapia para transtorno bipolar, do tipo baseada em evidências, é muito difícil de encontrar e, quando encontrada, é muito cara para a maioria da população.

Nas últimas décadas, surgiram vários relatos dramáticos em primeira pessoa sobre a vida com o transtorno, muitas vezes com expressões de esperança. Escritores como Kay Jamison, Patty Duke, Carrie Fisher, Jane Pauley, Terri Cheney e Gregg Martin enfrentaram desafios incríveis impostos pela doença, pelo sistema de saúde mental, pelas Forças Armadas, pelo meio acadêmico e, muitas vezes, por seus próprios familiares. O mais inspirador é como cada um conseguiu fazer as pazes com o transtorno e alcançar uma vida equilibrada, apesar das probabilidades baixas. O que podemos aprender com essas pessoas que tiveram carreiras criativas e bem-sucedidas e uma vida familiar gratificante, apesar de terem episódios graves de mania e depressão?

Para mim, uma conclusão desses relatos em primeira pessoa é que cada escritor descobriu formas de autocuidado para lidar com sua doença que iam além de tomar medicamentos e frequentar sessões de psicoterapia. Eles aprenderam a reconhecer os sinais iminentes de novos episódios, controlar os distúrbios do sono, reduzir o desejo por drogas e álcool e fazer uso do apoio da família ou de amizades em momentos de necessidade. Eles aprenderam a fazer distinção entre quem eram como pessoas e o transtorno. Raramente era fácil, mas eles aprenderam a usar sua criatividade, seus talentos e suas habilidades naturais para protegê-los do pior da doença e aprenderam a levar uma vida produtiva e gratificante. Para mim, são os verdadeiros heróis do nosso campo.

Este é um livro para pessoas com transtorno bipolar. O objetivo é preencher a lacuna entre a literatura científica e os relatos em primeira pessoa para abordar as seguintes questões:

- Como você pode gerenciar os desafios do dia a dia com o transtorno bipolar?
- Como você pode ter melhor qualidade de vida — com bons relacionamentos, trabalho satisfatório e visão otimista — apesar de viver com esse transtorno muitas vezes doloroso?
- O que você pode fazer além de tomar medicamentos?
- E quanto aos problemas introduzidos pelos próprios medicamentos?
- Como você pode impedir que o abuso de substâncias domine sua vida?
- Como você pode manter uma boa saúde física quando seu humor destrói sua motivação para fazer isso?
- Como você explica o transtorno para possíveis parceiros ou empregadores?
- Como você pode se valer de familiares e amigos para ajudar na estabilidade?

Se você tem transtorno bipolar, precisa de estratégias práticas quando os inevitáveis problemas da vida (alguns relacionados à doença, outros não) ocorrerem. Este livro tem como objetivo ajudá-lo em qualquer estágio da doença, seja você bipolar tipo I ou II, um jovem adulto ou mais velho, solteiro ou casado, vivendo seu primeiro episódio ou já tendo passado por vários.

Ao continuar lendo, você encontrará muitos exemplos de pessoas que tiveram transtorno bipolar. Todos são criações a partir de diferentes casos, e as informações pessoais, incluindo detalhes demográficos, foram alteradas para proteger as identidades. No entanto, as histórias dessas pessoas exemplificam as muitas maneiras pelas quais quem tem o transtorno aprende a lidar com sua condição e leva uma vida plena.

Como este livro pode ajudar?

Ter transtorno bipolar significa lidar não apenas com o estresse causado por episódios maníacos e depressivos, mas também com fatores complicadores, como grande irritabilidade, ansiedade, pensamento suicida ou automutilação, abuso de substâncias ou álcool e distúrbios do sono. Você está muito ciente do impacto do transtorno em seus familiares e relacionamentos românticos, em suas metas ocupacionais, sociais ou escolares e em sua saúde física. Você quer tratamentos eficazes e toleráveis, mas muitas vezes têm dificuldade em comunicar suas necessidades aos médicos ou terapeutas. As soluções que você procura exigem um pensamento estratégico e diferenciado.

Você pode estar familiarizado com outro dos meus livros sobre esse assunto, *The Bipolar Disorder Survival Guide: What You And Your Family Need to Know*, que está na 3ª edição (2019 [não publicado no Brasil]). Os dois livros diferem em aspectos importantes. *The Bipolar Disorder Survival Guide* explica como o transtorno é diagnosticado, o que se sabe dos pontos de vista genético, biológico e psicológico e quais medicamentos e formas de psicoterapia são eficazes no controle da depressão e da mania. O livro que você está lendo agora se concentra em estratégias práticas para gerenciar problemas comuns do dia a dia. Há muitas informações novas neste volume que complementam o que você já sabe. Se foi diagnosticado há pouco tempo, *The Bipolar Disorder Survival Guide* pode ser um ponto de partida útil, mas você não precisa lê-lo para se beneficiar das estratégias recomendadas aqui.

As soluções oferecidas neste livro podem ser estratégias de prevenção e/ou sugestões que você pode adotar para superar certos momentos da vida diária sem ser surpreendido pelos sintomas de humor. Às vezes, o que você pode fazer envolve ação (adotar horários regulares de sono e vigília ou usar certas habilidades de comunicação) e, outras vezes, aceitação consciente (assumir postura imparcial em relação aos problemas do momento presente e observar a si mesmo ao fazer isso).

Qual é a melhor maneira de usar este livro?

Comece aqui na Introdução, com a seção "Conhecendo a si mesmo por meio de gráficos de humor", que explica uma técnica central para entender e lidar com o transtorno bipolar: rastrear seus estados de humor em um gráfico de humor. Se você já está mapeando-o, terá uma boa ideia do que precisa agora — seria ajuda para evitar um episódio iminente de depressão? Estratégias para quando a mania ameaçar prejudicar seus relacionamentos, suas finanças ou sua saúde física? Dicas para se comunicar com seus familiares, que têm boas intenções, mas talvez não saibam como ajudá-lo de forma construtiva? Com os gráficos do humor como base para viver bem, você pode ler o capítulo que aborda o assunto para o qual você sente necessidade de ajuda: gerenciar os desafios do momento presente ou planejar com antecedência os pontos problemáticos que seu histórico de gráficos de humor indica que estão por vir.

O livro está dividido em três partes. A primeira ("Desafios psicológicos: sendo seu próprio aliado") abrange sintomas psiquiátricos que podem atrapalhar a vida diária. Ela aborda os problemas que surgem durante a depressão e a mania, bem como problemas causados pelas características associadas de ansiedade, irritabilidade e preocupações suicidas. Em cada capítulo, você encontrará descrições de problemas típicos nessas áreas (geralmente refletidas em uma citação anônima de uma pessoa com o transtorno), seguidas por estratégias de prevenção ou solução alternativa e como solucionar problemas de implementação.

A segunda parte ("Domínios da vida: rotinas diárias e estresse") aborda problemas comuns relacionados a saúde física, relacionamentos e objetivos profissionais ou escolares. Não conseguir dormir pode arruinar o dia, mas o sono pode escapar por causa dos sintomas contínuos do humor e seus efeitos nos ritmos circadianos. Você pode querer seguir uma rotina de exercícios, mas achar quase impossível fazê-lo quando está deprimido. Você pode querer comer de forma saudável, mas seus sintomas e medicamentos o fazem desejar certos alimentos ou bebidas. Você pode ter recorrido ao álcool ou às drogas para controlar ou acentuar seus estados de humor (ou talvez tenha tido problemas com substâncias antes de desenvolver o transtorno). O abuso de substâncias e os transtornos do humor são "companheiros de viagem": podem piorar um ao outro, mas controlar um deles também pode melhorar o outro.

Ainda na segunda parte, escrevo sobre problemas que podem ser causados por desafios familiares, de relacionamento e de trabalho que contribuem e são influenciados pelos sintomas de humor. Sua família pode ser uma fonte de apoio considerável ou de conflitos consideráveis, dependendo de como eles respondem à sua doença e às deficiências associadas e, por sua vez, de como você responde aos membros de sua família. Você pode ser solteiro e estar interessado em encontrar um novo relacionamento, mas namoro e sexo estão associados a um conjunto diferente de desafios, como conduzir um novo relacionamento quando você está se sentindo hipersexualizado, ou, em um estado deprimido, totalmente desinteressado. Mesmo se você estiver bem, quando e como deve contar ao novo parceiro sobre sua doença? Por fim, o sucesso na escola ou no mundo do trabalho pode ser influenciado pelos problemas cognitivos muito associados a depressão, distúrbios do sono e medicamentos estabilizadores do humor, mas há atitudes que você pode tomar para minimizar essas dificuldades.

Observe que muitos desses problemas surgem devido às reações das pessoas a você enquanto pessoa com transtorno bipolar. Se seus familiares acharem que você está inventando sintomas, podem ficar frustrados e com raiva. Se seu novo parceiro romântico ficar com medo de suas mudanças de humor ou achar que você é muito instável para manter um relacionamento de longo prazo, pode se afastar. No entanto, há práticas que você pode aplicar, como educar seus familiares e parceiros sobre a doença, suas características associadas e os medicamentos usados para tratá-la. Você pode usar estratégias de comunicação eficazes, reconhecendo a raiva ou o medo dos outros e, ao mesmo tempo, corrigindo as atribuições errôneas sobre seu comportamento.

A terceira parte ("Seus tratamentos: aproveitando ao máximo os medicamentos e a terapia") aborda problemas comuns com regimes de medicamentos. A maioria das pessoas com transtorno bipolar se pergunta se seus medicamentos estão ajudando, e muitas já experimentaram abandoná-los, muitas vezes com consequências dolorosas. Não existe um regime de medicação correto que funcione para todos, nem há apenas uma maneira de pensar sobre isso. Nesta parte, enfatizo a importância de seu arbítrio e de suas escolhas. Você pode estar com o médico errado ou tomando os medicamentos errados. Você pode negociar com seu médico um regime melhor, que promova a estabilidade do humor, mas também mantenha seu acesso aos instintos criativos. Ninguém deveria ter de tolerar efeitos colaterais terríveis em nome de um humor equilibrado. Nesta parte, você encontrará várias estratégias para tornar a ingestão de medicamentos mais aceitável.

Finalmente, a psicoterapia, se disponível para você, pode ser um grande trunfo em seu regime geral de tratamento. Só precisa ser com o terapeuta certo, que esteja aberto aos seus objetivos e use ferramentas eficazes e baseadas em evidências. Novamente, a escolha individual desempenha importante papel na busca por intervenções psicossociais eficazes.

Onde vou encontrar o que preciso em cada capítulo?

Cada capítulo contém os seguintes elementos, embora nem sempre na mesma ordem ou com o mesmo nível de ênfase. Evitei respostas únicas que servissem para todos. Como você verá, cada tópico tem suas próprias complexidades e nuances.

- *Autoavaliação.* Em cada capítulo, encorajo você a pensar sobre com que frequência ou por quanto tempo certos sintomas ou características associadas (como ansiedade e automutilação) ocorrem e se variam junto com os altos e baixos do seu estado de humor, conforme indicado pelo gráfico do humor. Também estimulo você a pensar sobre os estressores que causam a variabilidade do dia a dia nessas áreas. Este livro mostra como fazer o melhor uso das informações coletadas.
- *Prevenção e estratégias imediatas.* Às vezes, você pode tomar medidas concretas para evitar um problema em desenvolvimento (como detectar mania em seus estágios iniciais e implementar estratégias de prevenção). Em outras ocasiões, você pode tomar uma atitude imediata para reduzir o impacto dos sintomas atuais em sua vida cotidiana, o que chamamos de "redução de danos".
- *Dicas de resolução de problemas.* Quando as soluções recomendadas não estão funcionando ou são muito difíceis de implementar, quais tipos de soluções alternativas você pode considerar? Por exemplo, se você acha

que mapear o humor é maçante, saiba que existem maneiras diferentes de fazer isso que não envolvem a necessidade de escrever um diário. Se seu médico recomendou exercícios, mas sua depressão torna impossível manter uma rotina estruturada, você aprenderá maneiras alternativas de ser fisicamente ativo e se manter saudável.

- *Conselhos sobre como envolver seus familiares, parceiros ou amigos próximos para ajudá-lo a resolver problemas relacionados ao transtorno.* Certamente, você achará estimulante ter maneiras de explicar suas mudanças de humor, ansiedade ou problemas sociais ou profissionais para sua família, especificando os tipos de ajuda que serão de máximo benefício para você. Se essas pessoas têm falas que para você são perturbadoras ou humilhantes, existem maneiras de entender o ponto de vista delas sem abrir mão do seu, bem como maneiras de explicar por que aquilo que disseram ou fizeram é prejudicial. Usar as habilidades sugeridas em cada capítulo pode promover interações muito mais produtivas e curativas com sua família ou seu cônjuge.
- *Gráficos preenchíveis que ajudarão você a organizar o uso de novas habilidades.* Muitos gráficos encontrados nesta obra são componentes comprovados da terapia focada na família — tratamento que meus colegas e eu desenvolvemos na UCLA. A terapia focada na família é uma abordagem eficaz em combinação com medicamentos estabilizadores do humor para adultos e adolescentes com transtorno bipolar ou com alto risco de desenvolvê-lo.
- *Fazendo um balanço.* Essas seções finais oferecem a oportunidade de avaliar quais estratégias do capítulo estão funcionando para você e quais não foram úteis, para que você possa planejar os desafios futuros.

Terminologia

Alguns termos usados com frequência no livro exigem definições. Em primeiro lugar, escrevo de modo que nenhuma suposição seja feita sobre a identidade de gênero da pessoa hipotética sobre a qual estou discutindo. Em segundo lugar, me refiro a "seu médico" quando falo sobre a pessoa que está prescrevendo seus medicamentos. Idealmente, é um psiquiatra com especialização em transtornos do humor, mas, no ambiente médico atual, também pode ser um clínico geral; em alguns estados dos Estados Unidos, pode ser um psicólogo clínico com privilégios de prescrição. Os psiquiatras geralmente têm mais treinamento do que outras especialidades nas especificidades da prescrição de psicofármacos, e o transtorno bipolar está claramente dentro de seu escopo de prática. Médicos clínicos gerais podem prescrever medicamentos psiquiátricos, mas muitos se sentem desconfortáveis quando os regimes se tornam complexos ou quando há muitos efeitos colaterais, e costumam recorrer a um psiquiatra.

Em terceiro lugar, quando menciono "seu terapeuta", geralmente é um psicólogo clínico, ou (menos comum) um psiquiatra cujo objetivo principal é abordar os problemas rotineiros que acompanham o transtorno bipolar. Às vezes, o prescritor e o terapeuta são a mesma pessoa, embora isso não seja frequente em ambientes de saúde comunitários sobrecarregados.

Quanto aos medicamentos, refiro-me a eles como estabilizadores do humor (lítio, valproato ou lamotrigina, os dois últimos também chamados de anticonvulsivantes); antipsicóticos de "segunda geração" (olanzapina, risperidona, aripiprazol, quetiapina, lurasidona, lumateperona ou cariprazina), que devem ser distinguidos da linha mais antiga de antipsicóticos como clorpromazina ou haloperidol; e antidepressivos (inibidores seletivos da recaptação da serotonina [ISRSs], como fluoxetina ou escitalopram, ou inibidores da recaptação de serotonina e norepinefrina, como venlafaxina). Essas classes têm o nome da condição na qual o medicamento foi estudado pela primeira vez, mas esses nomes podem não significar nada sobre o propósito de seu uso para determinado conjunto de sintomas psiquiátricos. Às vezes, as pessoas presumem que, se você toma um antipsicótico, deve sofrer de delírios ou alucinações. Esse não é o caso, pois os antipsicóticos podem ser usados para tratar depressão, ansiedade, distúrbios do sono e agitação. Os antidepressivos não são usados apenas para depressão, mas também para condições de ansiedade ou dor. Anticonvulsivantes, como lamotrigina, têm propriedades estabilizadoras do humor, embora seu objetivo inicial seja controlar as convulsões na epilepsia. Em capítulos posteriores, abordarei esses medicamentos com mais detalhes.

Trilhando seu próprio caminho

O transtorno bipolar é doloroso e imprevisível, mas usar as estratégias deste livro coloca as rédeas em suas mãos para que você possa funcionar em um nível ideal em sua vida cotidiana. Eu encorajo você, leitor, a obter toda a ajuda que precisar de seus médicos (sendo informado e assertivo quando necessário) e de seu sistema de apoio (família, parceiro, amigos), sem abrir mão de sua independência. Meu desejo é que você siga seu próprio e único caminho para viver bem com esse transtorno todos os dias.

Conhecendo a si mesmo por meio de gráficos de humor

Uma das estratégias mais fundamentais e importantes para viver bem com transtorno bipolar é acompanhar seu humor e como ele interfere em seu funcionamento. A melhor ferramenta para reunir esses *insights* é o *gráfico de humor*, um diário ou calendário para acompanhar os altos e baixos dos sintomas de humor. É mais do que apenas monitorar se você se sente feliz ou triste em determinado dia. As avaliações diárias incorporam mudanças que você pode sentir em seus níveis de energia, pensamento, sono e comportamento — dimensões relevantes para os episódios do transtorno.

Os gráficos de humor serão relevantes de muitas formas para todos os capítulos deste livro. Se você está mapeando seu humor há muito tempo, talvez possa pular o restante desta Introdução, mas se já teve problemas com o uso consistente de gráficos de humor, encontrará dicas úteis de resolução de problemas após as instruções de uso dos gráficos.

Saber como seu humor e certos problemas da vida diária interagem é fundamental para identificar quais estratégias do livro serão mais úteis. Ter esse conhecimento pode:

- ajudar a determinar o nível de assistência que você precisa;
- ajudar a identificar os estágios iniciais de novos episódios — geralmente, esse é o momento em que você tem mais condições de evitar um longo período de doença ou uma internação hospitalar;
- fornecer ao seu médico uma representação visual de suas recentes mudanças de humor, o que pode informar alterações em seu regime de medicação;
- revelar se um novo medicamento mudou seu padrão de oscilações de humor ou aliviou um estado de depressão crônica;

- esclarecer o papel dos estressores ambientais no desencadeamento de oscilações de humor, o que pode ser útil para sua psicoterapia e para prevenir episódios futuros;
- ajudar a avaliar os efeitos das mudanças em sua rotina diária ou noturna em seus estados de humor.

Noções básicas de gráficos de humor

Se você ainda não está mapeando seu humor, comece mantendo um gráfico semanal para os próximos dois meses, pois ele fornecerá informações valiosas como ferramenta de prevenção. Depois de encontrar a melhor maneira de fazer isso, reforce o hábito e faça um gráfico sempre que puder. O restante desta Introdução o ajudará a descobrir quais atitudes tomar se os gráficos mostrarem que seu humor está se transformando em depressão e mania. Também sugere estratégias para tornar os gráficos de humor eficazes e fáceis se você estiver com problemas.

A seguir, você verá um gráfico de humor típico, que pode ser concluído simplesmente colocando um *X* na linha correspondente ao seu estado de humor (descrito com as palavras à esquerda ou com qualquer outra palavra que você escolher) e o dia da semana. É provável que você ache mais fácil fazer uma avaliação de humor pela manhã e outra à noite. Se acha que seu humor não varia muito, talvez consiga fazer apenas uma avaliação diária, mas a maioria das pessoas experimenta alguma variação durante o dia, geralmente se sentindo pior pela manhã e melhor à noite. Se você tem períodos bipolares mistos, com sintomas de mania (*M*) e depressão (*D*) ocorrendo simultaneamente no mesmo dia ou na mesma semana, faça classificações de *M* e *D* separadas para cada dia. No final de cada semana, você deve ter um gráfico dos movimentos ascendentes e descendentes do seu humor ao longo desse período. Tente manter o gráfico por pelo menos dois meses, o que fornecerá uma ideia da direção que seu humor está tomando e do quanto ele varia de um dia para outro ou de uma semana para outra. Depois, você pode adicionar outras variáveis importantes ao gráfico, como eventos estressantes ou mudanças em seus medicamentos. Você pode fazer cópias do gráfico em branco, que está disponível a seguir, ou imprimir diretamente da página do livro em loja.grupoa.com.br.

Números e palavras: ferramentas para avaliar seu humor e funcionamento

A seguir, você verá descrições gerais dos pontos no lado esquerdo do gráfico. Pode ser que nem todos os exemplos sejam adequados para você — pense nesses descritores como leituras de temperatura; nem todo dia quente ou frio tem as mesmas características. A ideia é caracterizar não apenas seu humor, mas também os comportamentos que o acompanham nos domínios do pensamento, sono, níveis de energia, desejo sexual, motivação e outras características.

O gráfico usa uma escala de humor de 7 pontos, em que −3 é *muito deprimido* e +3 é *gravemente maníaco*, com 0 representando seu humor mais equilibrado, ou seja, quando você não está se sentindo exaltado ou deprimido. Isso é o que é normal para você. Se está com 0, seu sono é bastante consistente e você consegue realizar seu trabalho ou outras tarefas diárias sem esforço extra. Se está com dificuldade de definir esse estado, pense em como se sentia antes de desenvolver o transtorno, ou como se sentia entre os episódios maníacos e depressivos. Um objetivo fundamental deste livro é aprender algumas estratégias para manter seu humor nesse nível equilibrado.

CLASSIFICAÇÕES DE DEPRESSÃO

–1 (Leve)

Esta classificação significa:

- Você se sente um pouco pessimista, autocrítico ou negativo.
- Você quer dormir mais e está com problemas para sair da cama pela manhã, mas não necessariamente todos os dias.
- Seu nível de energia parece baixo, mesmo que você ainda possa se exercitar, passear com o cachorro ou fazer outras atividades físicas típicas.
- Você pode parecer desinteressado; convites de amigos o fazem pensar: "Eu realmente quero fazer isso?". Você não gosta de eventos sociais tanto quanto já gostou.
- Sua depressão pode não ser óbvia para os outros porque seu desempenho profissional ou escolar não mudou, mas se você é casado ou tem um relacionamento regular, seu parceiro provavelmente percebeu.

GRÁFICO DE HUMOR

Semana ____________

Assinale seu humor para cada dia com um X ou, se preferir, faça uma classificação de humor para a manhã e outra para a noite.

	Segunda-feira	Terça-feira	Quarta-feira	Quinta-feira	Sexta-feira	Sábado	Domingo
Mania grave (+3)							
Mania moderada/hipomania (+2)							
Hipomania leve (+1)							
Equilibrado (0)							
Depressão leve (–1)							
Depressão moderada (–2)							
Depressão grave (–3)							
Acordei às:							
Fui para a cama às:							
Outras observações:							

» Use −1 como linha de base se você sempre se sentir levemente deprimido, como acontece com algumas pessoas.

−2 (Moderada)

Esta classificação é reservada para estados moderados de depressão:

- Você se sente triste a maior parte do dia, sem esperança em relação ao futuro e lento ou cansado.
- Tem dificuldade para adormecer ou permanecer dormindo quase todas as noites, ou dorme mais do que o normal (10 horas ou mais).
- Você rumina sobre eventos ocorridos há muito tempo.
- Sente-se irritado com os outros, mesmo quando estão apenas tentando ser amigáveis.
- Você perde pelo menos um dia de trabalho ou escola por semana (ou parte de um dia) e se sente muito menos produtivo do que o normal.
- Pensamentos suicidas passam pela sua cabeça.

Talvez, pessoas tenham comentado que você parece taciturno, lento ou retraído.

» Entre em contato com seu médico e com seu terapeuta, pois pode ser necessário ajustar sua medicação ou, no mínimo, obter mais apoio emocional.

−3 (Grave)

Esta classificação é reservada para estados graves de depressão:

- Você tem uma sensação de dormência, na qual nada parece interessante e até tarefas básicas, como tomar banho, parecem impossíveis.
- Passa longos períodos sentado em uma cadeira (ou deitado na cama) e ruminando.
- Seus pensamentos são lentos e você não consegue tomar decisões.
- Você tem pensamentos suicidas mais frequentes e pensa em vários métodos, ou se machucou ou fez uma tentativa real.
- Sente que está sendo punido.
- Perde vários dias ou semanas de trabalho ou escola.

» Consulte os profissionais que cuidam do seu caso, se tiver passado mais de um dia assim.

CLASSIFICAÇÕES DE HIPOMANIA E MANIA

Por outro lado, há os vários estágios da hipomania ou mania.

+1 (Hipomania leve)

Esta classificação se refere a períodos de aceleração sem prejuízo de seu funcionamento pessoal ou profissional — você pode, por exemplo, ser um pouco mais produtivo no trabalho ou na escola. Com uma classificação +1, pode notar o seguinte:

- Você talvez se sinta zonzo, alegre ou, ao contrário, irritado e impaciente, mas isso ocorre em um contexto em que tudo parece mais rápido.
- Você é mais enérgico e autoconfiante, com muitas ideias.
- Quer ver e conversar com muitas pessoas diferentes, e pode ligar para pessoas em vários momentos da noite.
- Você pode dormir um pouco menos do que o normal (por exemplo, 5 horas por noite), mas não se sente cansado durante o dia.

» Você não está na zona de perigo, mas esteja ciente da probabilidade de escalada.

+2 (Elevação moderada)

A classificação moderada está na fronteira entre hipomania e mania (ou seja, estar alterado a ponto de prejudicar seu funcionamento):

- Você se sente muito motivado por objetivos (querendo alcançar muitas realizações) ou está muito mais ativo, fazendo muitas tarefas diferentes sem objetivos específicos em mente.
- Sua mente está acelerada e você se sente muito mais inteligente e perspicaz do que o normal.
- As pessoas dizem que seu discurso é mais rápido e que suas ideias estão surgindo rápido demais para serem seguidas.

- Teve desentendimentos com as pessoas (como colegas de trabalho que o consideram agressivo ou muito sarcástico).
- Teve trocas negativas com estranhos que são exageradas para você (como gritar ou xingar alguém que está demorando muito para estacionar o carro).
- Todos os outros parecem lentos e desinteressantes, e você pode ficar irritado quando eles interrompem seu fluxo verbal.
- Você pode ter desejo sexual aumentado.
- Seu sono definitivamente diminuiu para 4 horas ou menos e pode ser instável. Você não se sente cansado.

» A essa altura, você deveria ter consultado seu médico e, provavelmente, feito ajuste na medicação.

+3 (Mania grave)

Esta classificação é para mania grave ou "florida". Isso significa o seguinte:

- Você está rindo sem parar ou se sente muito zonzo e tolo, ou muito zangado ou enfurecido.
- Você teve discussões sérias com outras pessoas, que podem ter se tornado violentas, ou você queria agredi-las. Os outros dizem que não podem ficar perto de você.
- Você está cheio de ideias de brilho, criatividade e talento, ou sente que tem poderes ou habilidades especiais.
- Você se preocupou com projetos que, para outras pessoas, parecem inviáveis e irrealistas.
- Você fez coisas perigosas ou impulsivas, como dirigir muito rápido, gastar demais ou apostar dinheiro que não tem.
- Teve desentendimentos com a polícia ou foi hospitalizado.
- Você não está dormindo ou dormindo muito pouco e não sente necessidade disso.

» Esse é um estado perigoso, e você e sua família precisam considerar o tratamento de emergência (consulte a próxima seção).

RESOLUÇÃO DE PROBLEMAS: "Não consigo descobrir quais classificações escolher. Como fazer isso da maneira certa?"

Como esses descritores incluem humor, pensamento e comportamento, pode ser necessário um pouco de prática para se acostumar a classificá-los todos os dias. Ao escolher suas avaliações diárias ou noturnas, tente se lembrar de como você se sentiu quando estava no ponto mais alto ou no mínimo. Talvez você não tenha experimentado os extremos (+3 ou −3) da escala. Se tem transtorno bipolar tipo II, provavelmente nunca ultrapassou +2 ou até mesmo +1 no aspecto da mania/hipomania.

Também pode ser útil comparar seu humor atual com o de quando você está se sentindo bem ou equilibrado. O que você normalmente é capaz de fazer e está achando mais difícil agora? Quão confiante você se sente hoje em comparação com o normal?

Classificando seu sono

O registro de seus horários de acordar e de dormir esclarecerá como seu sono e seu humor estão interligados, o que pode ser diferente para cada pessoa. É mais fácil lembrar de preencher o gráfico logo após acordar. Então, para sexta-feira, marque a hora em que você foi dormir na quinta-feira e acordou na sexta-feira. Se não tiver certeza da hora em que acordou, use a hora em que saiu da cama. Se você tirou um ou mais cochilos naquele dia, liste o número de horas de cochilo entre parênteses ao lado do horário em que acordou.

Há espaços abaixo de seus horários de dormir e acordar para outras observações diárias, como:

- se esqueceu de tomar seus medicamentos em um dia, registre isso abaixo do dia em questão;
- se fez terapia em um dia diferente, registre;
- se quiser registrar fatores estressantes (como discussões significativas com seu cônjuge), registre-os nesse espaço de forma resumida.

RESOLUÇÃO DE PROBLEMAS: "Os gráficos de humor não me ajudam – eu os faço por uma semana ou duas e desisto. O que mais posso fazer?"

SOLUÇÃO ALTERNATIVA 1: *Modifique o formulário para que ele funcione para você*

Há alternativas que você pode tentar se os métodos anteriores não estiverem funcionando para você. Primeiro, considere se a escala de −3 a +3 é muito simples, ou não captura o movimento de seu humor, pensamento e comportamento de um dia para o outro. Você pode achar que uma escala de 10 pontos (−5 a +5) se encaixa melhor, ou talvez prefira rotular toda a dimensão como "nível de energia" ou "nível de atividade". Se os termos *maníaco* e *deprimido* não parecerem adequados, pense em outras maneiras de rotular a escala de 7 ou 10 pontos. Algumas pessoas descrevem a mania como caótica, nervosa, pilhada ou vibrante. Como mencionado, você pode descrever estados mistos fazendo uma classificação de mania e depressão para o mesmo dia. A depressão pode ser chamada de *baixo astral, tormento, melancolia* ou, como muitos de meus pacientes já referiram, "*sinto-me péssimo*".

SOLUÇÃO ALTERNATIVA 2: *Experimente um gráfico de humor* on-line

Se preferir preencher *on-line*, você pode encontrar o gráfico aqui apresentado em *www.semel.ucla.edu/champ/downloads-clinicians*. Como alternativa, pode experimentar um dos muitos aplicativos comerciais para avaliar o humor, por exemplo, eMoods (*https://emoodtracker.com*), Depression and Bipolar Support Alliance Mood Tracker (*www.dbsalliance.org/wellness/wellness-toolbox/wellness-tracker*) ou Moodfit (*www.getmoodfit.com*) (todos em inglês). Você também pode navegar pela lista de aplicativos em VerywellMind.com (*www.verywellmind.com/best-mood-tracker-apps-5212922*). Esses aplicativos têm a vantagem de tabular as classificações para que você possa ver seu progresso em gráficos ao longo de várias semanas. Os aplicativos geralmente enviam lembretes de texto se você não tiver avaliado um ou mais dias. Você ainda precisa fazer avaliações diárias de humor, mas pode achar mais fácil do que fazer em um gráfico impresso.

SOLUÇÃO ALTERNATIVA 3: *Crie seu próprio gráfico*

Muitas pessoas começam a mapear seu humor e logo cansam, achando muito reducionista. Você pode achar que o gráfico não captura os problemas psicológicos ou interpessoais que contribuem para suas mudanças de humor. Essas reações são compreensíveis. A melhor solução é considerar o que funcionou e o que não funcionou para você quando tentou criar gráficos antes, por que parou de fazer isso e qual tipo de gráfico seria do seu agrado. Você não precisa ser um programador para fazer isso; pode apenas manter um diário com descrições do que se destaca em determinado dia (como "brigar com o parceiro"), como seu humor flutuou ("irritado no início e depois deprimido") e quanto tempo durou o estado de humor ("cerca de 3 dias"). Crie sua própria maneira de descrever sua gravidade. Se você é uma pessoa visual, pense em uma forma de representar graficamente essas informações na próxima semana.

Uma ressalva: não tente monitorar tudo de uma só vez (humor, irritabilidade, ansiedade, uso de drogas ou álcool, sono, estresse, discussões familiares, medicamentos, exercícios e hábitos alimentares). É muito mais fácil e útil monitorar seu humor e uma ou duas outras rotinas diárias (como horários de sono/vigília e medicamentos) e observar seus padrões ao longo do tempo. Mais tarde, você pode querer monitorar seu humor em relação ao uso de *cannabis* (por exemplo, você se sente mal e depois consome a droga, ou a consome primeiro e começa a se sentir mais ativado?) ou seu sono em relação ao exercício. Fazer isso por um mês de cada vez revelará padrões que você talvez não saiba que existiam.

O gráfico do humor é o primeiro passo para obter mais controle sobre o ciclo de seu transtorno. Agora que você conhece esses princípios básicos, passemos para um dos aspectos mais desafiadores do transtorno bipolar: lidar com a depressão.

PARTE UM

Desafios psicológicos

SENDO SEU PRÓPRIO ALIADO

Depressão e mania, os dois estados de sintomas centrais do transtorno bipolar, acompanham várias *características associadas* (o termo usado na 5a edição, texto revisado, do *Manual diagnóstico e estatístico de transtornos mentais* [DSM-5-TR]) que podem prejudicar sua qualidade de vida: ansiedade e preocupação graves, raiva e irritabilidade e pensamentos ou impulsos suicidas. Os medicamentos só ajudam até certo ponto a controlar essas características do transtorno. O que você pode fazer sozinho e com a ajuda de seus familiares ou amigos para viver a vida que deseja viver? Como você pode ser seu próprio aliado?

A premissa deste livro é mostrar a você que há mais controle do que parece no tratamento dos aspectos mais difíceis de seu transtorno, além de simplesmente tomar medicamentos. Nesta parte, você aprenderá como as estratégias de autogestão podem ser aplicadas aos sintomas que você experimenta no dia a dia.

1

Depressão

ESTRATÉGIAS DE PREVENÇÃO E ENFRENTAMENTO

> "A mania é a parte excitante e hollywoodiana desse transtorno. Infelizmente, depressão é o que eu tenho na maioria das vezes."
>
> —*Mulher de 35 anos com transtorno bipolar tipo I*

Para grande parte das pessoas, a depressão é a parte mais difícil do transtorno bipolar. Para alguns, ela oscila em episódios de várias semanas ou meses; para outros, é uma constante, o que torna difícil aproveitar até a presença das pessoas preferidas ou a realização das atividades favoritas. Seus medicamentos ajudarão (se forem os corretos), e a atividade física e social melhorará ainda mais seu humor. No entanto, a depressão é, para muitos, uma "queimadura lenta" que não desaparece facilmente. Sua mente e seu corpo podem se recusar a cooperar com as demandas do dia: você pode experimentar mudanças no apetite, sentimentos de culpa ou inutilidade (às vezes com pensamentos de suicídio ou automutilação), fadiga, desaceleração dos movimentos e da fala, dificuldade de concentração e insônia. É difícil explicar a depressão para quem não a vivenciou. Seus pais ou cônjuge provavelmente ficam confusos sobre como ajudá-lo nesse estado e, em sua confusão, podem tomar atitudes ou ter falas que você acha irritantes.

Existe alguma medida que você possa aplicar? Sim. Neste capítulo, você aprenderá estratégias médicas e comportamentais para lidar com a depressão em suas fases iniciais (para evitar que ela se agrave) e como enfrentá-la quando estiver vivenciando um evento. Há perguntas que você pode fazer a seus familiares e médicos que ajudarão ainda mais. A implementação dessas estratégias não evitará a depressão, mas certamente reduzirá os efeitos nocivos e melhorará sua qualidade de vida. Há boas razões para ter esperança.

Estratégias de prevenção da depressão

Quando você estiver se sentindo bem e perceber-se bem por algumas semanas, algumas estratégias podem ser aplicadas para evitar que novos episódios depressivos se iniciem. As mesmas estratégias também são úteis se você teve sintomas depressivos leves e deseja impedir que piorem. Se não tiver certeza da melhor forma de caracterizar seu estado de humor atual, consulte seu gráfico de humor.

ESTRATÉGIA DE PREVENÇÃO 1: Considere uma mudança nos medicamentos

Se você já está tomando medicamentos para o transtorno bipolar, provavelmente sabe que os objetivos são reduzir sintomas atuais e prevenir episódios futuros. Se você está *recuperado* de um episódio depressivo recente — com nenhum sintoma ou apenas sintomas leves nos últimos dois meses —, encontra-se na "fase de manutenção" do tratamento. O objetivo do tratamento nessa fase é mantê-lo estável e relativamente livre de sintomas, com o mínimo possível de efeitos colaterais dos medicamentos. Mas o que mais poderia ser feito para evitar recorrências? Estabilizadores de humor, como lítio, lamotrigina e valproato, ou antipsicóticos de segunda geração, como cariprazina e lurasidona, são usados para reduzir os sintomas atuais e as chances de novos episódios. As dosagens de lítio devem estar na *faixa terapêutica* (geralmente definida por exames de sangue com níveis de 0,6–1,2 mEq/L [miliequivalentes por litro]) para evitar episódios de humor.

» Discuta sobre medicamentos e dosagens atuais com seu médico.

ESTRATÉGIA 1A: Otimize seu estabilizador de humor

Mesmo que você esteja estável e tenha apenas sintomas leves, pode estar se sentindo lerdo e sedado e ainda sentir mudanças de humor. Nesses casos, a melhor dosagem pode ser menor ou maior do que a atual. A dosagem terapêutica do lítio varia muito entre os indivíduos e precisa ser alcançada aos poucos. Às vezes, o lítio causa náuseas em doses terapêuticas; nesse caso, uma forma de liberação prolongada ou um plano de dosagem de uma vez ao dia podem ser melhores.

» Converse com seu médico sobre dosagens e planos de liberação prolongada. Consulte também o Capítulo 13 para obter mais informações sobre os efeitos colaterais dos estabilizadores de humor e como controlá-los.

ESTRATÉGIA 1B: Adicione um medicamento ou substitua-o

Durante a leitura, você verá que medicamentos difíceis de tolerar ou que não estão cumprindo seu papel podem ser modificados por meio de ajustes na dosagem ou pela adição ou substituição por um medicamento diferente. A lamotrigina é muito recomendada durante os cuidados de manutenção porque é mais fácil de tomar do que o lítio. Parece ser mais eficaz na prevenção de episódios depressivos do que de episódios maníacos e é recomendada para pessoas com "depressão predominante", o que significa que os episódios depressivos superam os episódios maníacos ou hipomaníacos. Muitas pessoas com transtorno bipolar tipo II se encaixam nessa qualificação. O inverso é verdadeiro para o lítio.

Alguns antipsicóticos de segunda geração são recomendados como adjuvantes dos estabilizadores do humor ou como agentes individuais:

- Lurasidona tem sido mais recomendada para depressão bipolar.
- Isso também acontece com quetiapina, cujas evidências experimentais são claras para prevenção da depressão.
- A combinação de olanzapina e fluoxetina é prescrita com menos frequência, mas também demonstrou prevenir episódios depressivos bipolares.
- Medicamentos destinados a regular o açúcar no sangue (como a metformina) costumam ser prescritos junto com antipsicóticos de segunda geração devido ao risco de ganho de peso e sedação.

» Trabalhe com seu médico para prevenir ou tratar sintomas residuais de depressão durante a fase de manutenção.

ESTRATÉGIA 1C: Adicione um antidepressivo

Se você sofre de episódios depressivos que não foram aliviados por uma dosagem otimizada de estabilizador de humor ou antipsicótico de segunda geração, um antidepressivo adjuvante pode ajudar. Essa classe oferece alguns riscos, pois foi associada a mudanças rápidas de depressão para mania ou hipomania e "ciclos rápidos" (ocorrência de quatro ou mais episódios de humor de qualquer tipo em um único ano). *Esse risco ocorre principalmente entre pessoas com transtorno bipolar que tomam antidepressivos sem um estabilizador de humor ou antipsicótico de segunda geração.*

» Pergunte ao seu médico sobre como experimentar um antidepressivo enquanto estiver tomando seu estabilizador de humor atual ou antipsicótico de segunda geração. Normalmente, você começaria com uma dose baixa e aumentaria aos poucos para poder monitorar seus efeitos colaterais.

Os inibidores seletivos da recaptação da serotonina (ISRSs) são benéficos na prevenção e no tratamento das depressões bipolares. Outros fármacos, como bupropiona ou venlafaxina, funcionam de maneira um pouco diferente dos ISRSs e podem ser recomendados em vez de (ou em combinação com) ISRSs.

» Pergunte ao seu médico se você deve continuar tomando um antidepressivo que funcionou bem durante seu último episódio depressivo, em vez de interrompê-lo, pois isso pode ajudá-lo a ficar sem episódios por períodos mais longos. Esteja preparado para descrever seu padrão de sintomas no último mês e certifique-se de que seu médico veja seu gráfico de humor. Se seus estados de humor foram principalmente deprimidos, mas também houve muitos altos e baixos (instabilidade do humor), tomar um antidepressivo é mais arriscado.

ESTRATÉGIA DE PREVENÇÃO 2: Experimente a meditação consciente

Pense na depressão como a maneira que seu corpo e sua mente têm de dizerem que estão exaustos e precisam de um período de descanso. Um dos meus pacientes descreveu isso como "entrar em sua caverna e lamber suas feridas". Em vez de afastá-la, tente entender o que a depressão está dizendo: quais problemas em sua vida estão sendo provocados? A meditação *mindfulness* (atenção plena) é uma forma de observar seus pensamentos e emoções de um ponto de vista distante, sem julgamentos e "descentralizado". Essa prática pode ajudar a estabilizar seu humor quando você está deprimido e a evitar episódios futuros.

ESTRATÉGIA 2A: Crie uma prática regular de meditação

A prática da meditação *mindfulness* envolve dedicar 30 a 60 minutos por dia para se sentar em uma reflexão silenciosa, concentrando sua atenção na respiração e experimentando sensações físicas, como sua barriga se movendo para cima e para baixo com a respiração. Você pode fazer isso com os olhos abertos ou fechados. Pense no ar que entra e sai de seus pulmões como se fossem ondas: cada uma crescendo, atingindo o pico e quebrando. Por enquanto, evite tentar mudar o ritmo ou a profundidade de sua respiração; em vez disso, experimente a sensação como uma função corporal natural. Em geral, é melhor começar com 15 minutos por dia (muitas pessoas preferem o período da manhã) e aumentar gradualmente até 30 a 60 minutos todos os dias.

ESTRATÉGIA 2B: Trate os pensamentos negativos como eventos passageiros em sua mente

Se você se envolver nos pensamentos negativos e no pessimismo que acompanham os períodos de depressão, tente o seguinte: sente-se em silêncio e permita que os pensamentos negativos surjam enquanto está ciente de sua respiração. Você pode começar a imaginar seus pensamentos como folhas descendo um riacho, cada qual não diferindo muito da outra. Seja curioso sobre eles e pergunte-se: "O que me fez pensar nisso agora?". Adote uma postura observadora e sem julgamentos em relação a esses pensamentos, em vez de tentar desafiá-los ou fazê-los sumir.

ESTRATÉGIA 2C: Não se preocupe se está fazendo da maneira certa

Ao se sentar, você pode se sentir impaciente, questionando-se "Em que eu deveria estar pensando?" ou "Não consigo imaginar meus pensamentos como folhas". Você não deveria estar pensando em nada, apenas observe sua mente vagando. Se você estiver ficando chateado, volte gentilmente sua atenção para a respiração. A meditação é como construir músculos — quanto mais regular for a prática, mais parecerá uma atividade natural.

» As práticas de meditação podem ser uma estratégia útil em muitas situações e são recomendadas ao longo deste livro. Sendo assim, vale a pena começar uma prática de atenção plena agora.

» Existem muitos recursos *on-line* e impressos que fornecem instruções sobre a prática da meditação *mindfulness*, alguns projetados especificamente para uso com depressão, como os livros *The mindful way through depression* (em produção por Mark Williams et al.) ou *The mindful way workbook: an 8-week program to free yourself from depression and emotional distress* (John Teasdale et al., 2014). Ambos incluem exercícios de atenção plena pré-gravados que você pode ouvir no telefone ou no *tablet*. Também há vários aplicativos gratuitos de meditação autoguiada (como o UCLA Mindful, disponível na Apple App Store e no Google Play).

ESTRATÉGIA DE PREVENÇÃO 3: Exercícios de ativação comportamental

Uma das atitudes mais poderosas que você pode tomar para evitar a depressão ou lidar com ela é se manter ativo, com atividades prazerosas (ou pelo menos estimulantes). Superficialmente, a premissa é simples: a depressão acompanha o retraimento social e físico e, quando você se isola, experimenta menos recompensas do ambiente, o que mantém seu estado depressivo. Fazer contato com outras pessoas e planejar seu dia com atividades prazerosas ajuda a aliviar a tristeza e a ansiedade e a distrair a mente dos pensamentos que as acompanham. Claro, é mais fácil falar do que fazer.

Quando estiver bem, você pode incluir estimulação social e atividade física em sua rotina diária, o que pode ajudar muito a melhorar seu humor (consulte o Capítulo 10). Planeje uma variedade de atividades para seu tempo ocioso para ajudar a estruturar seu dia, pois isso o tornará menos vulnerável a uma recorrência depressiva. Mas, quando estiver passando por um estado depressivo, você precisa ter um plano para buscar estímulos e atividades em um nível menos exigente, fazendo o que puder sem esperar tanto de si mesmo.

Estas são as etapas para criar um plano de ativação:

1. Quando estiver se sentindo bem, faça uma lista de atividades que imagina que poderia fazer quando estiver deprimido. Tente priorizar atividades que envolvam outras pessoas, que ocorram ao ar livre, que você goste e, quando possível, que envolvam algum grau de atividade física, mesmo que seja apenas caminhar. Sabemos que o exercício melhora o humor, embora possa ser uma das atividades mais difíceis quando a pessoa está deprimida (Capítulo 10).

2. Avalie quanta melhora de humor você prevê que obterá com cada uma dessas atividades.
3. Monte um calendário com atividades prazerosas ou estimulantes programadas para diferentes momentos do dia.
4. Não espere ser capaz de realizar todas elas, mas mantenha um registro de quais você conseguiu realizar e dos benefícios de humor que obteve, seja em seu gráfico de humor ou em uma tabela separada (veja, a seguir, o exemplo de registro de ativação comportamental).

RESOLUÇÃO DE PROBLEMAS: "E se eu não conseguir fazer essas tarefas?"

SOLUÇÃO ALTERNATIVA 1: Insista

Não espere a motivação surgir para realizar essas atividades. Tente se esforçar para fazê-las, mesmo que pareçam difíceis, e você poderá ser recompensado com uma melhora imediata em seu humor e nível de energia. Tente manter essa atitude todos os dias e aumente-a aos poucos.

SOLUÇÃO ALTERNATIVA 2: Planeje a próxima semana

Durante o fim de semana, planeje a semana que começará com lembretes no telefone ou em um calendário escrito. Se outras pessoas estiverem envolvidas, faça acordos com elas com antecedência, pois isso servirá como motivação para que você saia.

SOLUÇÃO ALTERNATIVA 3: Seja realista sobre seus limites

Certifique-se de que não está fazendo muito em um dia. É importante preparar um dia estimulante e não negligenciar o descanso e o sono.

1. Vá a um evento esportivo.
2. Visite um museu.
3. Jogue cartas com outra pessoa.
4. Fale ao telefone.
5. Trabalhe em um *hobby* (por exemplo, fazer arte com miçangas/bordado, praticar um instrumento musical).
6. Faça um projeto de arte.
7. Saia para comer sozinho ou com outra pessoa.
8. Tome um banho.
9. Brinque com um animal de estimação ou vá a uma loja de animais.
10. Faça alguma "leitura prazerosa" (ou seja, não relacionada a trabalho ou escola).
11. Cozinhe uma receita nova.
12. Monte um quebra-cabeça.
13. Vá dar uma volta.
14. Participe de uma aula de ioga.
15. Assista à apresentação de uma banda local.
16. Vá ao cinema.
17. Jogue sinuca.
18. Vá a uma cafeteria.
19. Faça uma caminhada longa ou trilha.
20. Pratique jardinagem.
21. ______________________________
22. ______________________________
23. ______________________________
24. ______________________________
25. ______________________________

AMOSTRA DE REGISTRO DE ATIVAÇÃO COMPORTAMENTAL

Dia	Hora esperada	Atividade	Humor antes	Humor depois
Segunda-feira	*8:00*	*Ida a uma cafeteria*	*-3*	*-1*
Terça-feira	*15:00*	*Passeio de bicicleta por 30 minutos*	*-3*	*-1*
Quarta-feira	*19:00*	*Grupo de leitura*	*-2*	*+1*
Quinta-feira	*12:00*	*Passeio com o cachorro*	*-3*	*-2*

Estratégias imediatas: como evitar que a depressão estrague seu dia

Se você acordar deprimido pela manhã, o que pode fazer para evitar que isso o atrapalhe, além de apenas tomar medicamentos? Ao contrário da prevenção, as *estratégias de redução de danos* são medidas que você pode aplicar para reduzir a gravidade ou o impacto dos sintomas conforme ocorrem.

"Não posso fazer nada porque não consigo levantar pela manhã. Só quero dormir."

ESTRATÉGIA 1: Estabeleça uma meta para o horário de acordar e antecipe esse horário a cada intervalo de poucos dias

Em estados depressivos graves, conseguir se levantar antes do meio-dia pode ser seu primeiro desafio. Se isso for verdade para você, este será o objetivo: sair da cama ao meio-dia. Se funcionar, estabeleça como meta para o dia seguinte acordar às 11h45min. Alguns dias depois, mude para 11h30min.

ESTRATÉGIA 2: Atrase voltar para a cama pela manhã

Se você se levantar, por exemplo, às 8h, tomar café da manhã e voltar para a cama às 9h, tente atrasar a volta para a cama em 1 hora (portanto, 10h) e, aos poucos, adie 30 minutos todos os dias até ficar acordado por várias horas seguidas. Depois de fazer isso por algumas semanas, talvez você não precise voltar para a cama. Uma das melhores estratégias para estados depressivos é ficar acordado e ativo o máximo possível do dia e da noite.

ESTRATÉGIA 3: Tire apenas um cochilo no horário prescrito todos os dias, em vez de vários cochilos

Tente limitar os cochilos a 1 hora ou menos e fazê-los na mesma hora todos os dias, em vez de muitos cochilos de diferentes durações. Tente adiar a soneca até depois do almoço, pois voltar para a cama depois do café da manhã pode dificultar o descanso no final do dia.

ESTRATÉGIA 4: Se você está se sentindo muito deprimido e sem energia, simplifique as expectativas e não exija muito de si mesmo no início.

Estabeleça metas modestas, como acordar em determinado horário, calçar os chinelos e fazer uma xícara de café. O importante é se convencer de que é capaz de manter sua rotina matinal, mesmo que tenha se tornado mais difícil.

» Analise as estratégias mais detalhadas para melhorar seu sono no Capítulo 6.

"Não importa o que eu queira fazer, pensamentos negativos e cenários de tragédia atrapalham meu caminho."

Quase todas as pessoas com depressão bipolar relatam que esse estado é caracterizado por ciclos de pensamento negativo e ruminação: preocupação com sintomas físicos e emocionais e cenários de tragédia que causam considerável sofrimento (por exemplo, "Sinto como se fosse morrer"). Pode ser difícil se convencer de que existem formas alternativas de pensar, o que torna difícil seguir em frente com suas tarefas diárias.

ESTRATÉGIA 1: Mantenha um registro de pensamentos

Mantenha um diário simples de seus pensamentos negativos ou pessimistas seguindo a estrutura do exemplo de registro de pensamentos (disponível a seguir), embora você possa modificá-lo de acordo com sua preferência. Anote os "pensamentos automáticos", como fazem você se sentir e se você julga que o pensamento é útil ou não. Faça "perguntas de detetive" sobre as evidências a favor ou contra o pensamento e considere um pensamento alternativo que considere um ângulo diferente. Isso não é a mesma coisa que ter pensamentos felizes, e sim adotar uma abordagem mais científica de seus pensamentos e avaliar se condizem com suas experiências.

ESTRATÉGIA 2: Observe seus pensamentos a partir de uma postura "descentralizada"

O registro de pensamentos pode parecer irreal se você não estiver convencido de seus pensamentos alternativos. Desafiar e reestruturar pensamentos é apenas uma forma de lidar com cognições negativas. Você também pode "convidá-los a entrar". Imagine, por exemplo, que não são diferentes dos

EXEMPLO DE REGISTRO DE PENSAMENTOS

Pensamentos automáticos	Humor *(–3 a +3)*	Esta é uma ideia útil? *(Sim/Não)*	Perguntas de detetive *Tenho certeza de que isso é verdade? Com que grau de certeza (1–100)? Quais são as evidências a favor/contra? Algum evento recente contradiz ou confirma essa ideia?*	Pensamento alternativo *Invente outra maneira de pensar sobre isso; seja mais equilibrado em suas previsões.*
"Não tenho amigos."	*–2*	*Incerto*	*Como foi com Susan na semana passada? Com que frequência estou ocupado nos finais de semana?*	*"Esta foi uma semana em que me senti solitário, mas sei que tenho pessoas que se preocupam comigo."*
"Não me sinto bem, então não deveria ir trabalhar." "Farei um trabalho terrível se comparecer."	*–1*	*Não*	*Ficar em casa me faz sentir melhor? Com que frequência eu faço um péssimo trabalho no meu emprego?*	*"Vou passar algumas horas e ver como estou me sentindo; costumo melhorar à tarde."*
"Só coisas ruins acontecem comigo." "Não consigo ter um bom desempenho sob estresse."	*–3*	*Não*	*Estou focando na entrevista de emprego em que fui mal, mas será que eu queria trabalhar lá? Quando foi a última vez que falhei quando estava estressado?*	*"Foi uma situação ruim, mas é apenas uma opção de emprego; já me saí muito melhor em outras entrevistas."*
"Eu não vou à festa porque ninguém lá vai querer sair comigo."	*–2*	*Não*	*O que aconteceu quando fui a uma festa pela última vez? Havia pessoas que eu conhecia e elas falaram comigo? Conheci alguém novo?*	*"Nunca é tão ruim quanto imagino; geralmente encontro alguém com quem conversar."*
"Vou ficar deprimido para sempre e nada nunca vai melhorar."	*–3*	*Não*	*Estive deprimido o tempo todo nos últimos seis meses? Como posso saber o que acontecerá nos próximos seis meses ou um ano? Quais novas estratégias estou usando?*	*"Durante a última vez que me senti muito deprimido, demorei um pouco para sair dessa, mas meus sentimentos melhoraram."*

ruídos do seu estômago. Observe os pensamentos negativos um por um e aceite que estão presentes sem tentar expulsá-los, mas também não lhes dê crédito. Tente fazer isso durante uma sessão de meditação (ver Estratégia de prevenção 2: Experimente a meditação consciente).

"Minha mente fica girando, pensando em tudo que fiz de errado e nos desastres que se seguirão. Começo a ruminar sobre como é terrível estar ruminando. É um ciclo sem fim."

ESTRATÉGIA 1: Use ferramentas de distração

Quando você se vê ruminando (pensando sem cessar sobre eventos ou aspectos negativos, preocupando-se continuamente com sua angústia e o que a causou, sentindo-se preso), uma estratégia simples é distrair sua mente. Alguns exemplos:

- Monte um quebra-cabeça ou tente descobrir a letra de uma música.
- Reserve um momento para observar tudo ao seu redor e descreva suas observações em seu telefone.
- Sente-se em uma postura meditativa e concentre-se na respiração.
- Coloque as mãos ou o rosto em água gelada. Pode ser desagradável e você provavelmente não vai querer fazer isso, mas logo mudará sua atenção para suas sensações físicas, em vez de focar nos pensamentos.

ESTRATÉGIA 2: Estabeleça um limite de tempo para ruminar

Reserve de 10 a 30 minutos por dia e rumine de propósito durante esse período, mas somente durante esse período. *Tente* ruminar durante esse intervalo. Se sua mente reencontrar o tópico da ruminação mais tarde, espere até o próximo horário marcado.

ESTRATÉGIA 3: Pare de tentar descobrir a solução

O problema com o qual você está se preocupando (por exemplo, "Posso perder meu emprego") pode ser importante, mas não tem solução imediata. Diga a si mesmo que você não precisa resolver ele agora, que não há problema em se abster de pensar nisso fora do tempo que você reservou para essa tarefa. Na verdade, pensar sobre o problema provavelmente não o resolverá.

ESTRATÉGIA 4: Reformule o problema

Tente pensar no que é bom a respeito da situação sobre a qual você está ruminando. Por exemplo, se acha que fez algo errado no trabalho e vai ser demitido, pense nos vários bons aspectos que podem advir (por exemplo, encontrar um emprego que valorize suas habilidades ou lhe dê mais satisfação). Outro exemplo: se você está ruminando sobre a perda de um relacionamento amoroso e se a pessoa está namorando outra pessoa, imagine que o novo parceiro dela resgatou você de um relacionamento potencialmente destrutivo.

"Nada funcionou para minha depressão – estou sem soluções. O que mais existe?"

ESTRATÉGIA: Considere tratamento médico de emergência

Às vezes, a depressão é tão grave que precisa ser tratada com medicamentos. No entanto, os remédios mais usados nessa condição podem levar várias semanas para fazer efeito. Existem alternativas mais rápidas?

ESTRATÉGIA A: Pergunte ao seu médico sobre cetamina

Se você está realmente deprimido há semanas, pergunte ao seu médico sobre o anestésico cetamina, que tem eficácia rápida para depressão e pensamentos suicidas. Descobriu-se que a cetamina alivia até mesmo estados depressivos bipolares muito graves quando outros medicamentos falham. Alguns estudos descobriram que ela pode aliviar a depressão em menos de 40 minutos. A cetamina não é fornecida em todas as clínicas, mas está se tornando mais comum. Na clínica, costuma ser administrada por bomba de infusão intravenosa ou *spray* nasal (escetamina [Spravato®]). Também existem comprimidos, líquidos e preparações nasais que podem ser administrados em casa, dependendo das recomendações do médico.

Existem algumas ressalvas quanto ao uso de cetamina. Primeiro, seus benefícios duram pouco, cerca de 1 semana a 10 dias. Não é um medicamento que você deva autoadministrar em frequências superiores às prescritas. Ela causa dependência: algumas pessoas desenvolvem o hábito de usar o *spray* nasal toda vez que se sentem tristes ou ansiosas, o que não torna a cetamina muito melhor do que a dependência em cocaína. Existem também alguns efeitos colaterais preocupantes: há quem experimente distorções perceptivas (como ver rostos nas árvores), dissociação (sensação de irrealidade ou distanciamento), dormência ou (raramente) alucinações. Pode aumentar a pressão arterial e a frequência cardíaca por certo tempo. Apesar de tudo isso, a cetamina parece reverter depressões graves que não responderam a outros tratamentos e, em razão disso, é uma opção sobre a qual vale a pena discutir com seu médico.

ESTRATÉGIA B: Opte pela estimulação magnética transcraniana

A eletroconvulsoterapia (ou "tratamento de choque") ainda é o tratamento mais eficaz para indivíduos com depressão grave que não responderam a outros tratamentos, mas inspira medo em muitas pessoas. Existe uma técnica menos invasiva chamada estimulação magnética transcraniana, método que envolve colocar uma bobina estimuladora sobre o couro cabeludo e administrar pulsos de atividade elétrica ao córtex pré-frontal dorsolateral, que é o principal local do cérebro para tomada de decisões, planejamento, flexibilidade mental e regulação do humor. A estimulação magnética transcraniana não é tão eficaz quanto a eletroconvulsoterapia, mas também tem menos efeitos colaterais e não é tão intimidante. Não há muitas pesquisas sobre esse método para depressão bipolar (é aprovado pela Food and Drug Administration [FDA] nos Estados Unidos para transtorno depressivo maior), é caro e nem sempre é coberto por planos de saúde.

ESTRATÉGIA C: Considere a hospitalização como um descanso

A hospitalização é necessária se você tiver pensamentos suicidas ou não conseguir mais cuidar de si mesmo. Ninguém espera uma hospitalização, mas pode ser a melhor solução para a depressão persistente. O que surpreende muitas pessoas não são apenas os tratamentos que recebem no hospital, mas também os efeitos de ficar longe dos estressores diários que provocam estados de humor depressivo. As internações hospitalares são um tipo de descanso, um lugar onde você pode dormir, restabelecer uma rotina diária viável, obter terapia de apoio e reavaliar sua medicação. Às vezes, os médicos atuantes na internação recomendam um "tratamento de eliminação" de medicamentos, no qual você, aos poucos, retira todos os remédios e inicia novos — é melhor fazer isso no hospital por conta de eventuais efeitos colaterais.

» Discuta essas opções de forma aprofundada com seu médico. Se você não está deprimido no momento, mas já esteve antes, é bom discutir sobre essas opções e ter planos para o caso de um episódio acontecer novamente.

Estratégias para conversar com sua família quando estiver deprimido

Uma coisa que sempre ouvi de pessoas com depressão bipolar é que os membros da família geralmente tentam apoiar, mas não sabem o que dizer ou fazer. Eles são bem-intencionados, mas suas falas parecem invalidantes ou, na pior das hipóteses, muito dolorosas. Se você mora com pais, cônjuge ou irmãos que o ajudam a marcar consultas, obter seus medicamentos, fornecer moradia ou oferecer ajuda financeira, é importante educá-los sobre o que realmente é a depressão bipolar (consulte o quadro "Informativo para familiares" a seguir, que traz uma descrição abreviada do transtorno bipolar). A única referência que essas pessoas têm pode ser sua própria ansiedade e estresse, que, a menos que eles próprios tenham o transtorno, provavelmente parecerão triviais em comparação com suas experiências.

Os membros da família podem ser de grande ajuda se souberem do que você precisa. Meus colegas e eu desenvolvemos a *terapia focada na família* com esse propósito, para ajudar indivíduos com transtorno bipolar e seus familiares a obter uma compreensão compartilhada da doença e aprender ferramentas para se comunicar sobre assuntos relacionados a ela e à vida familiar. Seus efeitos são mais poderosos na prevenção ou na diminuição de episódios de depressão, mas a terapia também é eficaz para estabilizar os episódios de humor em curso. Isso não é surpreendente; o apoio familiar é uma das fontes mais poderosas de proteção para pessoas com transtornos do humor. Eis algumas sugestões para obter o melhor tipo de apoio de sua família:

ESTRATÉGIA 1: Diga a seus parentes (pais, parceiro, irmãos) o que você faz e o que não quer que eles façam quando está deprimido

Seus parentes podem estar "às cegas" ao decidir o que dizer ou fazer quando você está deprimido, portanto, pode ser útil deixar claro o que você deseja. Por exemplo, alguns acham útil que o parceiro os levante e coloque de pé

Informativo para familiares

Fases depressivas do transtorno bipolar

A depressão no transtorno bipolar ocorre em episódios que podem durar de semanas a meses. Durante um episódio depressivo, posso me sentir muito triste, deprimido, ansioso, irritado, entorpecido ou sentir muitos desses sentimentos ao mesmo tempo. Posso ter insônia ou dormir demais (com dificuldade para sair da cama), perder o interesse de modo geral, ter pouca energia, me mover ou falar devagar, comer pouco (ou demais), me sentir inútil e sem esperança em relação ao futuro e pensar em tirar minha própria vida. Episódios depressivos não são como sentimentos comuns de tristeza, são muito piores e podem dificultar a realização de pequenas tarefas, como tomar banho ou se vestir. Talvez eu queira dormir o dia todo.

O transtorno bipolar tem uma base na atividade dos circuitos neurais no cérebro. A depressão é tratada com medicamentos, geralmente estabilizadores do humor, como lítio ou lamotrigina, e às vezes com agentes antipsicóticos, como quetiapina ou lurasidona. É uma boa ideia fazer psicoterapia para aprender estratégias para lidar com o estresse.

Sei que preciso tomar medicamentos, mas passo por períodos em que duvido de sua eficácia. Não me ajudará em nada ser constantemente lembrado de tomá-los. Nossa família também pode se beneficiar ao consultar um terapeuta que saiba como o transtorno bipolar afeta os relacionamentos. O que mais preciso da minha família é o apoio na forma de escuta quando estou angustiado, o que mostra compaixão, e ajuda para me comunicar com meus médicos, se eu pedir.

Ainda sou um ser humano que valoriza minha independência, então, por favor, respeite meus desejos em termos de quem você contata ou consulta sobre meus problemas. Se está preocupado com minha segurança, comunique-se comigo sobre o que o preocupa. Por favor, seja paciente. Saiba que estou me esforçando o máximo que posso, mesmo que eu pareça estar cedendo.

Posso me beneficiar de rotinas e atividades diárias regulares e pedir sua ajuda para elaborar um plano diário para tirar minha mente do meu estado de humor. Algumas serão atividades que talvez você queira fazer comigo (por exemplo, fazer uma caminhada ou respirar profundamente e meditar); outras, eu posso querer fazer sozinho.

Com tratamento e apoio familiar, vou sair disso. Posso realizar muitas das minhas metas de trabalho e vida familiar.

pela manhã; para outras pessoas, isso seria uma tortura. Há quem ache útil que seus parentes conversem com seus médicos. Dependendo de quem está fazendo isso e como, pode parecer intrusivo e invalidante ou solidário e de grande ajuda.

ESTRATÉGIA 2: Ajude-os a entender por que julgamentos e críticas não são úteis

Se seus parentes o estiverem criticando ou importunando em relação a motivação ou funcionamento (por exemplo, dizendo: "Você é preguiçoso" ou "Você precisa se esforçar mais"), deixe claro como os julgamentos o estão afetando. Talvez seja necessário educá-los sobre a depressão como um transtorno de base biológica e como seus episódios depressivos são diferentes dos estados comuns de tristeza. Considere o quadro "Informativo para familiares" como uma forma de começar essa educação.

ESTRATÉGIA 3: Peça a seus parentes que o ajudem a implementar um plano de ativação comportamental

O que ajuda quando você se sente inerte ou apático? Você quer que seus parentes façam alguma tarefa da sua lista de atividades com você: caminhar, fazer exercícios leves, ir a uma cafeteria? Dizer a eles "só me deixem em paz" é dizer o que *não* fazer, não o que você quer que façam. Mostre a eles seu exemplo de registro de pensamentos para que saibam o que você está tentando fazer todos os dias e por quê.

ESTRATÉGIA 4: Revezem-se para ouvir ativamente

Ser capaz de conversar com regularidade com uma pessoa que valida e aceita e se preocupa com você, seja genitor, cônjuge/parceiro ou amigo, pode ser tão poderoso quanto qualquer medicação. Talvez você precise deixar esse ponto claro para seus familiares. Explique: "Acho muito útil quando você apenas escuta e não tenta resolver meus problemas por mim". Isso não significa que não podem dizer nada, mas os treine para que você possa esclarecer o que sente e quais obstáculos enfrentou ao tentar superar isso. Você pode conversar com eles sobre sua recente separação ou perda de emprego? Incentive-os a fazer perguntas sobre o que aconteceu e como você está se sentindo e instrua-os a resumir ou parafrasear suas respostas (por exemplo, "Então você ficou muito magoado quando ela disse isso"). Parafrasear faz com que o ouvinte sinta que não está apenas sendo passivo, mas ajudando a seguir em frente ao entender sua preocupação. Quando for a vez dele de compartilhar seu ponto de vista, mostre que você está ouvindo ativamente balançando a cabeça, fazendo perguntas esclarecedoras e parafraseando o que ele está sentindo. Mais tarde na conversa, quando você sentir que ele entendeu, pode recompensá-lo incentivando-o a expressar suas sugestões.

» Examine as etapas da escuta ativa no Capítulo 7.

ESTRATÉGIA 5: Agradeça seus familiares e reconheça seus esforços

Todos querem sentir que foram úteis, então, se seus familiares o ajudaram a passar uma tarde com menos sofrimento, diga: "Gostei que você fez aquela caminhada comigo e ouviu sobre minhas dificuldades. Foi bom ser ouvido" ou "Sei que às vezes fico irritado quando estou deprimido. Mesmo assim, acho sua presença reconfortante". Mesmo que não ache que eles tenham sido úteis, você pode dizer: "Obrigado por estar presente".

ESTRATÉGIA 6: Reconheça as demandas de seus parentes, mas se afirme quando parecerem irrealistas

Quando você está deprimido, até mesmo o pedido mais simples de seus familiares pode parecer uma tarefa gigantesca. Se seus pais ou seu cônjuge começarem a fazer muitos pedidos e você achar que não são realistas, acene com a cabeça e resuma o que eles perguntaram: "Sei que você acredita fortemente que eu deveria procurar emprego". Em seguida, você pode acrescentar: "Não sei se consigo fazer isso agora". Eles precisam saber que você os ouviu, mesmo que não consiga seguir seus conselhos.

ESTRATÉGIA 7: Estabeleça limites para perguntas sobre seus medicamentos

Ouvir repetidamente a pergunta sobre se você tomou seus medicamentos pode ser irritante e fazer você não querer mais seguir o tratamento. Familiares que fazem isso podem estar preocupados quanto ao seu plano de tratamento *ou* podem não saber mais o que dizer ou fazer. Leve a conversa de volta às experiências estressantes que teve, mas evite entrar em uma discussão sobre se você realmente tomou todos os remédios ou fez todos os exames de sangue. Conversas nessa direção podem ser pouco gratificantes para ambas as partes. Conheça seus próprios limites e esteja disposto a afirmá-los.

Fazendo um balanço

Se você implementou algumas estratégias descritas aqui para lidar com a depressão, faça um balanço do que aprendeu e do que foi útil ou não. Faça a si mesmo as perguntas disponíveis no quadro a seguir.

Perguntas para avaliar um episódio recente de depressão

- Em retrospectiva, o que você acha que causou seu mais recente episódio de depressão? Quais fatores estressantes estavam envolvidos?
- Houve algum sinal de alerta precoce que indicasse que a depressão estava a caminho?
- Quais medicamentos você tomou e quais você acha que foram os mais úteis? (Consultar seu gráfico de humor deve ajudar nisso.)
- Quais estratégias comportamentais foram úteis? Ativação comportamental, desafiar seus pensamentos? Aceitação consciente?
- O que seu médico e seu terapeuta fizeram que foi ou não foi útil?
- O que seus familiares (ou amigos próximos) fizeram que foi ou não foi útil?

2

Mania

MINIMIZANDO A GRAVIDADE E REDUZINDO A FREQUÊNCIA

A mania pode se apoderar de você, causando estragos em sua vida e na de seus familiares. Você não pode evitar a mania, mas talvez consiga minimizar sua gravidade e frequência. Como é muito difícil procurar ajuda quando se está maníaco (descrito no quadro "Episódios completos de mania"), as estratégias mais eficazes envolvem saber o que você já vivenciou antes, quando entrou em mania, e fazer planos para evitar que os sinais de alerta iniciais (também chamados de *sintomas prodrômicos*) se transformem em episódios completos. A mania pode ocorrer mesmo quando você está tomando estabilizadores do humor e fazendo o possível para se manter estável. Isso certamente não é culpa sua, mas é importante tomar medidas extras para minimizar danos quando estiver em um estado maníaco. Quais estratégias de emergência podem ser implementadas para manter a sua segurança e a de outras pessoas?

Você pode ter perguntas que não se encaixam no quadro. Por exemplo, pode querer saber: "O que eu faço quando estou deprimido? Essa é a hora de trabalhar na prevenção de minhas manias?" ou "E se eu já estiver em um período de alta? Ainda uso as mesmas estratégias?". Este capítulo responde a essas e outras perguntas. Ele está dividido em seções sobre o que você pode fazer (1) quando está estável (ou deprimido) para evitar futuros episódios maníacos, (2) quando está mostrando sinais precoces de mania e (3) quando está com mania aguda, para reduzir os danos. Essas estratégias estão resumidas no quadro "Prevenindo a mania e a hipomania e reduzindo os danos"

Episódios completos de mania

Na maior parte do tempo durante pelo menos uma semana, o humor está "alto" ou irritável, com expressão extrema de emoção e comportamento enérgico focado em metas. O episódio não precisa durar uma semana se o tratamento de emergência o encurtar. Você deve estar experimentando três ou mais das seguintes mudanças durante a fase maníaca (quatro se seu humor estiver apenas irritável):

- Ter autoestima acima do normal (como a crença de que você tem poderes especiais, é mais inteligente do que todos os outros ou tem planos exclusivos para resolver problemas globais importantes);
- Falar mais e rápido, sentindo que não consegue parar de falar;
- Ao falar, pular de um assunto para outro ou sentir que seus pensamentos estão acelerados;
- Dormir menos do que o normal ou não dormir nada, sem se sentir cansado no dia seguinte;
- Ter sua atenção atraída para estímulos sem importância em seu ambiente, como sons de fundo, cores ou ruído do trânsito, dificultando a concentração, ou ter dificuldade em distinguir pensamentos ou tópicos importantes daqueles que são irrelevantes;
- Sentir-se fisicamente agitado, compulsivo e inquieto;
- Sentir aumento no comportamento impulsivo, arriscado ou perigoso, como gastar dinheiro de forma excessiva, ser imprudente na condução de um carro ou ter vários parceiros sexuais.

para dar uma ideia do controle que você pode exercer em vários estágios da escalada maníaca.

Uma seção separada sobre hipomania oferece estratégias semelhantes para episódios menos graves e que não causam danos imediatos. É importante saber como evitar episódios hipomaníacos porque eles tendem a provocar episódios depressivos (ou padrões de ciclagem rápida) quando desaparecem.

Prevenindo a mania e a hipomania e reduzindo os danos

Problemas que tive durante episódios maníacos ou hipomaníacos	O que fazer para evitar ou minimizar o problema quando eu estiver estável	O que fazer se eu estiver em escalada	Redução de danos quando eu estiver totalmente maníaco ou hipomaníaco
Parei de dormir completamente	Manter um horário regular de sono e vigília	Conversar com meu médico sobre ajustes da medicação para melhorar o sono (ou usar medicamentos prescritos para dormir)	Estabelecer um horário regular para dormir, mesmo que eu não consiga pegar no sono; pedir ao médico que recomende medicamentos para dormir
Bebi ou usei drogas que aceleram meu estado de humor (por exemplo, cocaína)	Evitar todas as substâncias de abuso; participar de grupos de Alcoólicos Anônimos ou Narcóticos Anônimos ou consultar um terapeuta especializado em terapia de abuso de substâncias (como entrevistas motivacionais)	Diminuir o acesso e o contato com fornecedores de drogas; evitar amigos com quem eu uso drogas ou bebo (consulte o Capítulo 12)	Ficar longe de drogas e álcool a todo custo; pedir ajuda de outras pessoas para fazer isso
Saí tarde da noite e tive encontros sexuais impulsivos	Usar meu sistema de apoio: indicar um amigo/parceiro com quem sair à noite, combinar com ele para que interceda quando eu estiver em meus períodos de mania	Levar meu amigo/parceiro quando sair à noite; evitar lugares onde tive problemas no passado (como certos bares ou danceterias)	Questionar pensamentos muito otimistas sobre o quanto um novo encontro sexual será maravilhoso
Gastei dinheiro que não tenho	Guardar lembretes na minha carteira sobre as desvantagens do pensamento maníaco; colocar um adesivo de aviso nos meus cartões de crédito e débito	Estabelecer limites de gastos nos cartões de crédito ou deixá-los sob o controle de outra pessoa; usar regras de decisão de 48 horas e duas pessoas; notificar o corretor financeiro ou o banco sobre a necessidade de limites financeiros	Abandonar por completo os cartões de crédito e débito; pagar compras apenas com dinheiro

Problemas que tive durante episódios maníacos ou hipomaníacos	O que fazer para evitar ou minimizar o problema quando eu estiver estável	O que fazer se eu estiver em escalada	Redução de danos quando eu estiver totalmente maníaco ou hipomaníaco
Joguei fora meus medicamentos prescritos	Escrever uma lista de "Por que devo manter meus medicamentos" que possa acessar quando quiser descartá-los	Manter pelo menos duas semanas de suprimentos dos medicamentos em um cofre ou com um amigo de confiança	Revisar a lista "Por que devo manter meus medicamentos"; conversar com meu médico sobre a necessidade de mudanças no regime de medicação
Peguei o carro e dirigi em rodovias ou estradas rurais longas ou sinuosas sem limites de velocidade	Indicar alguém em cujo julgamento eu confie para me aconselhar sobre dirigir quando meu julgamento estiver prejudicado	Seguir o julgamento dessa pessoa sobre se é seguro dirigir ou se é melhor pedir carro por aplicativo ou outras caronas compartilhadas	Entregar as chaves do carro a uma pessoa de confiança; evitar dirigir
Tive outros comportamentos maníacos ou hipomaníacos (listar):	O que posso fazer para evitá-los quando eu estiver estável:	O que posso fazer se começar a ficar maníaco:	Estratégias de redução de danos quando estiver maníaco ou hipomaníaco:

A última seção deste capítulo descreve estratégias para orientar seus familiares sobre maneiras de comunicar suas preocupações antes ou durante episódios maníacos completos. Como você viu no Capítulo 1, existem maneiras saudáveis e não saudáveis de eles se expressarem e maneiras saudáveis ou não saudáveis de você responder.

Estratégias para prevenir episódios completos de mania

"Quando saio da mania, vejo o que poderia ter feito de outra forma e me sinto envergonhado. Como posso ter uma previsão melhor? O que tornará esses sintomas menos destrutivos?"

ESTRATÉGIA 1: Verificações de realidade para períodos estáveis

Alerta de *spoiler*: o "barato" da mania pode parecer irresistível no início. Quando estiver se sentindo estável, ou mesmo quando estiver levemente deprimido, lembre-se de que, quando você estiver escalando para a mania, talvez você deixe de lado os hábitos que têm mantido seu humor estável. É difícil interromper a escalada porque:

- os sentimentos elevados são inebriantes, e pará-los é como interromper uma boa festa;
- você não quer abrir mão de seus sentimentos de criatividade e produtividade;
- você está desfrutando de sentimentos de poder e controle.

Esses estados não são motivo para se envergonhar, pois são compartilhados por muitas pessoas com transtorno bipolar. No entanto, as medidas que você adota enquanto está estável são fundamentais para evitar episódios maníacos completos. Então, o que você pode fazer para verificar a realidade ao aproveitar o barato da mania?

ESTRATÉGIA 1A: Carregue um cartão com avisos na carteira

"Claro, isso é ótimo — até não ser mais" e "O poder vicia... e também é uma ilusão quando resulta da mania" são exemplos de cartões. O ideal é guardar o cartão de forma que você o veja ao pegar sua carteira de motorista ou cartões de débito e crédito. Se você costuma usar seu cartão de débito quando está maníaco ou hipomaníaco, coloque um adesivo na parte de trás (não perto da tarja) que diga "Não deve ser usado quando estiver se sentindo acelerado ou entusiasmado" (ou qualquer palavra que você usaria para descrever seu estado maníaco ou hipomaníaco). Ainda, você pode achar útil colocar essas frases na tela inicial do seu telefone.

ESTRATÉGIA 1B: Use seu sistema de apoio

Antecipe o que você fez durante as fases maníacas e pense em como outras pessoas podem ajudá-lo se elas ocorrerem novamente. Quem em seu sistema de apoio poderia ajudar a evitar que você bebesse, usasse drogas ilícitas, gastasse quantias excessivas de dinheiro ou saísse à noite para lugares onde você poderia ter problemas? Geralmente, trata-se de um amigo ou parente da sua faixa etária que pode entender seus estados de impulso, mesmo que não tenha observado seus episódios maníacos anteriores.

ESTRATÉGIA 1C: Mantenha hábitos de sono saudáveis

Você já sabe da importância de manter horários regulares de sono e vigília, hábitos que são interrompidos de modo significativo quando a mania começa a aumentar. Ter uma rotina previsível na hora de dormir (como meia hora de leitura, tomar banho ou outras atividades relaxantes antes de ir para a cama) ajudará você caso seus padrões de sono mudem inadvertidamente (por exemplo, você recebe um turno mais tardio da jornada de trabalho e decide ficar acordado até cada vez mais tarde para compensar).

» Analise as estratégias concretas para combater a insônia no Capítulo 6.

ESTRATÉGIA 1D: Evite o hábito diário de usar álcool ou drogas (ou *cannabis*), mesmo que pareçam ajudar a equilibrar seu humor

Substâncias de abuso podem interferir nos efeitos protetores dos estabilizadores do humor.

» Analise as questões relacionadas ao abuso de substâncias no Capítulo 12.

ESTRATÉGIA 1E: Seja consistente com seus medicamentos

Conforme você lerá no Capítulo 13, muitos sentimentos complexos surgem ao decidir se deve tomar os medicamentos recomendados. Se você está no ponto ideal de se manter estável e pensar construtivamente sobre o futuro, esse não é o momento de parar seu tratamento farmacológico. Converse com seu médico sobre como ajustar suas dosagens se estiver sofrendo de efeitos colaterais dolorosos, mas mantenha-se consistente, usando lembretes automatizados (como alarmes de relógio ou notificações no telefone) ou porta-comprimidos, conforme necessário. Sempre mantenha algumas semanas de suas doses diárias em um local seguro, talvez com outra pessoa, para que você não fique sem a medicação em um momento importante do seu ciclo de humor.

Quando estiver se sentindo bem, vale a pena escrever uma lista de "Por que eu devo continuar tomando meus medicamentos" que você possa acessar quando sentir vontade de jogá-los fora. Nessa lista podem constar considerações como: "Não quero ter o problema de renovar e solicitar esses medicamentos mais tarde se eu estiver em um episódio", "Os comprimidos custaram R$ ____ e podem não ser cobertos pelo plano de saúde se eu tentar renová-los muito rapidamente" ou "Prometi a ______ (meu médico, cônjuge, parceiro) que não os jogaria fora sem conversar com ele primeiro".

ESTRATÉGIA 2: Crie um plano de prevenção da mania

O *plano de prevenção da mania* é uma ferramenta importante para construir quando você estiver bem, usando todas as fontes de informação disponíveis (suas lembranças de episódios anteriores, diários, lembranças de outras pessoas ou informações de seus médicos). Ter um plano de prevenção dará maior sensação de controle sobre seu futuro. Crie seu próprio formulário, como o mostrado a seguir, e certifique-se de que ele liste o seguinte:

- Sinais precoces de alerta de mania
- Estressores que já precederam episódios
- Possíveis estratégias de enfrentamento para desacelerar
- Identificação e resolução de problemas de fatores que interferem em suas estratégias de enfrentamento
- Soluções alternativas para minimizar interferências

PLANO DE PREVENÇÃO DA MANIA

Sinais precoces de alerta	Estressores ou gatilhos	Habilidades de enfrentamento	Resolução de problemas	Soluções alternativas

Se bem construído, o plano permitirá que você aproveite alguns benefícios da hipomania leve (sentir-se "animado" ou mais criativo, mas não fora de controle) sem sofrer suas consequências mais deletérias. Seus familiares ou amigos próximos são aliados fundamentais no desenvolvimento desse plano. Seu médico também, como você verá adiante.

ESTRATÉGIA 2A: Esteja ciente dos seus primeiros sinais de alerta

Se você está se sentindo estável agora, ou talvez com depressão leve, considere a última vez que esteve maníaco ou hipomaníaco. Examine seu histórico (ou seu gráfico de humor ou seus diários, se você os manteve), faça uma lista dos primeiros sinais que indicaram sua aceleração e coloque-os na primeira coluna. Aumentos na velocidade de pensamento são típicos, incluindo sentir-se mais inteligente do que todos; sentir-se cheio de vida, alegria ou energia; não precisar dormir tanto; ficar facilmente irritado ou incomodado, sobretudo pela lentidão com que tudo e todos se movem ao seu redor; e sentir aumento no desejo de consumir bens materiais, comida, álcool, sexo ou drogas. Esses impulsos geralmente se acumulam em algumas semanas, mas a duração da fase inicial (o pródromo) varia muito de pessoa para pessoa — algumas dizem que dura um dia ou dois, outras afirmam que pode durar vários meses.

Se você é sempre um pouco hipomaníaco por natureza, pode ser mais difícil perceber as mudanças, e nesse caso as observações dos familiares (junto com as avaliações no seu gráfico de humor) podem ajudar. Eles podem não estar familiarizados com esses sinais de alerta, a menos que você os tenha educado sobre o transtorno bipolar (consulte o Capítulo 1) ou que esses sinais existissem durante seus episódios anteriores. Lembre-se de que essas pessoas processarão seus sintomas de um ponto de vista observacional diferente, que dá mais ênfase ao seu comportamento externo e menos às suas experiências internas. Se você perguntar o que eles colocariam em sua lista de sinais de alerta, talvez digam: "Você estava cheio de si" ou "Você estava incrivelmente bravo conosco". Mesmo que você não se lembre desses atributos (ou talvez sinta que tinha muitos motivos para estar irritado), adicione-os à sua lista de possíveis sinais precoces de alerta.

ESTRATÉGIA 2B: Identifique seus gatilhos de estresse

Volte sua memória às circunstâncias ambientais em que ocorreu seu último episódio de mania ou hipomania. Os episódios podem ser desencadeados por estressores ambientais e por predisposições genéticas e biológicas. Saber quais fatores de estresse mais o afetam pode ajudar a avaliar quando você corre maior risco de um novo episódio. Por exemplo, uma pessoa com transtorno bipolar ficava maníaca sempre que o novo semestre universitário começava. Ela desenvolveu um plano com o médico para aumentar o lítio durante os primeiros meses de aula, enquanto se adaptava a um novo horário de sono. Eventos que causam mudança em seus ciclos de sono/vigília são potentes desencadeadores de mania (começar um novo emprego, viajar para um lugar com fuso horário diferente), mas outros fatores de estresse também podem ser importantes: novos relacionamentos românticos ou separações, eventos de "realização de metas" que envolvem grandes realizações ou oportunidades (sobretudo se envolverem grandes somas de dinheiro) e graves conflitos ou discórdias familiares.

Na segunda coluna do formulário, liste os estressores que você acha que podem ter sido associados a pelo menos um episódio anterior. Não precisa haver relação direta entre o estressor e sinais precoces de alerta específicos, ou você pode não ter certeza do que veio primeiro ("Voei para a Europa por impulso, perdi uma noite de sono e não consegui dormir na noite seguinte, mas não me senti cansado"). No entanto, identificar o papel do estresse na escalada para a mania o deixará mais alerta quando estressores semelhantes acontecerem no futuro.

ESTRATÉGIA 2C: Faça um inventário de suas habilidades de enfrentamento

Na terceira coluna, liste as habilidades usadas em episódios maníacos anteriores (ou habilidades que você acredita ter adquirido desde então) que poderiam ser implementadas quando soarem os primeiros alarmes de um novo episódio. Por exemplo, imagine que você está precisando dormir cada vez menos (e não se sente cansado) e está assumindo vários novos projetos. Aqui estão algumas atitudes que você pode tomar:

- Mantenha os horários de dormir e se levantar regulados de noite para noite, mesmo que tenha problemas para adormecer. Esteja ciente de deitar-se (ou adormecer) muito mais tarde do que de costume.
- Converse com seu médico sobre a necessidade de mudanças em seu regime de medicação. Por exemplo, se você estiver tomando um antipsicótico de segunda geração, ele pode recomendar uma dose maior quando

você se sentir acelerado. Essas prescrições podem ser escritas antes de você desenvolver sinais de alerta precoces, com o acordo de que você entrará em contato com seu médico quando começar a tomar as dosagens revisadas.

- Este não é o momento de interromper seus medicamentos. As pessoas costumam parar de tomar estabilizadores de humor ou antipsicóticos e ficam maníacas logo em seguida. Também acontece de outra forma: elas começam a ficar maníacas e depois interrompem os medicamentos porque se sentem muito bem.
- Se você teve problemas com gastos no passado, proteja seu dinheiro. Por exemplo, entregue seus cartões de crédito a uma pessoa confiável. Permita-se acessar um cartão de débito somente com limite diário de, por exemplo, R$ 200 ou menos. Esteja especialmente atento às grandes compras envolvendo instrumentos musicais, carros, joias e peças de arte, que, quando você está ficando maníaco, podem parecer ideias fantásticas. Veja também a discussão a seguir sobre a regra de 48 horas e a regra de duas pessoas para adiar decisões.
- Se você investe regularmente no mercado de ações e trabalha com um corretor, convém que ele saiba que você tende a gastar em excesso quando está maníaco ou hipomaníaco, deixando instruções para que ele não permita que você invista acima de um determinado valor. Essa é uma precaução que você pode tomar no início de uma elevação de humor, mas que talvez deixará de parecer razoável quando você estiver em um estado maníaco.
- Se teve problemas com excesso de velocidade, limite seu acesso a veículos quando começar a se sentir exaltado. Idealmente, entregue as chaves do carro a outra pessoa.
- A hipersexualidade é um sinal comum de aumento da mania. Evite sair à noite sozinho, ainda mais se você é propenso a encontros sexuais impulsivos. Leve consigo um amigo ou familiar de confiança (de preferência da mesma idade).
- Esteja muito atento à ingestão de álcool e drogas ilícitas, que tendem a ser consumidas em excesso quando a mania se aproxima (muitas vezes, o consumo é feito para perseguir o efeito e acentuá-lo).
- Evite ou adie a tomada de decisões importantes na vida sobre emprego, casamento ou mudança.

ESTRATÉGIA 2D: Reduza os obstáculos ao uso de suas habilidades de enfrentamento

RESOLUÇÃO DE PROBLEMAS: "O que poderia interferir no uso das habilidades de enfrentamento?"

SOLUÇÃO ALTERNATIVA: *Liste possíveis soluções alternativas para bloquear as interferências*

Você pode ter tentado algumas dessas estratégias antes. Na penúltima coluna do formulário, liste os fatores que interferiram em suas tentativas de desacelerar sua escalada. Em seguida, na última coluna, descreva como você pode usar soluções alternativas. Eis alguns exemplos:

RESOLUÇÃO DE PROBLEMAS: "Nem sei quando estou ficando maníaco. Tudo acontece tão rápido. Como faço para diminuir a velocidade?"

SOLUÇÃO ALTERNATIVA 1: *Observe as duas semanas anteriores do seu gráfico de humor e veja se houve algum "solavanco" (períodos breves de euforia) de um ou dois dias*

Muitas pessoas dizem que seus episódios maníacos ocorrem quase da noite para o dia, rápido demais para serem resolvidos, mas quando analisam sistematicamente as semanas anteriores, descobrem sinais de alerta. É aqui que o gráfico de humor mantido por várias semanas ajudará.

SOLUÇÃO ALTERNATIVA 2: *Pense nos sinais de alerta que ocorrem em conjunto*

Pode ser difícil distinguir o que é um sinal de alerta do que é apenas uma mudança temporária de humor ou sono que qualquer pessoa teria. Ficar irritado uma vez não é um sinal de alerta, mas ficar irritado com várias pessoas diferentes durante um período de dois dias e ter problemas para dormir pode indicar um risco maior de mania. Gastar muito dinheiro em um fim de semana pode ser apenas uma maratona de compras divertida, mas gastar em excesso quando você está sentindo elevação de humor é um sinal de alerta.

RESOLUÇÃO DE PROBLEMAS: "É uma ótima ideia ligar para o meu médico, mas nunca consigo encontrá-lo. Ele nunca está disponível quando preciso. Como posso lidar com isso?"

SOLUÇÃO ALTERNATIVA 1: *Obtenha uma receita que você possa usar quando sentir sinais precoces de mania*

Em vez de insistir nas tentativas de ligar para o consultório médico quando a situação está fora de controle, você pode desenvolver um plano de medicação razoável com antecedência para quando notar os primeiros sinais de alerta. Por exemplo, seu médico pode prescrever um novo antipsicótico a ser tomado se você estiver dormindo menos de cinco horas por noite ou se sentir agitado e compulsivo. Como alternativa, ele pode recomendar uma dose maior do seu estabilizador de humor. Você pode preencher a receita quando estiver bem e tê-la à mão se piorar.

SOLUÇÃO ALTERNATIVA 2: *Ligue para um profissional reserva (psiquiatra, psicólogo, ou outro profissional de saúde), indicado pelo seu médico, se ele não estiver disponível*

Discuta com seu médico como você pode obter ajuda do médico ou profissional substituto nos dias ou noites em que ele estiver ausente.

RESOLUÇÃO DE PROBLEMAS: "Quando começo a ficar maníaco, quero fazer, o que quero fazer, na hora. Como desacelerar?"

SOLUÇÃO ALTERNATIVA 1: *Use a regra de 48 horas e duas pessoas*

Quando maníacas, as pessoas querem tomar atitudes por impulso e não querem ouvir dos outros que não podem. Se você quiser fazer uma grande mudança repentina em sua vida (como se casar com alguém que você acabou de conhecer ou fazer um investimento financeiro muito alto), espere 48 horas antes de tomar a decisão *e* consulte duas pessoas que você conhece bem (de preferência, pelo menos um membro da família) para saber se elas acham que é uma boa ideia. Se o dissuadirem, você pode sentir raiva e ainda querer concretizar aquela ideia, mas alguma parte de você questionará a sabedoria da decisão. Atrasar decisões tomadas por impulso, especialmente quando você tem dúvidas, costuma ser uma boa estratégia.

Consulte o quadro "Prevenindo a mania e a hipomania e reduzindo os danos", anteriormente, para soluções alternativas adicionais para problemas que você possa ter experimentado durante episódios maníacos anteriores. Adicione outros exemplos e estratégias viáveis com base em sua própria experiência.

Redução de danos: estratégias para controle de danos quando o episódio de mania se apresenta

"Eu odeio o caos causado quando fico maníaco e minha família se esforça para me ajudar. O que posso fazer para minimizar isso?"

ESTRATÉGIA: Use serviços hospitalares e de emergência conforme necessário

ESTRATÉGIA A: Ligue para seu psiquiatra e peça uma avaliação de emergência

Seu médico provavelmente recomendará aumentar a dose do estabilizador de humor ou adicionar/aumentar a dose do antipsicótico. Ele não recomendará antidepressivo nesse estágio.

ESTRATÉGIA B: Considere o tratamento hospitalar

Ter um episódio maníaco pode exigir ir ao hospital — alternativa que não será bem-vinda quando você estiver no meio de um episódio. É melhor que o plano de hospitalização seja desenvolvido por você e sua família fora de um episódio. Faça uma lista dos detalhes de qual hospital ir, onde fica o pronto-socorro, suas informações de plano de saúde, números de telefone de seu médico e terapeuta e, embora possa ser desnecessário, informações de contato da equipe de emergência psiquiátrica local.

Obviamente, todo o propósito das estratégias de prevenção deste capítulo é evitar a hospitalização, mas pode ser necessário, apesar dos maiores esforços seus e de todos. Você sentirá ressentimento por abrir mão de sua independência por esse período, mas lembre-se de que a recuperará mais tarde, quando estiver estável.

ESTRATÉGIA C: Certifique-se de que seus parentes de confiança saibam informar seu médico/terapeuta se você ir para o pronto-socorro ou hospital

Com muita frequência, as pessoas recebem atendimento no hospital e seus médicos só descobrem depois do fato, quando é tarde demais para ajudarem. Eles devem conversar com os profissionais de saúde que trabalham no pronto-socorro e na unidade de internação para que medicamentos que já se mostraram ineficazes ou intoleráveis não sejam recomendados.

Lidando com a hipomania

"Tenho transtorno bipolar tipo II e só fico hipomaníaco – não é tão grave, mas pode ser muito perturbador. Há algo que eu possa fazer para reduzir os danos?"

Hipomania é a mesma coisa que mania, exceto pelo fato de que os sintomas geralmente não duram tanto e não são tão graves ou perturbadores. As pessoas, ao ficarem hipomaníacas, podem dormir quatro horas por noite em vez de sete, podem ter muitas ideias criativas (de viabilidade incerta) e aumentar seu nível de atividade (como se exercitar em excesso) de várias maneiras. Podem tentar conciliar vários relacionamentos românticos ou gastar dinheiro de forma extravagante, mas não são presas ou hospitalizadas. Episódios hipomaníacos podem ou não representar um perigo para você, mas podem causar episódios depressivos. Portanto, prevenir a hipomania também pode impedir um episódio depressivo (ou misto) subsequente.

ESTRATÉGIA DE PREVENÇÃO 1: Use algumas dicas de prevenção aqui citadas, mas de forma menos extrema

Não dirija longas distâncias sozinho, guarde seus cartões de crédito mas esteja ciente de sua tendência de gastar de forma impulsiva, e evite lojas onde você gastou dinheiro no passado.

ESTRATÉGIA DE PREVENÇÃO 2: Se você é propenso a ligar para as pessoas a qualquer hora, peça ao seu parceiro para ficar com o seu telefone depois de uma certa hora

Se você não estiver com um parceiro e não quiser dar seu telefone para seus pais, irmãos ou colegas de quarto, considere desligá-lo depois das 21h.

ESTRATÉGIA DE PREVENÇÃO 3: Peça ao seu médico que descreva estratégias para controlar o sono durante a hipomania

O médico pode descrever estratégias comportamentais para a insônia (consulte o Capítulo 6), como estruturar sua rotina na hora de dormir, ou recomendar um medicamento para o sono. Normalmente, remédios para o sono são prescritos por tempo limitado (como durante a semana ou semanas de agravamento da mania) e tomados conforme necessário, não todas as noites. A escolha dos medicamentos inclui o sedativo trazodona; ou benzodiazepínicos como alprazolam ou lorazepam. Como alternativa, pode-se prescrever um antipsicótico de baixa dose, como a quetiapina, por tempo limitado. A quetiapina é sedativa e pode causar embotamento cognitivo no dia seguinte; por isso, discuta os prós e contras de cada opção com seu médico.

Estratégias para conversar com sua família quando estiver em mania ou hipomania

Como vimos no Capítulo 1, a comunicação com sua família será afetada durante os episódios de alteração do humor. Seus parentes são fontes importantes de informações e observações, mas ao entrar em um estado de mania ou hipomania, você tende a rejeitar advertências ou orientações de qualquer pessoa, particularmente vindas da família. Você pode ouvir suas sugestões ("É melhor consultar seu médico") como se refletissem o desejo delas de controlar você, quando a probabilidade é de que elas estejam assustadas ou confusas, com pensamentos como: "Tenho medo de que você se machuque" ou "Não sei mais o que dizer". Eis algumas conversas alternativas:

"Não consigo ouvir o que minha família me diz quando estou tendo uma elevação de humor. Como posso ouvi-los sem sentir que estou desistindo de tudo por eles?"

ESTRATÉGIA 1: Quando estiver bem, encene com seus parentes como eles podem se comunicar com você quando estiver vivenciando um episódio de mania

Quando seu humor estiver estável e confortável, encene uma troca de papéis com seu cônjuge/parceiro ou outro membro da família, em que (1) você interpreta a si mesmo em um estado maníaco crescente e (2) ele experimenta maneiras diferentes de expressar sua preocupação por você, de forma que você possa ouvi-lo. Por exemplo, se ele disser "Você está ficando em mania e precisa tomar seus remédios o quanto antes", peça que ele ensaie dizer "Estou preocupado que você se machuque ou machuque outra pessoa, que não esteja seguro. Como posso ajudar?". Outro exemplo: se ele disser "Você precisa consultar seu médico; estou marcando uma consulta para você", peça que ensaie dizer "Pode ser uma boa ideia irmos ver o Dr. _______ e nos certificarmos de que estamos todos em sintonia".

Será mais fácil extrair essas respostas de seus bancos de memória se você as ensaiar quando estiver se sentindo bem. Sua tendência natural pode ser brigar com seus familiares, mas quando você estiver bem, poderá praticar respostas mais fundamentadas: "Eu sei que você quer ajudar, mas eu mesmo preciso tomar a decisão de consultar meu médico" ou "Eu avisarei se decidir parar de tomar meus remédios — sei que isso é importante para você".

ESTRATÉGIA 2: Escolha um porta-voz da família

Quando a mania se intensifica, as interações familiares podem ser melhores se você interagir com um parente em particular em quem sentiu confiança durante episódios anteriores. Pode ser um dos pais, um cônjuge ou irmão, mas também pode ser um parente mais distante (como uma tia ou tio) ou até mesmo alguém de fora da família. A família pode transmitir suas preocupações a essa pessoa em vez de se comunicar com você, que já está ressentido. É claro que, quando a mania se instala, você também pode não querer falar com essa pessoa específica, mas pode se sentir diferente em relação a ela falar com seu psiquiatra; nesse caso, você deve assinar os formulários de liberação de informações com antecedência.

» Escolha um membro da família ou amigo para ser a pessoa de contato da família. Seu médico gostará de ter uma pessoa para contatar, em vez de várias pessoas ligando para ele com preocupações diferentes.

Fazendo um balanço

O quadro "Prevenindo a mania e a hipomania e reduzindo os danos" resume as estratégias de prevenção que abordamos. Use-o como referência quando estiver bem, quando estiver com sinais de alerta precoces ou quando estiver em mania ou hipomania e sentir que está perdendo o controle. Na parte inferior do quadro, liste outros comportamentos que causaram problemas em episódios anteriores e maneiras de evitar que eles ocorram no futuro.

Essas estratégias devem ajudar a evitar episódios maníacos ou hipomaníacos ou, pelo menos, reduzir sua gravidade, frequência ou duração. No entanto, nossos cérebros e corpos estão em sua própria trajetória. Se você passou por um ciclo de escalada ou por um episódio maníaco completo, apesar de tentar essas estratégias, revise seu plano de prevenção e faça algumas revisões. Pergunte a si mesmo o seguinte:

- O que funcionou no plano e o que não funcionou?
- Houve fatos (incluindo falas de outras pessoas) que fizeram você decidir suspender os medicamentos?
- Como o ambiente poderia ter sido mais acolhedor? Quando seria mais provável que você ouvisse os conselhos de seus pais ou de seu cônjuge? Eles ofereceram "muito pouco, muito tarde"? Houve alguma exigência do trabalho ou da escola que o manteve acordado até tarde?
- Você teria mais chances de responder se alguém de fora da família tivesse expressado suas preocupações sobre você?
- Como seu médico ou seu terapeuta poderia ter sido mais útil? Esteja disposto a discutir isso com ele.

Se você conseguiu evitar um episódio maníaco, parabenize a si mesmo (e, se apropriado, a seus parentes): você realizou uma das tarefas mais difíceis enquanto pessoa com transtorno bipolar.

3

Lidando com a ansiedade e a preocupação

A ansiedade é uma sensação corporal que se traduz em preocupação e apreensão no cérebro. Em pessoas com o transtorno bipolar, pode ocorrer por longos períodos de tempo, aparentemente em sua própria trajetória. Como alternativa, pode ocorrer durante estados depressivos, maníacos, hipomaníacos ou mistos. A ansiedade grave costuma ser sentida como forte sensação de nervosismo ("frio na barriga"), preocupação excessiva ou pensamento ruminativo (ficar repetindo certos pensamentos sem parar), sensação de falta de controle sobre eventos futuros e vontade de fugir. Nas palavras de uma pessoa com transtorno bipolar tipo II, ansiedade grave é "a sensação mais terrível que já tive".

A ansiedade é um pouco como um alarme de carro — às vezes, dispara porque alguém está tentando arrombar o carro e, outras vezes, porque algo sem importância aconteceu, como o vento soprando ou as folhas caindo de uma árvore. Parte do desafio de lidar com a ansiedade é determinar quando o alarme é legítimo.

Considere o que acontece quando as pessoas experimentam uma "crise ansiosa" ou pânico. Muitas vezes, o pânico é gerado de modo espontâneo, em um local lotado (como um supermercado) ou em lugares de onde é difícil escapar (um engarrafamento na rodovia). Quando você se encontra em uma dessas situações (o gatilho), seu coração bate mais rápido, sua respiração acelera e você tem uma sensação crescente de inquietação ou apreensão. Algumas pessoas interpretam essas sensações corporais como reações normais a um lugar lotado, enquanto outras pensam que isso significa um infarto e uma desgraça iminente.

O que acontece a seguir é o mais importante. Se você optar por esperar que as sensações físicas passem, começará a se "habituar", e a crise ansiosa diminuirá, conforme mostra o diagrama a seguir. Se você optar por fugir da situação (como encostar o carro na próxima saída e estacionar), é provável que seu nível de ansiedade caia rapidamente e você terá uma sensação de alívio, mas, a longo prazo, você estará contribuindo para sua ansiedade. Em algum momento, você precisará voltar para a rodovia.

Mais tarde, você pode decidir que não quer dirigir nessa rodovia em particular ou nessa hora do dia. Se o pânico acontecer novamente em uma rodovia diferente, você pode decidir que não quer dirigir nas principais rodovias — seu mundo acabou de ficar um pouco menor. Contudo, se você tivesse apenas ficado no carro, sua crise ansiosa teria se dissipado sozinha. A maioria dos tratamentos comportamentais para a ansiedade prescreve fazer exatamente isto: expor-se à situação temida, experimentar as sensações físicas de ansiedade e excitação sem fugir ou evitar, e aprender que as sensações desaparecem sozinhas. Infelizmente, pode ser difícil prever quanto tempo a ansiedade vai durar, e é por isso que muitas pessoas escolhem a rota de fuga ou esquiva.

O CÍRCULO VICIOSO DE FUGA E ESQUIVA

De *Worried no More: Help and Hope for Anxious Children*, de Aureen P. Wagner. © 2002 Lighthouse Press. Reimpresso com permissão.

Quão comuns são os problemas de ansiedade no transtorno bipolar? Segundo algumas estimativas, até 75% das pessoas com a doença também tiveram um ou mais transtornos de ansiedade, o que significa ataques de pânico recorrentes, preocupação generalizada e prejudicial, ansiedade social, estresse pós-traumático ou obsessões e compulsões, com comprometimento significativo no dia a dia. Alguns médicos veem a ansiedade apenas como parte dos episódios maníacos ou depressivos e enfatizam a estabilização dos sintomas do humor (geralmente com medicamentos) antes de tratar a ansiedade. No entanto, nem todos os indivíduos com transtorno bipolar descobrem que a ansiedade desaparece quando seus episódios depressivos ou maníacos/mistos terminam. Há médicos, por sua vez, que acreditam que a ansiedade pode ser abordada separadamente dos episódios de humor, mesmo que a implementação de estratégias comportamentais possa ser mais difícil quando o sujeito está deprimido. Eu me incluo nesse grupo.

Estratégias para evitar o surgimento da ansiedade

A melhor forma de prevenir estados de ansiedade é por meio de uma combinação de automonitoramento e *estratégias de exposição* da terapia cognitivo-comportamental. Os medicamentos também podem contribuir para a prevenção da ansiedade.

ESTRATÉGIA 1: Monitore sua ansiedade em relação às mudanças de humor

Como você fez com a depressão e a mania, você pode monitorar os sintomas de ansiedade usando o gráfico de humor, basta usar o lado direito do gráfico para avaliar seu nível diário de ansiedade. Use uma escala de 1 a 5 para mostrar como a ansiedade varia com seus sintomas de depressão ou mania. A classificação 1 é o estado mais calmo que você já sentiu (talvez em férias, deitado na praia) e 5 é o estado mais ansioso que você pode imaginar (entrar em pânico em um local público, sentir-se incapaz de respirar, perder o controle de si mesmo e soluçar). Há muitas gradações intermediárias, mas tente avaliar sua média do dia. Avalie seu nível de excitação fisiológica — não se o dia foi estressante com muito trabalho ou se lidou com engarrafamentos, haja vista que esses fatores contribuem para a ansiedade, mas não são o estado em si. Avalie seu nível de ansiedade ao ler isto: você está se sentindo ansioso em um nível médio para você (como 3)? Mais relaxado do que o normal, mas não o mais relaxado que você pode estar (nível 2)? Muito ansioso, com palpitações cardíacas, respiração superficial ou sudorese (nível 5)?

Depois de fazer avaliações de ansiedade e humor juntos por várias semanas ou meses, certos padrões começarão a surgir: a ansiedade anuncia o início de episódios depressivos, maníacos ou mistos em alguns dias; a ansiedade sempre ocorre junto com a depressão (nesse caso, é provável que desapareça quando a depressão passar); a ansiedade permanece em um nível grave ou prejudicial mesmo quando a depressão ou os sintomas maníacos ou mistos se estabilizaram (nesse caso, pode ser uma condição separada que requer tratamento próprio).

Existem características da ansiedade que a distinguem da depressão. Em geral, a depressão envolve eventos passados, enquanto a ansiedade é preocupação e ameaça percebida em relação a eventos atuais ou futuros. Quando você tem pensamentos como "Isso não vai funcionar bem" ou "Vou ser humilhado", você está pensando no futuro. Outros sintomas de ansiedade incluem aceleração cardíaca ou palpitações, sudorese, agitação e sintomas gastrintestinais. A depressão pode ser sentida como tristeza profunda, perda de interesses, insônia e baixa energia. Alguns sintomas se sobrepõem, como sensação de inquietação ou mudanças no apetite.

ESTRATÉGIA 2: Use o plano de redução da ansiedade para rastrear situações, cognições e comportamentos

Monitorar seus níveis de ansiedade ou preocupação tem um objetivo mais imediato: aumentar sua consciência de como ansiedade, humor, pensamentos e comportamentos estão conectados. Por exemplo, você pode ter ruminações ansiosas que precedem o início da semana de trabalho ("Como vou montar essa planilha antes da ligação do Zoom?"), o que pode fazer você evitar certas tarefas e, por consequência, ficar atrasado no trabalho. Reconhecer esses padrões pode ser o primeiro passo para alterá-los. No verso do seu gráfico de humor, ou talvez usando um aplicativo de anotações ou planilhas no telefone, crie um plano de redução da ansiedade como o apresentado a seguir.

O plano de redução da ansiedade começa com a identificação dos momentos ou das situações em que seu nível de ansiedade aumentou de forma significativa, como estar em lugares lotados, em ambientes em que se espera

EXEMPLO DE PLANO DE REDUÇÃO DA ANSIEDADE

Situação	Nível de ansiedade *(1–100)*	Coisas que pensei ou previ	O quanto acreditei no pensamento *(1 = nem um pouco, 3 = um pouco, 5 = completamente)*	Pensamentos alternativos	Estratégias comportamentais usadas *(por exemplo, respiração profunda, meditação, distração)*	Nível de ansiedade posterior *(1–100)*
Estar em um supermercado	*70*	*"Vou ter um ataque de pânico."*	*4*	*"Já estive aqui muitas vezes sem entrar em pânico."*	*Sentar-me, respirar fundo, buscar alguma distração.*	*40*
Conversar com minha professora sobre uma nota	*50*	*"Ela vai pensar que sou burro e vou me sentir humilhado."*	*3*	*"Minhas perguntas não são piores do que as de ninguém; essa professora parece imparcial."*	*Ficar de pé, respirar fundo, estar ciente dos meus pensamentos.*	*30*

que você fale com estranhos ou em que você se sinta ameaçado ou julgado com rigor. Por enquanto, basta registrar essas situações na primeira coluna e, na segunda, o quanto cada uma faz você se sentir ansioso. Se sua ansiedade estiver sempre presente, em qualquer situação (como acontece com muitas pessoas), registre as situações que se destacam como causadoras de mais ansiedade do que o normal. Depois, serão registradas as estratégias e os papéis de enfrentamento comportamental e cognitivo de seus familiares na redução de seu sofrimento. Preenchi as duas primeiras linhas como exemplos.

ESTRATÉGIA 3: Use tratamentos cognitivo-comportamentais

Um elemento-chave do seu plano de redução da ansiedade é realizar terapia cognitivo-comportamental regular, de preferência com um terapeuta individual ou em grupo, mas também implementando estratégias por conta própria. Converse com seu psiquiatra — ou com seu terapeuta, se você tiver um — sobre se você poderia se beneficiar de um dos programas de terapia cognitivo-comportamental resumidos no quadro "Breve guia de terapia cognitivo-comportamental para ansiedade". Depois de ler as descrições, pergunte se o médico conhece terapeutas que praticam esses tratamentos na sua região. Se você tiver a sorte de já ter um terapeuta que oferece um desses tratamentos, não precisará organizar o tratamento com muitos profissionais diferentes.

Encontrar terapeutas que praticam essas intervenções nem sempre é fácil, mas há vários aplicativos para celular que permitem que você experimente essas técnicas sozinho (o aplicativo MindShift CBT é um deles [disponível em inglês]: *https://apps.apple.com/ca/app/mindshift-cbt-anxiety-relief/id634684825*). Aplicativos de saúde, de modo geral, exigem pelo menos algum contato com um psicólogo ou terapeuta para serem eficazes.

Todos os tratamentos descritos no "Breve guia de terapia cognitivo-comportamental para ansiedade" foram considerados eficazes em ensaios clínicos randomizados com pessoas com transtornos de ansiedade. Os tratamentos comportamentais dependem de *habilidades* como ferramentas primárias para controlar a ansiedade (como se expor gradualmente a situações temidas ou se concentrar em seus pensamentos ou sensações internas), bem como de técnicas com as quais você já está familiarizado, como a reestruturação cognitiva (desafiar crenças negativas e ensaiar pensamentos alternativos e mais adaptativos). As habilidades descritas no guia podem ser listadas em seu plano de redução da ansiedade.

Breve guia de terapia cognitivo-comportamental para ansiedade (EMDR)

Tratamento	Para quê?	Descrição	*Sites* para obter mais informações
Terapia cognitivo-comportamental	Ansiedade e preocupação generalizadas; ansiedade social	Reestruturação cognitiva, relaxamento, exposição a pensamentos preocupantes, tolerância a estados de angústia e resolução de problemas; exercícios de atenção plena e relaxamento; exposição por meio de tarefas comportamentais (por exemplo, conversas com estranhos)	*https://div12.org/treatment/cognitive-and-behavioral-therapies-for-generalized-anxiety-disorder* *www.medicalnewstoday.com/articles/cbt-for-anxiety#_noHeaderPrefixedContent* *http://nationalsocialanxietycenter.com/cognitive-behavioral-therapy/social-anxiety-strategies* Veja também *www.toastmasters.org*
Terapia de processamento cognitivo	Transtorno de estresse pós-traumático	Concentra-se nas cognições sobre eventos traumáticos, por que ocorreram e como reinterpretá-los	*https://cptforptsd.com*
Terapia de exposição	Transtorno de estresse pós-traumático e outros transtornos de ansiedade	Usa muitas técnicas (*in vivo*, imaginária, realidade virtual) para expor o sujeito a estímulos temidos em um ambiente seguro, para reduzir medo e esquiva	*www.apa.org/ptsd-guideline/patients-and-families/exposure-therapy*
Exposição e prevenção de resposta	Transtorno obsessivo-compulsivo e transtorno de estresse pós-traumático	Expõe o indivíduo a estímulos (como sujeira ou germes) que geram obsessões e o fazem querer realizar rituais (como lavar as mãos); o tratamento ensina a não realizar comportamentos compulsivos e a usar estratégias alternativas de enfrentamento	*https://iocdf.org/about-ocd/ocd-treatment/erp*
Dessensibilização e reprocessamento por meio dos movimentos oculares (EMDR)	Transtorno de estresse pós-traumático	Combina técnicas de exposição com movimentos oculares para reduzir a vividez das memórias do trauma	*https://www.emdria.org/find-an-emdr-therapist/*
Tratamento de controle do pânico	Ataques de pânico	Educação, reestruturação cognitiva, relaxamento, procedimentos respiratórios controlados e exposição controlada às sensações físicas que contribuem para o pânico	*www.nimh.nih.gov/health/publications/panic-disorder-when-fear-overwhelms*

ESTRATÉGIA 4: Fale consigo mesmo sobre situações que provocam ansiedade

Se você fica ansioso regularmente em determinadas situações e vai enfrentar uma dessas situações em breve, imagine-se entrando nela e escreva um roteiro sobre seu comportamento nesse momento. Por exemplo, imagine que você tem um medo terrível de ir ao dentista. Escreva o pior cenário possível. Eis um exemplo:

> "Estaciono o carro e o funcionário me olha com cara de nojo. Chego ao consultório e me dizem que devo esperar 15 minutos. Eu me imagino transpirando e pensando se alguém pode sentir o cheiro da minha transpiração. Sei que vou entrar em pânico quando estiver lá dentro, começarei a hiperventilar ou talvez faça algo horrível, como me urinar ou vomitar. O dentista ficará com nojo de mim e eu acabarei saindo correndo do consultório."

Observe quantas cognições negativas e desastrosas ocorrem neste pequeno ensaio e quantas envolvem a vergonha pública ou a aversão física a outras pessoas. Bem pouco da imagem tem a ver com limpar os dentes ou se machucar com um instrumento dentário. É aqui que as "perguntas de detetive" são úteis: qual é a evidência de que algum desses eventos ocorrerá? Todos (ou, na verdade, qualquer pessoa) saberão que você está ansioso e por que isso os deixaria enojados com você? Você já se urinou ou saiu correndo pela porta afora? Qual é a probabilidade (em uma escala de 0 a 100%) de que alguma dessas "previsões" aconteça? E se você está suado ou respira de forma um pouco mais forte ou intensa quando vai ao dentista, isso é realmente tão incomum? Outras pessoas não ficam ansiosas no consultório do dentista? Quais pensamentos ajudarão você a se sentir bem com essa possibilidade?

Em seguida, reescreva o cenário de forma a usar algumas técnicas de redução da ansiedade que você já está aprendendo com esta leitura:

> "Estaciono o carro e, mesmo que o funcionário seja hostil, eu sorrio para ele. Antes de entrar no consultório, sento em um banco e faço alguns minutos de respiração profunda, tomando consciência do meu corpo e da respiração. Acesso o consultório e continuo meditando enquanto espero. Quando entro, ensaio pensamentos como 'Eu posso fazer isso', "Já lidei com isso antes e não importa se as pessoas pensam que estou ansioso; muitas pessoas ficam ansiosas quando vão ao dentista'."

Se você conseguir identificar um estímulo específico nessa sequência que é o gatilho (como o olhar do funcionário do estacionamento ou o cheiro de produtos de higiene dental), experimente fazer uma meditação sentada antes de ir, na qual você repassa memórias desses estímulos e "os convida a entrar". Imagine-se tomando café com o funcionário do estacionamento ou cheirando os produtos dentários como se fossem perfumes. Sempre que você se sentir ansioso, preste atenção às sensações em seu corpo. Você sempre pode voltar sua atenção para a inspiração e a expiração, se estiver com dificuldade.

ESTRATÉGIA 5: Siga a rota farmacológica

Às vezes, os tratamentos comportamentais aqui descritos são combinados com medicamentos. Discuta com seu médico se antidepressivos seriam recomendados para evitar grandes crises de ansiedade ou para controlar níveis prejudiciais de preocupação e apreensão. Antidepressivos da classe dos inibidores seletivos da recaptação da serotonina (ISRSs) (consulte o Capítulo 1; por exemplo, escitalopram ou sertralina) são muito recomendados para ansiedade. Eles apresentam risco de mania ou ciclagem rápida, mas se forem acompanhados por uma dosagem adequada de um estabilizador de humor ou antipsicótico de segunda geração, provavelmente serão seguros e eficazes para prevenir e controlar estados de ansiedade.

Os efeitos completos dos antidepressivos podem ser percebidos em quatro a oito semanas, por isso, não devem ser tomados apenas quando necessário. Se você optar por esse caminho, precisará ter paciência: dois meses costumam ser suficientes para avaliar os benefícios, embora esse período possa variar se você estiver em um episódio de humor.

Estratégias imediatas para ansiedade

"Como faço para lidar com todos esses pensamentos preocupantes e cenários de tragédias?"

Para a maioria das pessoas, a ansiedade é um problema imediato, que assombra a vida diária. Felizmente, há estratégias aplicáveis para quando a ansiedade está aumentando ou quando já está presente. Imagine que você está fora de casa (por exemplo, em um cinema) e começa a sentir sinais crescentes de angústia, mesmo que não consiga identificar sua origem. O que você pode fazer?

ESTRATÉGIA 1: Ajuste sua respiração

A respiração rápida e superficial está associada a estados de "luta ou fuga", enquanto a respiração mais lenta e profunda está associada ao relaxamento. Sente-se na cadeira e relaxe usando um ou mais dos métodos descritos a seguir.

ESTRATÉGIA 1A: Diminua a frequência respiratória

Em repouso, sua respiração deve ser de 12 a 20 respirações por minuto, mas, com foco, você poderá diminuí-la para sete ou oito, com intervalos maiores. Quanto mais lenta for sua respiração, mais você terá sensação de calma.

ESTRATÉGIA 1B: Experimente respirar no padrão 4-4-8

Inspire por 4 segundos, prenda a respiração por 4 segundos e expire por 8 segundos. Continue fazendo isso — com intervalos intermediários — até se sentir calmo o suficiente. Nenhuma dessas técnicas foi projetada especificamente para o transtorno bipolar, mas aproveitam a relação entre a respiração e o sistema de resposta ao estresse do nosso corpo.

ESTRATÉGIA 2: Lembre-se de pensamentos construtivos no momento

Imagine que você está entrando em uma situação desafiadora e já está se sentindo muito ansioso com isso (digamos, uma entrevista de emprego). Primeiro, antes da entrevista, anote seus pensamentos ("Eu realmente vou parecer estranho nesta entrevista de emprego") em seu plano de redução da ansiedade e marque o quanto você acredita neles (1 = *nada*, 3 = *um pouco*, 5 = *completamente*). Então, pergunte a si mesmo: "Esse pensamento é útil? Isso vai me ajudar?". Faça a si mesmo algumas das perguntas de detetive: "Qual é a evidência de que eu não serei capaz de lidar comigo mesmo? Por que essa pessoa me acharia estranho?". Gere algumas ideias alternativas e escreva-as também em seu plano: "Todo mundo fica nervoso em entrevistas de emprego", "Já me saí bem no passado" e "Essa não é uma situação decisiva". Observe se seus pensamentos são autodestrutivos ou envolvem "previsões negativas" ("Se isso acontecer de novo, minha vida será arruinada") e introduza alguns pensamentos alternativos ("Nenhum evento jamais arruinará minha vida").

Pensamentos ansiosos tendem a ser mais potentes em situações que colocam você em foco, sendo avaliado de alguma forma. Ensaiar pensamentos alternativos não o deixarão calmo de imediato, mas é provável que diminuam sua ansiedade e o ajudem a contextualizar as avaliações dos outros. Em momentos de ansiedade ou estresse, lembre-se desses pensamentos alternativos revisando seu plano de redução da ansiedade ou mantendo um registro no telefone. Algumas pessoas acham útil resumi-los com uma frase ou mantra memorável ("Aproxime-se daquilo que o assusta, não se afaste").

ESTRATÉGIA 3: Use uma técnica meditativa para pensamentos negativos

Como você aprendeu no Capítulo 1, uma alternativa para desafiar seus pensamentos é focar neles, experimentar as fortes emoções que geram e aceitar esses pensamentos e sentimentos como parte de si mesmo. Eles perderão sua potência quanto mais você os observar, assim como os exercícios de exposição diminuem a potência das situações que você teme. É melhor fazer isso quando você puder reservar algum tempo:

- Tente sentar-se em uma pose meditativa (pode ser em uma cadeira e de olhos fechados). Deixe sua mente vagar e se concentrar em sua respiração.
- Quando pensamentos negativos aparecerem, imagine-os como cartas de baralho retiradas uma por vez (por exemplo, "aí está a carta dos relacionamentos... a do dinheiro... aqui está o valete das entrevistas de emprego..."). Concentre-se nos pensamentos por alguns minutos, mesmo que os ache perturbadores, pois isso ajuda a se manter distante, assumindo uma postura observadora e sem julgamentos.
- Quando você sentir que a ansiedade começa a aumentar, evite tentar afastá-la. Em vez disso, esteja ciente desse estado e experimente-o plenamente.
- Se a ansiedade se tornar intolerável, volte suavemente sua atenção para sua respiração ou outras sensações em seu corpo.

ESTRATÉGIA 4: Considere medicamentos para reduzir a ansiedade

A ansiedade do momento também pode ser controlada com benzodiazepínicos, como alprazolam ou clonazepam. Médicos podem ser relutantes em prescrever benzodiazepínicos porque há um alto potencial de dependência. Existem outras opções, como hidroxizina, que é um anti-histamínico para alergias com qualidades sedativas; ou gabapentina, um anticonvulsivante também recomendado para ansiedade. Nenhum funciona imediatamente; os benzodiazepínicos, por exemplo, podem levar pelo menos 30 minutos para fazer efeito completo.

Se você prevê que a ansiedade se tornará extrema em determinadas situações, pode ser a hora de tomar um benzodiazepínico (gabapentina ou hidroxizina, conforme foi prescrito). Tomar medicamentos para ansiedade não curará seus pensamentos indutores de ansiedade, mas reduzirá seu nível de sofrimento físico. Esteja ciente da frequência com que você usa esses medicamentos, pois qualquer ansiolítico tem potencial de dependência.

Obtendo ajuda de sua família

Da mesma forma que ocorre com a depressão e a mania, familiares e amigos podem ajudar ou atrapalhar quando você está lidando com a ansiedade. A seguir estão algumas opções para discutir com eles para que saibam como ser úteis. Se você achar essas sugestões eficazes, inclua-as em uma coluna separada em seu plano de redução da ansiedade. Mais uma vez, é melhor ter essas conversas com sua família quando você estiver se sentindo bem, não quando estiver no auge da ansiedade. Nesses momentos, você pode ficar ressentido com as sugestões deles ou pode apenas querer se afastar.

ESTRATÉGIA 1: Explique como a ansiedade bipolar é diferente da ansiedade comum

No transtorno bipolar, a ansiedade é impulsionada, em parte, por processos biológicos que não estão totalmente sob seu controle. A pior atitude que os pais ou o cônjuge podem tomar é criticá-lo ou ignorar seus medos, fazendo você se sentir covarde. Então, explique a eles: "Quando fico ansioso, há partes que não estão sob meu controle, por isso preciso do seu apoio. Não adianta me dizer que estou sendo burro, fraco, excessivamente preocupado, ou que preciso 'lidar com isso'". Se perguntarem o que ajudaria, diga: "Apenas deixe-me expressar o que me causa ansiedade e ouça sem julgar. Na verdade, você não precisa dizer nada nem me dar nenhum conselho".

ESTRATÉGIA 2: Leve alguém junto

A exposição gradual a situações que geram ansiedade pode ser atenuada pela presença de um amigo ou membro da família. Se você esteve deprimido recentemente e está ansioso para voltar a ser socialmente ativo, pode ser útil que um irmão, primo ou amigo próximo o acompanhe a um evento social. Também pode ajudar pedir-lhes que se juntem a você nas tarefas diárias que o deixam ansioso. Você pode dizer: "Gostaria de pedir que você faça comigo uma tarefa que eu deveria ser capaz de fazer sozinho: compras. Sua companhia vai me ajudar muito". Não há garantia de que dirão "sim", mas provavelmente se sentirão bem por você valorizar a companhia deles.

Em seguida, imagine o cenário em que seu cônjuge ou parceiro fez planos sociais, como um jantar, mas você se sente muito deprimido ou ansioso para acompanhá-lo. Você pode saber dos planos há meses e pode ter concordado, mas, agora, um jantar parece tão divertido quanto extrair todos os dentes. Você consegue se esforçar para ir em vez de ceder ao desejo de evitar? Ficar por 30 minutos e depois decidir se quer sair? Se você acha que isso é impossível, a próxima melhor decisão é incentivar seu cônjuge a ir sem você: "Não estou me sentindo bem e não quero estragar esse evento para você. Prefiro que vá sem mim (ou com __________ [um amigo])". Seu cônjuge ou parceiro sentirá menos ressentimento se conseguir prosseguir por conta própria, sem sentir que está abandonando você.

ESTRATÉGIA 3: Diga aos membros da família que evitem "acomodações"

Existe uma maneira mais sutil de os membros da família contribuírem involuntariamente para sua ansiedade: acomodando-a. A *acomodação* se refere a incentivar, ou até mesmo amplificar, seu comportamento de esquiva. Por exemplo, imagine que você tem tendência a buscar confirmação ("Você pode me lembrar se desliguei o fogão?"). Um membro da família que seja complacente oferecerá repetidas confirmações, mesmo que você não precise delas. Esse comportamento tende a ser mais comum no transtorno obsessivo-compulsivo, em que os familiares decidem ajudar a concluir rituais de limpeza, lavagem ou verificação só porque isso parece mais eficiente do que esperar que você o faça.

Explique aos membros da família que a acomodação pode aliviar sua angústia a curto prazo, mas não ajudará a longo prazo. Por exemplo, você pode sentir vontade de pedir a um deles que volte ao apartamento ou à casa e verifique se o fogão está desligado antes de você sair à noite. É melhor que não façam isso; eles podem responder com "Prefiro não me envolver nisso". Se parecer muito duro em um primeiro momento, aconselhe-os a falar o que vai tranquilizar você, mas que seja uma vez, não várias. Evite incorporá-los a rituais compulsivos, como ver você lavando as mãos ou esperar mais meia hora enquanto você toma um segundo banho.

Fazendo um balanço

Implementar as estratégias descritas pode ser muito difícil, embora pareçam fáceis durante a leitura. A ansiedade faz parte da condição humana, mas pode ser prejudicial no transtorno bipolar. A depressão amplifica a ansiedade, a qual contribui para o mau humor.

Volte ao seu plano de redução da ansiedade e veja se você pode preencher algumas colunas. Quais itens do plano são mais prováveis de funcionar? Se você tentou algo e não funcionou, o que pode fazer de diferente na próxima vez? Reserve algum tempo para revisar seu plano adequadamente, com foco nas seguintes questões:

- Se você os tomou, qual foi o impacto dos ansiolíticos? Algum foi eficaz no momento? Com que frequência você os usou?
- Quais estratégias comportamentais já foram tentadas? Você já tentou se expor gradualmente às situações com as quais se sente mais desconfortável? Usou técnicas de meditação ou respiração? Quando elas ajudaram e quando não ajudaram?
- Como foi desafiar seus pensamentos? Você conseguiu gerar pensamentos alternativos no momento ou ficou preso ao mesmo pensamento de forma repetitiva?
- Os membros da família ajudaram? Como? Você pode aconselhá-los a tomar alguma atitude diferente? Em qual aspecto?

4

Lidando com a irritabilidade e a raiva

Estar excessivamente irritável é um problema comum para pessoas com transtorno bipolar. Em geral, isso é um sintoma de depressão, mas também pode ser sintoma de episódios maníacos, hipomaníacos ou mistos. No entanto, alguns indivíduos com o transtorno se sentem sempre irritáveis, qualquer que seja seu estado de humor. O *feedback* que você pode receber dos outros assume esta forma: "Tenho de 'pisar em ovos' quando estou perto de você". Em outras pessoas, a irritabilidade é episódica, ocorrendo de forma intensa em algumas situações ou com certas pessoas, mas não com outras. Ela pode ser influenciada pelo contexto (como restaurantes barulhentos), pela quantidade de pessoas (ou pela presença de certos indivíduos) ou pelo consumo de álcool. O que distingue a irritabilidade bipolar da irritabilidade cotidiana é sua intensidade e qualidade potencialmente destrutiva.

Estar muito irritado não é culpa sua. Estudos de neuroimagem indicam que os circuitos neurais do cérebro (em específico, aqueles que envolvem o córtex pré-frontal ventricular e a amígdala) podem ficar desregulados em pessoas com transtorno bipolar quando se veem em momentos de grande emoção. Se sua irritabilidade está interferindo em seu funcionamento diário — sua capacidade de completar a jornada de trabalho ou escolar ou de se relacionar de forma civilizada com as pessoas que encontra —, consulte este capítulo para conhecer recomendações sobre como minimizar os danos. Talvez você não consiga evitar a irritação, mas pode limitar a expressão e o impacto disso em sua vida diária.

Seu sistema de apoio é valioso com relação à irritabilidade. É provável que você não queira que pais, cônjuge ou amigos próximos interfiram em seus conflitos com outras pessoas, mas familiares ou amigos podem ajudar de maneiras que você não espera, auxiliando-o a processar o que deu errado em situações de confronto. Seus apoiadores mais próximos devem estar cientes de sua irritabilidade e ser beneficiados por maneiras de minimizar o impacto dela, principalmente quando são eles os afetados. Por sua vez, você pode explicar a eles por que certas atitudes e falas desencadeiam suas intensas reações emocionais. Neste capítulo, você aprenderá estratégias para antecipar e lidar com sua raiva em reação às pessoas em sua vida. O Capítulo 7 trata de conflitos nas relações familiares (que podem ser motivados por questões como seu desejo de maior independência), violações de sua confidencialidade ou confiança, ou, de forma mais geral, sensação de ser tratado como paciente em vez de filho, irmão ou parceiro.

Prevenção de explosões agressivas

"Estou constantemente chateado. Como posso controlar isso?"

Membros da família ou outras pessoas reclamam que você está irritado "o tempo todo"? Só saber disso pode fazer você se sentir irritado, ainda mais se acha que é uma caracterização injusta ou exagerada. Não obstante, se você está preocupado com o fato de suas explosões de irritação estarem alienando outras pessoas em sua vida, a primeira estratégia de prevenção é determinar se você realmente está tão irritado quanto os outros afirmam. A maioria das medidas preventivas a seguir envolve o uso das informações coletadas após os eventos do dia para determinar o que você pode fazer para diminuir a irritabilidade e minimizar o impacto em sua qualidade de vida.

ESTRATÉGIA 1: Monitore a irritabilidade ou as explosões de raiva por duas semanas

Acompanhar sua irritabilidade pode ajudar a determinar a gravidade e se está ocorrendo há muito tempo. Há muitas maneiras de mapear sua irritabilidade; a mais simples é fazer uma única avaliação diária de 1 a 5 sobre o quão irritado, zangado ou amargo você se sentiu e o quanto isso representou um problema (também em uma escala de 1 a 5). Se seu humor e irritabilidade forem muito variáveis, faça uma avaliação no início do dia e outra no final. Por exemplo, você pode classificar a manhã com nível 2 e a tarde com nível 1 se tiver uma breve conversa negativa com seu cônjuge ou filhos antes do trabalho, mas sua irritabilidade não causou nenhum problema. Tente fazer isso por duas semanas e determine se ela permanece alta, se varia com a hora do dia e o quanto interferiu em sua vida diária.

Uma forma mais informativa de rastrear a irritabilidade é adicioná-la ao seu gráfico de humor. Você pode adicionar uma linha para a raiva e rastreá-la junto com seus sintomas de depressão ou mania e mudanças nos padrões de sono. Pode, também, adicionar notas no gráfico com detalhes sobre as situações que provocaram sua raiva. Saber se a irritação intensa ocorre quando você está com certas pessoas ou quando não dormiu bem pode ajudar a evitar que a irritabilidade o impeça de realizar o que deseja no dia. Você pode até descobrir padrões mais sutis, como episódios de raiva provocados por situações em que outras pessoas parecem estar questionando sua estabilidade.

No exemplo do gráfico a seguir, Roxie modificou as palavras de humor à esquerda para distinguir "energizada" de "hiperativa" e "abatida" de "deprimida". Sua raiva/irritabilidade (a linha tracejada) foi constante ao longo da semana, mas piorou quando sua depressão (linha sólida) se agravou na quarta-feira, quando ela discutiu com o namorado. Para Roxie, esse padrão sugeria que ela estava (pelo menos em parte) comunicando sua depressão a outras pessoas por meio da raiva, ou talvez que sua raiva tenha gerado uma briga, o que a fez se sentir deprimida.

A irritabilidade costuma ser desencadeada por certas situações interpessoais. Os gatilhos comuns para pessoas com transtorno bipolar são interações com pessoas em posições de autoridade, como professores, chefes, policiais ou figuras religiosas — os pais podem ocupar posições de autoridade e são alvos comuns de explosões de raiva, e isso também acontece com cônjuges ou parceiros, ainda mais quando as diferenças de poder no rela-

GRÁFICO DE HUMOR E RAIVA

Semana de *3 de março*

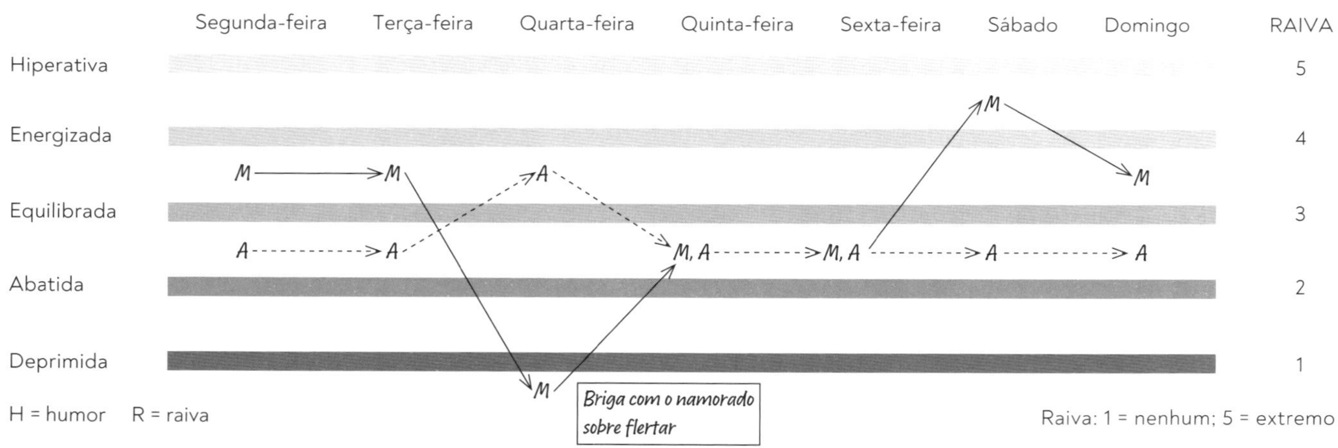

	Segunda-feira	Terça-feira	Quarta-feira	Quinta-feira	Sexta-feira	Sábado	Domingo
Acordei às	7:30	7:15	6:00	7:30	6:45	8:00	10:00
Fui para a cama às	10:30	11:30	11:30	11:00	12:00	12:45	11:30

cionamento começam a parecer desequilibradas. Em seu gráfico, você pode caracterizar o alvo de sua raiva com códigos como *F* (membro da família) ou *C* (chefe); se a interação é com um estranho ou alguém que você conhece, pode usar *E* ou *não E*, ou, ainda, se uma pessoa importante estava envolvida (*PI*, sendo cônjuge ou parceiro). Depois de coletar algumas semanas de índices de irritabilidade, examine se variam de acordo com suas mudanças de humor para cima e para baixo, quantas horas de sono você dormiu por noite e a regularidade da hora de dormir e acordar (observe que, no exemplo, Roxie teve o mínimo de horas de sono no intervalo entre terça-feira à noite e quarta-feira pela manhã). Tente determinar se certas pessoas ou situações têm maior probabilidade de provocar sua raiva.

ESTRATÉGIA 2: Descubra se seu médico está tratando sua irritabilidade diretamente

Se você é cronicamente irritável, pode estar subtratado, isto é, as dosagens de seus medicamentos podem não ser altas o suficiente para controlar seus sintomas de humor (ou os remédios podem estar errados). Não deixe de conversar com seu médico se sentir que sua raiva está ficando fora de controle e se acha que os medicamentos não estão funcionando. Seu psiquiatra pode já ter prescrito fármacos que controlam a irritabilidade e as explosões de temperamento. Antipsicóticos de segunda geração como risperidona, quetiapina ou aripiprazol são muito recomendados quando as pessoas relatam períodos de irritabilidade que interferem em seu funcionamento. Antidepressivos (como fluoxetina ou duloxetina) também podem servir a esse propósito. Lembre-se: os antidepressivos costumam ser usados para controlar ansiedade e depressão, e a irritabilidade pode refletir estados subjacentes de ansiedade e falta de controle.

Estabilizadores de humor, antidepressivos e antipsicóticos não se destinam a controlar a irritabilidade no momento e não funcionarão rápido o suficiente quando tomados dessa forma; além disso, você pode usar a dosagem errada se já estiver tomando um desses medicamentos e depois tomar uma dose adicional. Alguns médicos recomendam hidroxizina (anti-histamínico com efeito calmante) ou um benzodiazepínico como o alprazolam para reduzir os danos em situações que facilmente evocam irritabilidade (como grandes reuniões familiares ou espera em longas filas). Novamente, você precisaria tomá-los pelo menos 30 minutos antes do evento para sentir algum efeito.

ESTRATÉGIA 3: Esteja ciente de sua irritabilidade no início do dia

ESTRATÉGIA 3A: Preste atenção a certos sintomas fisiológicos ao se levantar de manhã

Há sinais sutis de alerta antes de ficar com raiva ou enfurecido, como visualizar imagens violentas ou "sentir o calor subindo". Em certos dias, você pode perceber que se sente muito frustrado com rituais matinais comuns (como não encontrar sua escova de dentes) ou excessivamente irritado com seu cão ou gato. Se você tem um colega de quarto, pode ser que grite com ele logo pela manhã. Sua irritabilidade pode ser justificada ou devida a muitos outros fatores além da doença, incluindo hábitos ou comportamento da outra pessoa. Você também pode estar com fome, ter dormido mal, ter tido uma discussão não resolvida com alguém ou simplesmente não querer conversar ou lidar com outras demandas do dia. Todas essas reações, é claro, fazem parte do ser humano e podem ser independentes do transtorno bipolar, mas ficarão piores se você já estiver deprimido, em mania/hipomania ou em um estado misto.

ESTRATÉGIA 3B: Quando a programação do dia incluir situações de alto risco, considere cancelá-las ou reorganizá-las

Se você acordar irritado, revise seus planos para o dia e veja se alguma situação que provoque raiva pode ser evitada. Se planejou ter uma discussão altamente emocional com seu parceiro ou um membro da família, considere tê-la em outro dia. Se precisar fazer compras em um local com pouca variedade ou onde estacionar seja impossível, adie ou, pelo menos, minimize o contato com outras pessoas enquanto estiver na loja, acessando-a na hora menos movimentada do dia. Faça um esforço ativo para reduzir seu contato com pessoas que o provocam, incluindo familiares. Consulte a seção "Fazendo um balanço" no final deste capítulo para obter todas as informações coletadas que identifiquem esses indivíduos.

ESTRATÉGIA 3C: Quando você não puder evitar situações de alto risco, use o "amortecimento da excitação" por meio de uma breve meditação pela manhã

Se precisar ir ao trabalho ou à escola de qualquer maneira — quer isso signifique pegar um ônibus para o outro lado da cidade ou realizar trabalho remoto a partir do seu quarto —, acalme o corpo e a mente fazendo uma breve meditação, como um exercício respiratório de 3 minutos.

Exercício respiratório de 3 minutos

Este exercício proporcionará uma breve experiência de atenção plena – estar ciente de seu corpo, sua respiração e seus pensamentos ou sentimentos no momento presente, sem autojulgamento. Você pode fazer isso sozinho ou com outra pessoa, mas evite qualquer conversa durante o exercício.

Sente-se em uma cadeira confortável e feche os olhos (ou, se preferir, mantenha o olhar fixo para um objeto na sala). Mantenha as costas eretas e as mãos nas coxas, ou deite-se de costas, se preferir. Passe 60 segundos estando ciente do momento presente. Pergunte a si mesmo: "O que estou experimentando em minha mente e corpo agora? Quais são meus pensamentos e sentimentos? Em que parte do meu corpo estou sentindo tensão?". Preste atenção a quaisquer sentimentos ou sensações agradáveis ou desagradáveis e aceite que eles estão presentes – não há necessidade de julgá-los ou afastá-los.

Nos próximos 60 segundos, preste atenção às sensações físicas da respiração ou apenas conte o número de vezes que você respira. Se seus olhos estiverem abertos, observe os movimentos para cima e para baixo da barriga ou do peito. Pense em suas inspirações e expirações como se estivesse surfando em uma onda. Se sua mente divagar, observe o que o levou a se distrair e, depois, volte gentilmente a focar na respiração. É importante não se julgar por estar distraído – os movimentos do peito para dentro e para fora o ajudarão a permanecer ancorado no presente.

Nos últimos 60 segundos, expanda seu foco para diferentes áreas do corpo. Fique atento à sua postura, à sua expressão facial e a qualquer tensão que sentir – pés, pernas, coxas, nádegas, estômago, braços, peito, ombros, pescoço e cabeça. Observe o que acontece em seu corpo ao inspirar e expirar. Mais uma vez, é inevitável que sua mente divague, mas acompanhe-se gentilmente de volta à consciência do seu corpo e da respiração. Ao notar sensações de angústia ou desconforto, ancore sua respiração nessas sensações e inspire e expire. Você pode dizer a si mesmo: "Sejam quais forem esses sentimentos, vou vivenciá-los e permitir que entrem".

Por fim, abra os olhos aos poucos e volte a entrar em contato com a sala. Este exercício provavelmente proporcionará relaxamento e sentimento de aceitação de si mesmo e dos outros, mesmo que seja por apenas uma ou duas horas.

ESTRATÉGIA 4: Leve um aplicativo de atenção plena com você

Se começar o dia se sentindo irritado e precisar ficar longe de casa durante a maior parte do tempo, mantenha um aplicativo de meditação *mindfulness* breve no telefone e o acione antes de interagir com outras pessoas. Você nunca sabe quando será necessário ter uma interação estressante com um colega de trabalho ou um estranho, e quanto mais você puder fazer para controlar suas reações, melhor será o resultado. Também pode haver situações perturbadoras na rotina (como pegar o metrô ou uma fila para almoçar). Você encontrará exemplos de meditações guiadas na loja de aplicativos (em inglês): *http://franticworld.com/mindfulness-apps.*

Estratégias imediatas para usar quando você fica com raiva

Considere a seguinte situação: você esteve levemente deprimido na última semana e se sente mais reativo do que o normal a pequenas afrontas. Você precisa ir ao supermercado para obter o reembolso de um item indesejado e suas economias estão diminuindo, portanto, esse retorno é muito importante. Ao chegar, é orientado a falar com o gerente da loja. Você sabe que está entrando em uma situação potencialmente conflituosa e que sua irritação pode se transformar em raiva total.

ESTRATÉGIA 1: Revise sua conversa interna

Seja interagindo com um gerente de loja ou em qualquer outra situação polêmica, use os momentos anteriores para determinar se está se concentrando demais em questões como sentir-se fraco ou ter a sensação de que estão se aproveitando de você, acreditar que os outros pensam que você é burro ou incompetente, ou preocupar-se com a possibilidade de ser dispensado por causa de sua aparência. Esses são tipos comuns de conversa interna quando alguém está deprimido e irritado. Em seguida, pense em alguns contrapontos antes de entrar na situação. Exemplos: "Isso pode ser um problema para mim (por exemplo, quanto eu peso), mas não tenho motivos para pensar que seja um problema para essa outra pessoa" ou "Farei o possível para expor meu caso, mas essa pessoa pode não ter muito controle sobre a resolução do problema".

ESTRATÉGIA 2: Cuidado com a comunicação não verbal agressiva

No início da interação, respire fundo e ouça como sua voz pode soar. Se sua fala for interrompida, áspera, alta ou muito rápida, você poderá receber reações defensivas imediatas do interlocutor. Evite levantar a voz ou falar "por cima" da pessoa, assim como ficar muito perto dela ou fazer movimentos corporais bruscos.

ESTRATÉGIA 3: Encontre alternativas à linguagem provocativa

Evite começar frases com "Você fez isso" ou "Você me irritou". Use uma declaração na primeira pessoa (eu) antes de fazer uma na segunda pessoa (você): é mais difícil argumentar contra declarações na primeira pessoa porque, geralmente, indicam que você está "assumindo" o que sentiu. Em casos como obter um reembolso, talvez nem seja necessário reconhecer seu estado emocional. Considere a diferença entre "Você nunca me reembolsou e estou muito irritado" e "Gostaria de saber o que posso fazer para dar andamento ao processo de reembolso".

Se você se encontrar fazendo acusações ou ameaças, substitua-as por estratégias como parafrasear o que a pessoa diz antes de apresentar seu ponto de vista ("Entendo que sua política é não trocar um produto com dois dias, mas minha situação é diferente porque esse produto já estava aberto quando eu o comprei"). Ao fazer uma solicitação, comece respirando fundo e dê tempo à pessoa para responder, em vez de fazer várias exigências abruptas.

ESTRATÉGIA 4: Saiba quando é hora de parar (pelo menos, por enquanto)

Se não conseguir resolver, pergunte se há outra pessoa com quem você possa conversar. Conseguindo ou não resolver seu problema, esteja preparado para retirar-se e se recompor. Talvez você queira retomar o assunto mais tarde com outra pessoa, mas, no momento, já fez a sua parte.

Como foi?

Agora vamos pensar em como colocar essas lições em prática no planejamento de prevenção para a próxima situação social em que você se sinta irritado. Imagine que acabou de ter uma interação negativa com o gerente de uma loja. Como você se sente em relação à forma como lidou com isso? Talvez tenha conseguido regular sua expressão de raiva e, nesse caso, parabéns! Ou, ao contrário, tenha ficado mais irritado do que planejava. Examine seus pensamentos. Conversas internas como "Eu deveria ter dito..." ou "Não consigo acreditar que aquele cara foi tão [...]" indicam que a sua irritabilidade pode ter levado a melhor.

Se você estiver decepcionado com a forma como lidou com o incidente, tente evitar ser excessivamente autocrítico. Você está praticando estratégias de regulação emocional difíceis para qualquer pessoa, seja bipolar ou não. Em vez disso, revise *como* e *quando* o evento o irritou. Tente se lembrar de quando, na conversa, seus pensamentos tornaram-se defensivos ou quando você começou a acreditar que estava sendo tratado de forma injusta.

Como você pode agir para se sair melhor na próxima vez?

ESTRATÉGIA 1: Experimente meditações de compaixão

Se quiser levar a meditação da atenção plena a outro nível, experimente um exercício focado na *compaixão*. A compaixão exige desligar-se dos sentimentos negativos em relação a uma pessoa e gerar sentimentos de empatia por ela. Depois de se acalmar um pouco, sente-se sozinho, talvez no carro estacionado ou em um banco ao ar livre, e observe sua raiva em um nível físico (como as batidas do coração ou a rapidez da respiração). Imagine a pessoa que acabou de irritá-lo, reconheça sua irritação, mas, depois, imagine desejar-lhe tudo de bom para o futuro. No exemplo da loja, pense no gerente como um membro da raça humana, alguém que tem seus problemas ou é infeliz. Isso é difícil de fazer quando você está com raiva; portanto, se ficar muito chateado imediatamente após a interação, espere algumas horas e tente mais uma vez. Exemplos de exercícios de compaixão ou "amizade" podem ser encontrados em *www.youtube.com/watch?v=pLt-E4YNVHU* e *www.youtube.com/watch?v=9JRQMBHjnT8* (em inglês).

ESTRATÉGIA 2: Faça alguns reparos

Se você acha que exagerou e espera interagir com a mesma pessoa em outro momento, considere usar *estratégias de reparação* para fazer as pazes. Esta obra abordará estratégias de reparação em relação a discussões com seus familiares, mas, por enquanto, considere procurar a pessoa quando estiver mais calmo e dizer: "Desculpe-me por ter ficado tão irritado antes. Eu estava um pouco apressado e provavelmente exagerei. Da próxima vez, tentarei ser mais paciente".

ESTRATÉGIA 3: Use um gráfico de raiva para eventos específicos

Faça uma "autópsia" do evento que provocou a raiva usando um gráfico como o "Exemplo de gráfico de raiva para eventos específicos", a seguir. Isso envolve registrar, em colunas separadas:

1. seu nível de irritabilidade antes do evento que provocou a raiva (como 2 em uma escala de 1 a 5);
2. o que realmente aconteceu (em resumo, o que foi dito por você e pela pessoa);
3. quais pensamentos você teve (como "Essa pessoa quer se aproveitar de mim");
4. como o evento afetou seu nível de irritação ("Minha raiva chegou a 5");
5. como você respondeu à pessoa verbalmente (ou fisicamente);
6. em que momento, nessa sequência, você poderia ter interferido para mudar o resultado (o que mais poderia ter feito).

Aspectos para pensar incluem: "Essa foi a melhor hora para fazer compras?" ou "Interpretei a interação da única maneira que poderia ter sido interpretada?". Se há outras maneiras de pensar sobre isso, anote-as como cognições para ensaiar na próxima vez (por exemplo, "O cara parecia atormentado e estressado; era uma tarde de domingo, quando a loja está sempre cheia").

Tenha esse gráfico disponível em seu telefone ou *tablet* para registrar os resultados de confrontos semelhantes ao longo do dia. Sempre haverá pessoas e situações desagradáveis e, quando seu humor estiver instável, você estará propenso a reações fortes. Com o uso regular dessas ferramentas de regulação emocional, você se sentirá cada vez mais no controle de suas interações com outras pessoas.

? "Como faço para controlar minha irritabilidade no trabalho?"

Ficar constantemente irritado no local de trabalho ou no ambiente escolar é muito comum em pessoas com transtorno bipolar e causa problemas especiais.

EXEMPLO DE GRÁFICO DE RAIVA PARA EVENTOS ESPECÍFICOS

Irritabilidade antes do evento (1–5)	O que aconteceu?	Reflexões sobre o evento	Irritabilidade ou raiva após o evento (1–5)	Como respondi	O que eu poderia ter feito de forma diferente	Outras formas de pensar sobre o evento
Leve (2/5)	*Confronto com o gerente da loja sobre reembolso*	*"Ele está tentando se aproveitar de mim." "Ele acha que sou um 'banana'."*	*Zangado (4/5)*	*Xinguei, saí furioso*	*Ter esperado, respirado fundo; ter pedido para falar com outra pessoa.*	*"A loja está com poucos funcionários; a política de reembolso deles não diz respeito a mim."*

Há quem tenha o transtorno e decida não ir ao trabalho ou à escola nos dias de grande irritação. Outras pessoas revelam seu transtorno a colegas do departamento de recursos humanos (RH) (que, muitas vezes, informam o empregador) para solicitar acomodações especiais (como começar o dia de trabalho no final da manhã, trabalhar em salas onde se distraiam menos com outras pessoas ou fazer pausas mais frequentes). Mas, conforme discutido em detalhes no Capítulo 9, há riscos em revelar seu transtorno no local de trabalho, como ter seu comportamento interpretado em termos de seu diagnóstico ou ser demitido por motivos que parecem discriminação de saúde mental.

ESTRATÉGIA 1: Lidando com gatilhos no local de trabalho

Se você for provocado muitas vezes por outras pessoas em seu local de trabalho, considere se está no emprego certo. Pessoas com transtorno bipolar podem se sair muito bem em trabalhos de alta energia e estímulo, a menos que sejam facilmente provocadas por clientes ou colegas de trabalho desagradáveis. Se você se encontra em um emprego em que reage fortemente a clientes que o tratam com desdém, ou a um chefe que está sempre vigiando seus passos, talvez esteja trabalhando no lugar errado. Eis um exemplo:

> Melissa, 21 anos, tinha transtorno bipolar tipo II e estava em estado misto (depressão com hipomania). Seu trabalho em uma loja de música exigia que ela comprasse e vendesse equipamentos musicais e aparelhos de som usados. Muitas vezes, os clientes chegavam sem hora marcada, com grandes amplificadores, alto-falantes ou instrumentos de que queriam se desfazer logo, pegar o dinheiro e ir embora. Melissa precisava testar o equipamento para ter certeza do funcionamento antes de a loja o comprar. Os clientes, então, se tornavam rudes, dizendo que ela não entendia de equipamentos de áudio, que os estava enganando ou que sabiam que a loja tiraria o pó dos itens e os venderia pelo dobro do preço. Depois de um dia particularmente exaustivo, Melissa explodiu com um cliente que havia feito um comentário sexista; em seguida, ralhou com seu supervisor e saiu correndo. Passou o resto do dia em casa, na cama. Embora a loja a valorizasse e quisesse mantê-la, Melissa sabia que novas situações semelhantes aconteceriam e decidiu procurar um emprego diferente. O trabalho em si, ela sentia, estava se tornando um gatilho para suas oscilações de humor.

Se você começar o dia irritado e, especialmente, se essa irritação for uma constante por vários dias seguidos, uma pausa no trabalho pode ser uma boa ideia. Comunicar que está doente ou pedir um dia de folga não é irracional, a menos que você faça isso no meio de um projeto importante com um prazo, ou faça o pedido de folga por vários dias seguidos. Pausas prolongadas são negociadas de uma melhor forma com o empregador se tiver o apoio de um atestado médico. Escrevi muitos atestados para meus pacientes, e geralmente eles são eficazes para conseguir pausas ou acomodações (como uma mudança no horário de trabalho).

ESTRATÉGIA 2: Aprenda a resolver problemas e se comunicar de forma eficaz com colegas de trabalho

Observe a situação: você está passando por um período de hipomania com irritabilidade e decidiu se esforçar no trabalho. Sente que as pessoas estão se movendo com muita lentidão, mas você quer as tarefas agora e fica irritado porque suas solicitações parecem ser ignoradas. Você pode estar propenso a reações impulsivas, como sentir raiva repentina ou xingar em voz alta. Se você espera ter confronto com um colega de trabalho (por exemplo, porque ele ignorou suas solicitações ou tem um hábito irritante, como ouvir música em volume alto na mesa ao lado e você não consegue se concentrar), aplique algumas das mesmas estratégias sugeridas na seção sobre conflito com estranhos ("Estratégias imediatas para usar quando você ficar com raiva"). Evite comportamentos não verbais agressivos ou o uso de linguagem provocadora; fique atento ao seu estado físico e às suas cognições antes de abordar a pessoa ("Já estou 'tinindo' e isso não vai acabar bem"). Mais uma vez, uma breve meditação de atenção plena pode ajudar.

Se você conhece bem a pessoa, comece com uma declaração de "adesão" que reconheça um interesse comum ("Sei que ambos gostamos de *hip-hop* e gosto de suas escolhas, mas está difícil fazer meu trabalho porque não consigo me concentrar. Você pode diminuir o volume ou usar fones de ouvido?"). Sempre tenha uma solução em mente — algo que você peça que façam em vez de algo que não façam. Muitas vezes, é útil acrescentar como você se sentiria se pudesse resolver isso ("Valorizo muito nossa relação de trabalho e quero que nos demos bem").

Ao avaliar o incidente posteriormente, considere o contexto de trabalho. Essa é uma situação que talvez se repetirá e existe uma solução mais ampla, como pedir ao empregador que institua regras no local de trabalho sobre música, falar alto ao telefone ou outro comportamento que cause distração? Pense em cognições alternativas para ensaiar antes dessas discussões sobre resolução de problemas (como "Esta é a primeira vez que estou mencionando isso — talvez não seja resolvido imediatamente"). Se a conversa com um colega de trabalho não for bem-sucedida, considere estratégias de reparação (como dizer: "Imagino que essa conversa tenha sido desagradável para você. Eu sei que é difícil ser alvo desse tipo de irritação"). Com esses planos em mente, você está em uma posição muito mais forte para lidar com conflitos semelhantes no futuro.

Comunicação com membros da família sobre irritabilidade

> "Quando estou deprimida e perto da minha família, tenho uma raiva muito amarga e que me consome. Não consigo nem mesmo culpar nada, apenas ter esse sentimento de fúria por falas proferidas há muito tempo ou atitudes que eles tiveram e que agora parecem tão insignificantes."
>
> —*Mulher de 32 anos com transtorno bipolar tipo I*

Se você mora com um cônjuge, pais e/ou irmãos, é provável que percebam quando sua irritabilidade está aumentando. O Capítulo 7 traz mais detalhes sobre como lidar com os relacionamentos familiares, mas, por enquanto, considere se o conhecimento deles sobre seus estados emocionais pode ser usado de forma produtiva. Como podem ajudá-lo a lidar com a reatividade emocional, seja com eles ou quando você está enfrentando situações de alto estresse com pessoas de fora da família?

ESTRATÉGIA 1: Ajude seus familiares a contextualizar sua irritabilidade

Se você notar certos sinais reveladores de sua irritabilidade no início do dia (talvez esteja falando mal de familiares ou xingando com mais frequência e eles respondem que você parece rabugento [ou usam uma linguagem pitoresca]), alerte a família sobre o motivo de sua angústia. Tem a ver com essas pessoas ou com uma atividade que você fará mais tarde naquele dia? Como alternativa, você pode ter notado um aumento em seus níveis de energia ou piora dos sintomas de depressão na última semana. Se você se sentir confortável para isso, explique que está tendo um retorno dos sintomas de humor e peça que tentem não "reagir com exageros à minha reatividade exagerada".

Ainda, interações recentes com familiares podem ser as principais causas de sua irritabilidade. Talvez estejam hipervigilantes a pequenas mudanças em seu humor ou preocupados com seus medicamentos. Talvez você tenha explicado os desentendimentos que teve com estranhos e eles logo colocaram a culpa em você. A principal solução aqui é dar-lhes *feedback* de forma não confrontadora e sem julgamentos. Deixe claro que você e eles estão na mesma equipe. Por exemplo, se essas pessoas o confrontarem por estar irritado com eles, tente este tipo de resposta:

> "Sei que estou mais rabugento do que o normal. Por favor, tente não levar isso para o lado pessoal, pois tem a ver com meus ciclos de humor. Estou me esforçando para não atacar, mas nem sempre tenho sucesso. Vou tentar me controlar, mas tente não reagir muito fortemente às mudanças no meu tom de voz, xingamentos ou qualquer outra coisa — é assim que estou desabafando."

Dependendo da idade da pessoa e do seu relacionamento com ela, vocês podem fazer uma caminhada ou um passeio de carro para conversar sobre qualquer situação que o preocupe. Se você achar que há muita tensão para ter uma conversa produtiva, redirecione a discussão da sua doença para tópicos mais neutros. Pergunte como está a vida dela, para que o foco nem sempre esteja em você. Como alternativa, esteja preparado para ir embora em vez de se envolver em uma discussão improdutiva.

ESTRATÉGIA 2: Encene interações potencialmente conflituosas

Há outras maneiras pelas quais sua família pode apoiá-lo. Considere a situação em que você está entrando em uma situação de trabalho ou escola em que o potencial de conflito é alto. Pelo seu nível de irritabilidade, você pode perceber que a interação talvez seja malsucedida. Você pode pedir que o sujeito encene o diálogo esperado com você. Relembre o exemplo anterior envolvendo um gerente de loja: peça a seu cônjuge ou irmão que interprete o "gerente rígido de loja com regras a seguir" enquanto você ensaia pedir o reembolso. Peça que ele o alerte se sua voz soar cortada ou áspera, ou se você o interrompeu. Como alternativa, vocês podem inverter os papéis, valendo-se da dupla vantagem de que você pode sentir empatia pelo gerente da loja e, ao mesmo tempo, aprender uma maneira diferente de solicitar um reembolso. Claro, esse é apenas um exemplo, e depende de você e seu parente estarem dispostos a fazer uma encenação. No entanto, ter praticado seu papel em um confronto futuro pode ajudar a regular suas emoções quando a situação for real.

Por fim, caso você retorne de uma interação negativa com alguém de fora da família, peça que o ajudem a compreender o ocorrido, sem atribuir culpas. Explique o "eu disse/ele disse" da interação e tente mantê-los focados no que realmente foi comunicado por todas as partes envolvidas, em vez de generalizações ou críticas (como "Bem, sabemos como você fica quando não consegue o que quer"). Eles podem ter sugestões úteis para a próxima vez, ou talvez expressem uma empatia que você não percebeu que sentiam.

Fazendo um balanço

É difícil se sentir sempre irritado ou hostil, ainda que você saiba que isso faz parte do seu transtorno ou tem uma base biológica. Sua raiva pode ser gerada por provocações reais, mesmo que seja amplificada pelo transtorno. Se a adição de uma classificação de raiva ao seu gráfico de humor tiver sido útil, torne-a uma parte regular de sua rotina de monitoramento do humor. Como viu, a irritabilidade pode ser um sinal de depressão ou ansiedade ou um sinal de alerta de mania iminente, que pode exigir a implementação dos planos de prevenção discutidos no Capítulo 2.

É provável que seus familiares se encontrem em uma linha tênue entre querer ser útil e ficar com raiva ou na defensiva. Eles podem estar se perguntando por que estão na linha de fogo. Quando estiver se sentindo melhor, experimente algumas estratégias de reparação descritas anteriormente. Mostre vontade de colaborar, por exemplo: "Quero que tenhamos um relacionamento bom e respeitoso, mesmo quando não estivermos indo bem. Como podemos evitar esse tipo de discussão no futuro?".

Seus familiares podem insistir que você vá ao médico para reavaliar a medicação. Se deve fazer isso ou não, depende de você. Você terá mais "controle do destino" se abordar essas questões diretamente com seus médicos, em vez de membros da família intervirem em seu nome. Ajustes na medicação nem sempre são a resposta. Sessões com um terapeuta podem ser úteis, pois você poderá explorar os gatilhos para sua raiva, juntamente com a implementação de estratégias de enfrentamento para controlar esse sentimento.

5

Protegendo-se do suicídio e da automutilação

O suicídio é o aspecto do transtorno bipolar mais difícil de abordar, pois ainda carrega forte estigma para grande parte da sociedade, como se indicasse fraqueza ou fracasso pessoal (ou, para os membros da família, fracasso como pai/mãe, cônjuge ou irmão). No entanto, pensamentos e comportamentos suicidas fazem parte da vida humana e não podem ser escondidos ou ignorados. O primeiro conselho que posso oferecer sobre pensamentos suicidas é lembrar que eles são parte esperada do transtorno bipolar, e ter o pensamento não é a mesma coisa que agir de acordo com ele. Para alguns, a ideação suicida está presente o tempo todo, mesmo quando estão bem. Para outros, é sintoma de um episódio depressivo, misto ou maníaco. Ambas as formas apresentam riscos e merecem apoio e tratamento.

Quando você passa por vários episódios de depressão ou mania e pelos eventos traumáticos que os acompanham — afastar-se do cônjuge ou perder o emprego, por exemplo —, sua confiança diminui pouco a pouco, até você só conseguir se ver como ruim ou defeituoso. Quando adiciona as formas estigmatizantes e vergonhosas pelas quais a sociedade discute doenças mentais e suicídio, e as crenças religiosas e políticas que influenciam essas discussões, o risco de automutilação aumenta ainda mais.

Apesar disso, o suicídio tem a ver com escolhas. Para algumas pessoas, é o desejo de escapar da dor intensa e persistente; para outras, tem motivos "altruístas", com pensamentos como "As pessoas estariam melhor se eu não estivesse aqui". A crença de que há opções frequentemente está ausente em estados suicidas. Neste capítulo, explico o que você e outras pessoas podem fazer para evitar automutilação e tentativas de suicídio quando estão em um estado suicida ativo. Uma das mais poderosas estratégias é a de enfrentamento imediato, como as ferramentas de tolerância ao mal-estar da terapia comportamental dialética de Marsha Linehan (*https://dbt.tools/distress_tolerance/index.php*).

Você também pode contar com o apoio de sua família. Eles podem insistir para que você seja avaliado para atendimento hospitalar (veja o quadro "Quando a hospitalização é necessária devido à automutilação ou ao risco de suicídio?" e a discussão sobre os efeitos protetores do atendimento hospitalar no Capítulo 1), mas há outras atitudes que podem tomar para serem úteis, conforme será explicado neste capítulo.

Por fim, você pode ler o Capítulo 12, que é dedicado ao abuso de drogas e álcool — altamente relevante para comportamentos suicidas porque o consumo diminui inibições contra a automutilação e agrava o desejo de se punir. É importante compreender as associações complexas e bidirecionais entre abuso de substâncias e humor.

Estratégias de prevenção à automutilação

Há muita confusão sobre automutilação (por exemplo, cortar-se): trata-se apenas de uma expressão de angústia sem nenhum desejo real de morrer, como costuma ser afirmado? Na verdade, há evidências consideráveis de que a automutilação aumenta o risco de tirar a própria vida, por isso é importante educar a si mesmo e aos outros sobre a natureza da automutilação. Você pode encontrar mais informações *on-line* em inglês (por exemplo, *www.nationalelfservice.net/mental-health/self-harm/harm-reduction-self-harm*). Vários *sites* e aplicativos, como *www.mind.org.uk/information-support/types-of-mental-health-problems/self-harm/helping-yourself-now*, podem reforçar opções comportamentais que você pode usar em um momento em que quiser se machucar. No entanto, nenhum *site* ou aplicativo pode substituir a avaliação e o tratamento que um profissional de saúde mental pode oferecer, de preferência alguém que entenda o transtorno bipolar.

Quando a hospitalização é necessária devido à automutilação ou ao risco de suicídio?

Se você está tendo pensamentos suicidas cada vez mais frequentes ou intrusivos (que aparecem, por exemplo, quando está trabalhando, lendo ou assistindo à TV), ou se você já fez uma tentativa ou planos concretos de cometer suicídio, é necessário que sua família ou um amigo próximo o leve ao hospital. Vocês podem discordar sobre quando uma internação é necessária – você pode achar que mencionou pensamentos suicidas apenas de passagem e que as pessoas à sua volta estão exagerando. No entanto, elas podem não se perceber em condições de mantê-lo seguro, e você também pode não ser capaz de fazer isso. Opte por fazer uma avaliação no setor de emergência do hospital. No mínimo, esse atendimento será uma importante fonte de informações sobre as opções de tratamento.

O hospital que você frequenta depende de sua localidade, do que seu plano de saúde cobre ou de qual instituição seu médico recomenda. Na maioria dos hospitais, um médico e/ou enfermeiro faz a entrevista no setor de emergência para determinar se seus pensamentos ou planos suicidas são sérios o suficiente para justificar uma internação. Embora seus familiares tenham uma opinião, não cabe a eles decidir se haverá internação. Você deve ser honesto com a equipe de atendimento sobre seu nível de intenção suicida, se tem um plano, e sobre seu histórico de episódios de humor e tentativas de suicídio. Os critérios que a instituição usará observarão se você:

- recentemente fez tentativa ou "gesto" de suicídio, como se cortar, tomar muitos comprimidos ou escrever uma carta de suicídio;
- declarou o desejo de morrer, com planos concretos de como e quando fazê-lo;
- dispõe de meios para se machucar ou se matar por meio de um método específico (como usar armas, facas ou comprimidos);
- expressou sofrimento emocional significativo e desesperança, acreditando que seu humor e sua situação nunca melhorarão e que o suicídio parece ser sua única opção.

Dependendo dos resultados dessa avaliação de risco, a equipe pode interná-lo ou mandá-lo para casa, de preferência com recomendações para tratamento ambulatorial. Pode, também, recomendar uma solução intermediária, como um programa de internação parcial ou ambulatorial intensivo. Cabe aos profissionais sugerir o que você e seus familiares podem fazer antes da próxima consulta ambulatorial, embora os hospitais variem quanto ao grau de detalhamento de suas recomendações de alta.

Como adulto, é sua decisão ser internado ou não. A exceção é quando o médico acredita que não é seguro ir para casa e solicita internação para observação em retenção de 72 horas. A retenção permite que a equipe médica obtenha mais informações e, espera-se, permite que você tenha algum tempo para relaxar e se afastar das situações que estão provocando seus pensamentos suicidas. Se tiver um psiquiatra e um terapeuta, certifique-se de que eles saibam que você está no hospital ou na emergência. Assine formulários de liberação de informações para que a equipe de internação possa entrar em contato com esses profissionais para compartilhar informações.

O que pode fazer você ser uma pessoa vulnerável aos impulsos de se machucar? O fator-chave costuma ser o sentimento de ódio a si mesmo, muitas vezes causado por um evento de rejeição, como separação de um parceiro, humilhação pública ou intimidação. As mídias sociais estão repletas de histórias sobre adolescentes deprimidos que começam a se automutilar ou cometem sérias tentativas de suicídio após serem intimidados ou envergonhados, na escola ou na internet. Em adultos com o transtorno bipolar, o desejo de cortar, queimar ou machucar a si mesmo pode ser atribuído a episódios depressivos, embora existam gatilhos sociais que provoquem o desejo pela automutilação.

As pessoas que sentem vontade de se machucar nem sempre estão cientes de como esse desejo as domina. Mas se você sentir essa vontade, pode ser porque o desejo instintivo de preservar seu corpo fica oculto quando você sente vergonha e se sente mal consigo mesmo. Machucar-se pode parecer merecido e proporcionar uma fuga temporária das emoções negativas (ansiedade, tristeza, raiva), introduzindo, ao mesmo tempo, sentimentos de paz ou até esperança. Essa é parte da razão pela qual o comportamento persiste, mesmo que o indivíduo saiba que isso o prejudica. O ciclo continua porque a automutilação leva o sujeito de volta à realidade, mas apenas por um curto período, pois os sentimentos negativos logo retornam, acompanhados pelo desejo de se machucar mais uma vez. Ainda que não seja fácil de fazer, você pode antecipar a sequência que leva à automutilação e intervir com pensamentos ou comportamentos alternativos, principalmente com a ajuda de um terapeuta, mas até mesmo sozinho.

“Como faço para parar de me machucar?”

Nas estratégias descritas a seguir, você notará a importância de considerar o momento dos eventos na sequência que antecede a automutilação. Essas estratégias devem ser aplicadas independentemente da sua idade, mesmo que o exemplo de caso seja de uma pessoa com aproximadamente 20 anos de idade.

ESTRATÉGIA 1: Realize uma análise em cadeia em sua instância mais recente de automutilação

A análise em cadeia é uma técnica-chave na terapia comportamental dialética, uma intervenção na qual as pessoas aprendem a usar habilidades comportamentais e cognitivas para regulação emocional, atenção plena, tolerância a estados de angústia e funcionamento eficaz no âmbito interpessoal. Se você se machucou na semana anterior, reserve um dia ou uma noite em que se sinta bem e decomponha o ocorrido, evento por evento e pensamento por pensamento, levando em consideração o que aconteceu antes e depois. Quando escrita, uma análise em cadeia se parece com os eventos descritos no quadro “Exemplo de análise em cadeia”, a seguir.

Observe como Zoe mescla eventos, pensamentos, sentimentos e comportamentos em ordem sequencial. Pode ser difícil fazer isso com automutilação porque os eventos podem parecer nebulosos em retrospectiva. Portanto, se você está propenso a se machucar e conhece seus gatilhos básicos (discussões com um parceiro, por exemplo), tenha um telefone por perto e registre seus pensamentos e sentimentos à medida que a noite avança.

A análise em cadeia tem o potencial de sugerir pontos nos quais você pode reavaliar suas respostas ou mudar seu ambiente. Por exemplo, Zoe poderia ter ido conversar com outra pessoa na festa, desafiado seus pensamentos de que Evan estava falando com outra mulher porque Zoe era gorda e feia, ou, quando chegou em casa e teve vontade de se cortar, poderia ter-se distraído com um banho de gelo, desenhado nos pulsos usando uma caneta, colocado uma música alta para tocar ou qualquer uma das outras estratégias listadas nas seções a seguir. Por enquanto, pense na análise em cadeia como base para escolher entre as habilidades de enfrentamento em uma “caixa de ferramentas”.

Exemplo de análise em cadeia

Zoe, 22 anos, reuniu esta cadeia de eventos, sentimentos, pensamentos e comportamentos sobre um incidente autodestrutivo ocorrido no sábado anterior após uma festa. Ela preferiu atribuir horários para cada evento.

Antes das 20h, noite da festa: achei que estava gorda, não importava o que vestisse. Lembro-me de pensar que quando Evan (namorado) veio me buscar, olhou para mim e pareceu decepcionado. Eu disse, imediatamente: "Não se preocupe, não vou usar essa blusa", e subi as escadas para trocá-la, enquanto ele gritava: "Você está bem! Vamos, estamos atrasados".

20h30min–22h30min: estávamos na festa da Emily. Tomei uma cerveja e fiquei sonolenta quase que na mesma hora, porque não tinha jantado. Então, Evan viu sua ex-namorada, Jessie. ☹ Ela me deixou de lado (apesar de sermos amigas). Ela estava muito mais interessada em falar com Evan, e parecia que estavam flertando. Eu me sentia pouco atraente, até feia; quanto mais eles conversavam, mais eu queria sair de lá e me cortar. Fiquei pensando se poderia ir fazer isso no banheiro.

22h45min: eu disse a Evan que não estava me sentindo bem, então ele me levou para casa, mas ficou todo ressentido. Ele costuma passar a noite comigo, mas, em vez disso, murmurou algo sobre ir para casa porque "bom, você está mal e tal". Então, comecei a me perguntar se ele voltaria para a festa. Quando saiu, alguns minutos depois, apareceu uma música na minha *playlist* do Spotify que me lembrou de nossa viagem ao Alasca, e comecei a chorar.

23h30min: liguei para Evan, mesmo sabendo que não deveria. Ele ainda estava no carro e perguntei o motivo, mas ele não quis me dizer onde estava. Parecia irritado por eu ter ligado. Perguntei, sem rodeios, se tinha voltado à festa para ver Jessie. Ele negou, ficou irritado e disse que achava que "talvez devêssemos sair com outras pessoas". Comecei a chorar quando ele disse isso. Eu me senti envergonhada por não estar lidando bem com a situação. Quando ele desligou, mandei uma mensagem para Stella, minha amiga que estava na festa, para ver se ele tinha voltado, mas ela não respondeu.

23h45min: senti raiva, me odiando e me sentindo traída por Evan e Jessie e até mesmo por Stella. Foi quando comecei a me cortar. Fiz alguns cortes na parte de cima do braço, meio que no formato de "jogo da velha".

Meia-noite e mais tarde: me senti melhor depois de me cortar, como se tivesse voltado a ser uma pessoa real. Liguei para Stella, que estava indo se deitar. Contei a ela o que aconteceu e ela se ofereceu para vir à minha casa. Ela é uma amiga muito boa. Respondi que não precisava e que já estava me sentindo melhor porque ela havia demonstrado muita compreensão. Eu só precisava de um pouco de solidariedade naquele momento.

ESTRATÉGIA 2: Reduza o acesso a objetos cortantes e a comprimidos

Isso pode parecer óbvio, mas quanto menos acesso você tiver a instrumentos para cortar a pele ou causar uma *overdose*, menor será a probabilidade de você fazer isso. Para a maioria dos adultos, bloquear todo o acesso a facas, tesouras ou cortadores de unhas é impraticável. Em vez disso, coloque esses itens em um local que você possa acessar, mas que precise se esforçar. Uma garagem com um cofre ou um armário aéreo que exija uma escada ou um banco pode ser adequado. Se houver risco de *overdose*, mantenha uma semana de seus medicamentos psiquiátricos ao alcance e o restante do suprimento do mês em um local de difícil acesso. O objetivo é dificultar, para que você tenha tempo de processar o que está prestes a fazer, em vez de simplesmente se machucar de forma impulsiva.

ESTRATÉGIA 3: Programe atividades de distração para os momentos de maior propensão à automutilação

Muitas pessoas se automutilam tarde da noite, às vezes depois de beber ou usar drogas, e muitas vezes após uma interação negativa com seu parceiro romântico. Se essa sequência ocorreu mais de uma vez em uma noite de sábado, certifique-se de que o intervalo após o qual você vê seu parceiro romântico inclua alguma comunicação de apoio com outras pessoas. Você pode pedir a um amigo (ou a um padrinho de um grupo de apoio) que espere uma ligação sua no sábado à noite, assim que chegar em casa; se planejado com antecedência, você poderá se sentir menos culpado por interromper a noite dessa pessoa. Você pode tranquilizá-la dizendo que não espera uma terapia da parte dela; você provavelmente só quer que ela ouça e demonstre empatia e compreensão.

Há várias outras atividades de distração que devem ser implementadas nesses momentos, como as sugeridas a seguir. A ideia é planejá-las com antecedência, em vez de tentar lembrar-se delas quando você já está se sentindo desesperado.

Estratégias imediatas para evitar a automutilação

"Uma vez que entro nesse estado de espírito, não consigo abandoná--lo. Sinto que me cortar é minha única opção."

ESTRATÉGIA 1: Identifique pensamentos associados ao seu desejo de se machucar

Primeiro, identifique os pensamentos presentes em sua cabeça. Pensamentos comuns incluem "Eu mereço ser punido", "É a única coisa que me distrai de sentimentos horríveis", "Quando me corto, me sinto uma pessoa real", "Isso me dá uma sensação de controle" e "É uma forma de me vingar das pessoas da minha vida" (referindo-se a parceiro ou pais). Anote os pensamentos e marque os que parecem mais propensos a provocar automutilação. Use o "Registro de análise em cadeia para comportamento autolesivo", disponível a seguir.

ESTRATÉGIA 2: Introduza uma atividade que o distraia e mude seus pensamentos e atenção para outro lugar

Essas "atividades de substituição" são muito úteis se a automutilação (ou outros atos suicidas) tiver o objetivo de fugir de um estado emocional negativo. Eis algumas opções:

ESTRATÉGIA 2A: Esfregue um marcador apagável a seco sobre as partes da pele onde você já se cortou ou se queimou

Faça um desenho de como seria o corte.

ESTRATÉGIA 2B: Use água gelada para se distrair da ideia de se cortar

Encha a pia ou uma panela grande com água gelada e coloque as mãos ou o rosto por alguns segundos. Pode ser desagradável e doer, mas também voltará sua atenção à realidade da mesma forma que o ato de se cortar.

ESTRATÉGIA 2C: Mude a cena para que você experimente diferentes sensações físicas

Tome um banho frio, pedale em uma bicicleta ergométrica por cinco minutos ou faça uma caminhada rápida ao ar livre. (Algumas dessas opções não serão viáveis se você mora em uma área onde não pode caminhar com segurança à noite.)

REGISTRO DE ANÁLISE EM CADEIA PARA COMPORTAMENTO AUTOLESIVO

Descreva o incidente envolvendo automutilação no qual você gostaria de se concentrar. O que você fez, onde e a que horas?

Quais estados emocionais ou físicos podem ter causado angústia naquele momento? Liste todos os fatores que podem ter contribuído, mesmo aqueles que parecem não estar relacionados à automutilação (uma noite de sono ruim), sintomas de doenças físicas (dor de garganta), uso recente de álcool ou drogas, isolamento de pessoas ou efeitos colaterais de medicamentos (sensação de lerdeza ou dores de cabeça). Lembre-se de qualquer imagem que possa tê-lo afetado (sentir-se perturbado pela aparência do seu corpo).

Descreva todos os eventos (em ordem de tempo) que levaram à automutilação e os sentimentos, pensamentos e comportamentos que acompanharam cada um. O que iniciou a cadeia? Algo que você fez ou que outra pessoa fez? Desenhe a sequência em painéis, se preferir. Para cada evento, descreva o que você pode ter pensado e como se sentiu antes e depois. Exemplo: "Tudo começou quando fui à aula, me senti burra" ou "Conversei com meus pais – me senti culpada e sempre fui um fardo para eles".

(*continua*)

REGISTRO DE ANÁLISE EM CADEIA *(página 2 de 2)*

Descreva com detalhes o evento que ocorreu imediatamente antes de sua automutilação. O evento pode ter ocorrido uma hora antes, um dia ou até uma semana ou mais antes. Quando esse evento ocorreu, quais foram seus pensamentos e sentimentos?

O que aconteceu após o evento de automutilação? O que você sentiu depois de se machucar (inclua qualquer emoção positiva [euforia, alívio] ou negativa [culpa, vergonha] de que se lembre, em qualquer combinação)? O que os outros fizeram imediatamente depois? Alguém tentou levar você a um hospital ou ligar para seu médico? Aconteceu algum fato positivo ou negativo?

ESTRATÉGIA 2D: Experimente uma meditação sentada, como um exercício de autocompaixão

Estes exercícios (*https://self-compassion.org/category/exercises*) combinam meditação com pensamentos sobre ser gentil consigo mesmo. Isso pode ser muito útil quando você está combatendo a autocrítica (pensando que cometeu erros terríveis ou que merece punição). Os exercícios podem proporcionar a mesma compaixão que você daria a um amigo que cometeu erros.

ESTRATÉGIA 2E: Experimente escrever um diário para expressar seus sentimentos

Se você achar difícil se expressar usando o formulário de análise em cadeia, tente escrever de forma livre sobre a sequência de pensamentos, sentimentos e comportamentos que resultaram no desejo de se machucar. Escreva como uma história. Se você está descrevendo algo que já aconteceu, surgiram novos sentimentos ou pensamentos desde então? Como outras pessoas reagiram a você? Isso ajudou ou prejudicou?

ESTRATÉGIA 2F: Monte uma *playlist* (com antecedência) e, quando estiver chateado, ligue a música bem alto e cante junto ou dance

O tipo de música que você ouve depende de você — o que quer que funcione para tirá-lo do estado que leva à automutilação. Algumas pessoas preferem música alta e raivosa; outras, uma dança animada ou qualquer gradação intermediária.

ESTRATÉGIA 3: Aborde o estado emocional subjacente

Uma estratégia difícil, mas potencialmente mais informativa, é tentar se aprofundar nas emoções subjacentes e entender de onde elas vêm, em vez de tentar se distrair delas. O registro no diário será de grande ajuda aqui. Quando você analisa a cadeia de eventos que leva à automutilação, qual emoção domina? Foi tristeza, culpa, raiva, ansiedade? Se fosse ansiedade, algumas atividades relaxantes do Capítulo 3 deveriam ajudar. Se foi vergonha, o que fez você se sentir envergonhado e na frente de quem, especificamente? Se foi raiva e você sabe de quem está com raiva (e por quê), faça uma meditação de compaixão focada nessa pessoa. Novamente, tente entender a sequência que levou ao corte:

> "Eu me senti rejeitada por Evan, e isso me fez sentir inútil, e então fiquei com raiva. Foi nesse momento que me cortei, para poder expressar a raiva fisicamente. Quando terminei, tive uma sensação de alívio, como se tivesse gritado e o repreendido."

Muitas pessoas que se machucam ou se tornam ativamente suicidas ficaram traumatizadas quando crianças, em geral, com um histórico de abuso físico ou sexual ou com a perda repentina dos pais. Explore (de preferência, com um terapeuta) o papel do trauma ou da perda em relação ao seu padrão atual de automutilação. Como você está pensando sobre esse trauma ou perda? Você está se culpando? As memórias do trauma se tornaram mais evidentes por causa dos eventos recentes em sua vida? Identificar a associação entre eventos passados e pensamentos suicidas atuais não fará os pensamentos desaparecerem, mas ajudará a contextualizá-los. Se memórias ou imagens do trauma surgirem o tempo todo, tente realizar algumas atividades de distração e substituição da Estratégia 2 (descrita anteriormente).

Estratégias para prevenir o suicídio

? **"Como faço para me impedir de tentar o suicídio?"**

Até agora, falamos apenas sobre automutilação, que pode ou não acompanhar o desejo de morrer. Como você evita pensar ou até mesmo executar planos suicidas mais sérios, por exemplo, automutilação ou *overdose* com a intenção de morrer? Quando você está em um estado deprimido ou misto, e especialmente se estiver bebendo ou usando drogas, corre maior risco de agir de acordo com impulsos suicidas.

ESTRATÉGIA 1: Escreva um plano de prevenção de suicídio

O primeiro passo é elaborar um plano de prevenção de suicídio, conforme mostrado no quadro a seguir. É melhor fazer isso em colaboração com seu terapeuta ou psiquiatra e, se possível, com membros da família. Escreva seu primeiro rascunho quando não estiver com ideação suicida. Como você viu no planejamento de prevenção anterior, é difícil pensar em comportamentos alternativos estando no meio da situação.

PLANO DE PREVENÇÃO DE SUICÍDIO

1. **Liste seus sinais de alerta de um episódio suicida** (pensamentos mórbidos; planos envolvendo armas, horários e lugares; humor sempre triste e melancólico; retraimento social; distúrbios do sono, fadiga e perda de energia; culpa ou vergonha; conversas com outras pessoas sobre morte ou vida após a morte):

2. **Assinale tudo que você pode fazer se sentir um ou mais desses sinais de alerta:**

   - ❑ Livrar-se de todas as armas perigosas
   - ❑ Ligar para seu psiquiatra ou terapeuta para marcar uma consulta de emergência
   - ❑ Pedir orientação por telefone ao seu médico ou ligar para uma linha direta de suicídio [No Brasil, Centro de Valorização da Vida – Disque 188]
   - ❑ Implementar atividades de substituição:
     - ❑ Meditação
     - ❑ Ouvir música
     - ❑ Banho de gelo
     - ❑ Exercício
     - ❑ Atividades gratificantes envolvendo outras pessoas
     - ❑ Outras (especificar) ____________________
   - ❑ Desafiar seus pensamentos autodestrutivos sobre os estressores atuais e considerar pensamentos alternativos sobre as mesmas situações (por exemplo: "É possível que eu me sinta diferente sobre isso depois de conversar com ____________________")
   - ❑ Pedir apoio a amigos próximos ou familiares
   - ❑ Consultar fontes religiosas ou espirituais que ajudaram em algum momento passado
   - ❑ Analisar seu Inventário de Motivos para Viver (Estratégia 3, a seguir)

(*continua*)

PLANO DE PREVENÇÃO DE SUICÍDIO *(página 2 de 2)*

3. Assinale o que seu médico e seu terapeuta podem fazer:

- ❑ Atendê-lo em caráter de emergência
- ❑ Fornecer orientações por telefone
- ❑ Modificar seu regime de medicação
- ❑ Organizar uma hospitalização, se necessário
- ❑ Ajudá-lo a entender o que está causando seus pensamentos suicidas
- ❑ Ajudá-lo com estratégias comportamentais para lidar com pensamentos e sentimentos dolorosos

4. Assinale o que seus familiares ou amigos próximos podem fazer – para cada item assinalado, liste em quem você mais confia para realizar a tarefa:

- ❑ Ouvi-lo, validar seus sentimentos, oferecer sugestões ____________________
- ❑ Evitar ser crítico ou fazer julgamentos ____________________
- ❑ Distraí-lo com atividades mutuamente agradáveis ____________________
- ❑ Ajudá-lo a cuidar de responsabilidades difíceis (por exemplo, cuidar de crianças, limpar ou cuidar de animais de estimação) ____________________
- ❑ Ficar com você até sentir-se seguro ____________________
- ❑ Ligar para seu médico ou terapeuta para ajudar a marcar uma consulta ____________________
- ❑ Levá-lo ao hospital ____________________
- ❑ Guardar armas, pílulas ou outras fontes de perigo para você ____________________

5. Liste os nomes e números de telefone dos seus médicos:

____________________ ____________

____________________ ____________

____________________ ____________

ESTRATÉGIA 2: Converse com seu psiquiatra sobre medicamentos antissuicidas

Considere se seus impulsos suicidas são parte de uma série de sintomas depressivos. Eles acompanham insônia, fadiga, perda de apetite, sentimentos de inutilidade ou perda de interesses? Nesse caso, seus remédios não estão cumprindo plenamente sua função. Converse com seu médico sobre mudar ou adicionar um medicamento com maiores propriedades antissuicidas. O lítio tem o melhor histórico de prevenção do suicídio no transtorno bipolar, com reduções de 54% em comparação com comprimidos de placebo. Antidepressivos e antipsicóticos de segunda geração também têm seu lugar na prevenção do suicídio.

ESTRATÉGIA 3: Mantenha um inventário de motivos para viver

Marsha Linehan, psicóloga que desenvolveu a terapia comportamental dialética, recomenda preencher um Inventário de Motivos para Viver quando você estiver se sentindo bem, para se lembrar dos motivos pelos quais você não quer se matar. O inventário pode ser encontrado em *https://depts.washington.edu/uwbrtc/wp-content/uploads/Reasons-for-Living-Scale-long-form-72-items.pdf* (em inglês). Os itens dessa lista incluem considerações como "Tenho responsabilidade e compromisso com minha família", "Quero ver meus filhos crescerem", "Tenho planos para o futuro que espero realizar", "Tenho medo do ato real de me matar", "Outras pessoas pensariam que sou fraco e egoísta" e "Por pior que eu me sinta, sei que isso não durará para sempre". As instruções exigem a classificação de cada um desses itens em uma escala de importância que vai de 1 (*absolutamente nenhuma importância*) a 6 (*extremamente importante*). Se tiver impulsos suicidas, pode ser útil reler a lista e lembrar-se dos motivos pelos quais deseja permanecer vivo.

ESTRATÉGIA 4: Construa um *kit* de esperança

Um *kit* ou baú de esperança contém itens que deram conforto a você, lembram relacionamentos íntimos ou simbolizam o significado de sua vida. Isso pode incluir fotos de entes queridos, amigos próximos ou animais de estimação; listas de músicas que você adora; lembranças da infância (como figurinhas colecionáveis); perfumes favoritos; e até lembretes de itens do Inventário de Motivos para Viver, escritos em cartões individuais. Então, quando você se sentir deprimido ou tiver pensamentos suicidas, abra o baú para ter uma sensação temporária de conforto e lembre-se de que você é capaz de ser feliz.

Obtendo apoio de sua família

Nossos entes queridos devem ser os primeiros ao nosso lado quando temos ideações suicidas. Infelizmente, muitos membros da família (pais, cônjuge/parceiro, irmãos) não sabem o que fazer quando você expressa intenção suicida ou se envolve em automutilação. A maioria quer ser solidária e mostrar compaixão, mas a forma como fazem isso pode parecer um pouco errada. A primeira consideração, portanto, é pensar em como seus familiares reagem atualmente aos seus pensamentos ou atos suicidas e se essas reações são úteis. Em caso negativo, o que você gostaria que eles fizessem ou dissessem de outra forma? Muitos membros da família dizem que sabem muito mais o que não fazer do que o que fazer. Se você nunca contou a eles sobre seus pensamentos suicidas, pense em fazer isso e acrescente à revelação sugestões de como eles podem ajudar.

ESTRATÉGIA 1: Quando estiver se sentindo bem, explique aos seus parentes como a automutilação é um mecanismo de enfrentamento

Quando converso com familiares de pessoas com transtorno bipolar, encorajo-os a entender que um parente que se machuca está em considerável sofrimento e usando a única estratégia de enfrentamento que conhece; ele não está sendo manipulador. Reconheço que isso é muito difícil de entender do ponto de vista de um membro da família, sobretudo de quem nunca lidou com um transtorno do humor.

Explique aos membros da sua família ou a outras pessoas importantes como a automutilação é um mecanismo de enfrentamento para você: "Me cortar me faz sentir em paz, ou mais real, ou mais em contato com meu corpo do que em qualquer outro momento. Sei que isso não é saudável e não é uma boa forma de enfrentamento, mas nesses momentos é a única coisa que consigo fazer que me traz alívio".

ESTRATÉGIA 2: Explique as causas de sua angústia

Os membros da família podem ser mais úteis se você puder lhes dizer, de uma forma geral, quais problemas estão causando mais sofrimento.

Na verdade, conversar sobre suicídio com um membro da família pode ajudar você mesmo a esclarecer os problemas. Você está com intenção suicida por causa de um recente rompimento de relacionamento ou, talvez, uma perda de emprego? Tem alguma coisa a ver com sua identidade de gênero ou orientação sexual? Tem a ver com problemas menos óbvios, como suas tentativas de parar de fumar ou de beber? Você está se sentindo um fardo para sua família? As questões são mais existenciais, como duvidar se sua vida tem significado ou se você algum dia encontrará alegria?

Considere os custos e benefícios de revelar essas questões subjacentes: a compreensão dos familiares os ajudará a dar o apoio de que você mais precisa? Ou você teme que as revelações sejam usadas contra você, para forçá-lo a entrar em um hospital? Esses medos não são irracionais, embora, na minha experiência, as pessoas exagerem sobre as consequências de revelar seus impulsos suicidas.

ESTRATÉGIA 3: Instrua seus familiares sobre como responder

Ninguém nasce sabendo como ajudar alguém com ideações suicidas. É ainda mais difícil para os pais, que podem sentir que falharam e supor erroneamente que conversar com você sobre suicídio aumentará as chances de que você faça isso, quando, com toda a probabilidade, o oposto é verdadeiro.

Você talvez tenha dúvidas sobre a capacidade de seus pais, parceiros ou irmãos conseguirem entender os gatilhos para o suicídio do seu ponto de vista. Mas e se forem mais capazes do que você pensa? Pode ser útil para seu parente ouvir e validar seus sentimentos sem oferecer conselhos, mas talvez você precise ser explícito sobre isso. Considere este diálogo entre Randall, de 25 anos, e sua mãe, com quem ele morava. Ela encontrou alguns de seus diários nos quais ele havia escrito fantasias sobre o que aconteceria se morresse.

RANDALL: Realmente queria explicar por que penso em me matar, mas não acho que você gostaria de ouvir sobre isso.

MÃE: Ah, vamos lá, Randy. Você sabe o quanto me importo com você. Eu não posso ajudar se não souber o que está acontecendo.

RANDALL: Vou dizer a você, mas quero que me ouça. Tenho pensado nisso quase diariamente, desde que terminei com Josh.

MÃE: (*impaciente*) Sério? Achei que você tinha superado isso! Foi há quase seis meses! Você precisa seguir em frente.

RANDALL: Mãe, sei que você se sente assim, mas precisa entender o que é e o que não é útil para mim nesses momentos. Não adianta me dizer para seguir em frente. Preciso que você escute.

MÃE: Estou ouvindo. Mas o que posso fazer sobre isso?

RANDALL: Você não precisa fazer nada. Apenas escute. Faça perguntas se quiser. Prefiro não receber conselhos, por mais bem-intencionados que sejam.

MÃE: Você falou com o Dr. Ellis sobre isso?

RANDALL: Sim, claro que falei, e continuarei falando. Mas agora eu quero falar com você.

MÃE: (*faz uma pausa*) Está bem, desculpe. Conte-me mais.

RANDALL: Isso é bom, é disso que preciso, mais declarações como essa. Estou sofrendo, me perguntando se devo entrar em contato com Josh novamente ou se acabou de vez.

MÃE: (*franze a testa*) Não faça isso... (*se detém*). Está bem (*acena com a cabeça*), eu entendo. Mas o que mais? Por que isso faz você querer morrer?

RANDALL: Boa pergunta... (*faz uma pausa*). Eu simplesmente não sei como continuar.

MÃE: O que você quer que eu faça quando você se sentir assim?

RANDALL: Como eu disse, você não precisa fazer nada. Ouvir e estar presente quando eu sentir vontade de falar é o suficiente.

Observe que Randall deu à mãe algumas instruções sobre o que ele precisa, além do que não precisa. Ele a reforça quando ela tenta ser uma boa ouvinte. Se a mãe conseguir continuar ouvindo, ele começará a sentir mais confiança nela.

ESTRATÉGIA 4: Discuta o tratamento hospitalar

Conforme descrito no quadro "Quando a hospitalização é necessária devido à automutilação ou ao risco de suicídio?", você e seus familiares podem divergir nas opiniões sobre a necessidade de hospitalização. Se acham que não conseguem garantir sua segurança e não há mais ninguém que possa, a hospitalização é a melhor opção, mesmo que seja de curto prazo. Por outro lado, talvez seja você a ver a necessidade de internação. Nesse caso, informe seus pais ou cônjuge sobre o que esperar (ver quadro "Quando a hospitalização é necessária devido à automutilação ou ao risco de suicídio?"). Eles se beneficiarão ao saber que você está disposto a ir ao hospital (e qual hospital seu médico ou terapeuta recomenda) e o que acontecerá quando estiver lá. Ter essa discussão quando você não está em crise funciona muito melhor do que tentar resolvê-la no momento em que está se sentindo desesperado.

ESTRATÉGIA 5: Eduque seus parentes sobre falas humilhantes ou provocativas

Em geral, pessoas com pensamentos suicidas não respondem bem a chavões como "Tudo vai melhorar em breve" ou "Só temos uma vida para viver". Se você não é religioso, ouvir opiniões nessa linha sobre suicídio também não ajudará. Certamente, você não quer ouvir "Você não deveria se sentir assim" ou "Veja todas as pessoas que está machucando". É possível que você se irrite quando parentes entram no "modo médico" e fazem perguntas como "Você tem um plano? Ou os meios?".

Esses pontos podem parecer óbvios, mas lembre-se de que seus parentes estão se sentindo perdidos. Se você achar estranho educá-los dessa maneira, encaminhe-os para recursos *on-line* destinados a parentes e amigos. Um conteúdo informativo disponível para *download* está disponível em inglês em *www.rethink.org/advice-and-information/carers-hub/suicidal-thoughts-how-to-support-someone.*

Fazendo um balanço

Este capítulo enfatizou estratégias específicas que você pode incorporar a um plano de prevenção de suicídio, ajudando a manter uma versão atualizada do plano em formato impresso que você (ou seus parentes) podem encontrar. Se a automutilação e os pensamentos suicidas forem frequentes, pergunte a si mesmo o que está funcionando ou não no plano ou o que seus parentes fizeram que ajudou ou não.

A possibilidade de suicídio nem sempre pode ser tratada por meio de distração, apoio ou outras estratégias comportamentais, pois também diz respeito ao significado, ao apego e à maneira como você pensa sobre sua vida e o mundo. Quando sente vontade de morrer, tudo pode parecer sombrio e ruim, com as partes boas ou prazerosas da vida ficando em segundo plano. Livros de pessoas que passaram por períodos de ideação suicida podem ser de grande ajuda, tendo em mente que as jornadas são individuais. Eu recomendaria as seguintes obras: *Quando a noite cai: entendendo a depressão e o suicídio*, de Kay Jamison (2000), *Darkness Visible: A Memoir of Madness*, de William Styron (1992), e *O demônio do meio-dia: uma anatomia da depressão*, de Andrew Solomon (2002). Essas são algumas amostras da grande quantidade de literatura sobre suicídio e automutilação, que, embora sejam atitudes difíceis de entender para muitas pessoas, são muito comuns da experiência humana.

PARTE DOIS

Domínios da vida

ROTINAS DIÁRIAS E ESTRESSE

O transtorno bipolar pode ser tratado a partir das perspectivas farmacológica, psicoterapêutica e de "estilo de vida". Você viu como medicamentos, terapia e estratégias de controle do estresse se aplicam à redução dos sintomas. Quais tipos de estratégias contribuem para melhorar a qualidade de vida em outros domínios, como sono, nutrição ou saúde física? E para reduzir problemas interpessoais, como relacionamentos familiares e vínculos românticos? Quais estratégias ajudam a otimizar o funcionamento do trabalho e da escola, mesmo quando você tem sintomas?

Você verá dois temas recorrentes nos próximos capítulos. Um deles diz respeito à importância crítica de manter ciclos regulares de sono/vigília, mesmo quando fatores ambientais conspiram para alterá-los. A regularidade em sua rotina de nutrição e exercícios também contribui para a estabilidade do humor e a saúde geral. O segundo tema tem a ver com a negociação de relacionamentos em família, nos domínios do namoro, do relacionamento romântico e do casal de longa data, na escola ou no mundo do trabalho. O transtorno bipolar pode afetar a qualidade desses domínios da vida, mas igualmente importantes são os efeitos que esses domínios têm sobre você.

A Parte Dois termina com questões relacionadas ao uso de substâncias e álcool, um grande problema para muitas pessoas com o transtorno. As rotinas diárias e as relações familiares ou sociais também são relevantes aqui: as pessoas tendem a usar substâncias em determinados momentos do dia ou da noite, com certas pessoas e em certas circunstâncias sociais previsíveis.

Ao longo desta parte, eu o encorajo a observar a si mesmo – acompanhar seus hábitos, entender como surgiram e considerar suas opções –, o que pode significar mudar seus hábitos ou aceitar a realidade como é e tirar o melhor proveito dela. A adoção de estratégias de gerenciamento de estilo de vida – muitas das quais testadas em anos de pesquisa como adjuvantes de medicamentos para transtorno bipolar – tem forte potencial de melhorar sua qualidade de vida.

6

Estratégias para um sono saudável

Consideramos o sono normal como parte do ser humano, mas, para muitas pessoas (inclusive eu), adormecer ou permanecer dormindo está fora de alcance. Os motivos variam entre os indivíduos: estresse, eventos que alteram o ritmo circadiano, fatores genéticos, uso de álcool ou drogas, expectativas ansiosas ou fatores externos, como latidos altos de um cachorro da vizinhança.

Dormir profundamente é uma experiência que poucas pessoas com transtorno bipolar já tiveram. Apenas 38% dos afetados pelo transtorno são considerados "pessoas com sono normal"; outros dormem pouco ou demais. Os distúrbios do sono podem ser tanto um gatilho para recorrência de episódios de humor quanto um sintoma de episódios existentes. Em ambos os casos, o sono ruim afeta o desempenho diurno, pois dificulta a concentração em tarefas laborais ou escolares ou a atenção durante reuniões.

É importante não se culpar pelos problemas de sono (rotular-se como preguiçoso), pois são causados por fatores biológicos e psicológicos complexos. Felizmente, há estratégias para melhorar a chamada "higiene do sono", as quais são descritas a seguir.

"Por que dormir bem exige tanto esforço?"

Higiene do sono significa manter hábitos pessoais que, com o tempo, contribuem para a saúde geral e a qualidade de vida. Em primeiro lugar, há a

importância da regularidade do sono/vigília — manter um horário consistente de sono e vigília, mesmo que você não esteja cansado, e não variar por mais de uma hora nas noites da semana até o fim de semana. Ter um horário estável de sono/vigília está correlacionado com maior estabilidade do humor e menor probabilidade de episódios de humor.

Em segundo lugar, é fácil desenvolver o hábito de passar horas na cama apenas pensando, o que muitas vezes se transforma em ruminação desagradável. A **restrição do sono**, ou seja, minimizar o tempo passado na cama sem dormir, é um objetivo importante. Então, se você acordar, começar a pensar e depois a se preocupar, é melhor sair da cama e relaxar para que, ao deitar-se novamente, esteja pronto para dormir. Em terceiro lugar, **evite cochilar** durante o dia (sobretudo no início da noite) para compensar a perda de sono. O cochilo prolongado é uma das principais causas de incapacidade de dormir à noite.

Os problemas de sono pioram quando você está em uma fase de doença. Estando deprimido, você pode passar de 12 a 16 horas na cama e, estando em episódio de mania, talvez não queira dormir. Como você pode imaginar, o objetivo é restringir o tempo de sono quando se está deprimido e, durante mania ou hipomania, prolongar o sono para preencher as 7 ou 8 horas normais. É mais fácil falar do que fazer!

Dormir não é uma peça performática: estratégias de prevenção para dormir a quantidade certa de horas

Apesar de nossos esforços para sermos conscienciosos com o sono, é importante não o ver como um desempenho que precisa ser aperfeiçoado. Não é como dominar uma peça musical complexa ou um esporte. Os problemas de sono costumam ser causados pela fisiologia herdada, não muito diferente da cor dos olhos ou do tamanho das orelhas.

As estratégias a seguir foram recomendadas por pesquisadores do sono. Escolha aquelas que você acredita que funcionarão melhor e, se não funcionarem, faça uma pausa e tente outras. Evite passar a noite pensando: "É melhor que essas estratégias funcionem, se não...". Como você pode imaginar, esse tipo de pressão por desempenho pode desfazer até mesmo as tentativas mais sinceras de dormir bem.

ESTRATÉGIA 1: Gere uma imagem clara de suas dificuldades de sono

Os distúrbios do sono assumem várias formas:

- não conseguir adormecer (insônia inicial);
- acordar no meio da noite e não conseguir voltar a dormir (insônia de manutenção);
- acordar muito cedo (insônia terminal);
- dormir demais (hipersonia).

A identificação da natureza de suas dificuldades pode ser auxiliada por um diário do sono que você preenche todas as manhãs. O "Diário de sono consensual" (visto a seguir) é um exemplo e está disponível também como aplicativo em inglês (*https://consensussleepdiary.com*) que gera gráficos semanais de suas avaliações do tempo total de sono, horários de dormir e acordar e número de vezes que acordou. Existem outros aplicativos para dormir que você também pode conferir (por exemplo, *www.sleepfoundation.org/wp-content/uploads/2024/03/SF-23-127_Sleep_Diary_Interactive_03-2024.pdf*, também em inglês). Qualquer que seja o método escolhido, mantenha o diário por duas a quatro semanas ou mais para ajudar a identificar onde estão suas dificuldades. Então, será possível responder a algumas perguntas, como:

1. Como eu definiria melhor meus problemas de sono (dificuldade em adormecer, acordar com muita frequência, acordar muito cedo e não conseguir voltar a dormir, dormir demais)?
2. Estou reservando tempo suficiente para dormir (dormindo de 7 a 8 horas)?
3. Meu horário de sono (horário de dormir e acordar) é consistente ou cheio de oscilações?
4. Tenho mais problemas para dormir nos dias de escola/trabalho do que nos finais de semana?
5. Costumo "dormir demais" nos finais de semana (10 horas ou mais) para recuperar o atraso?
6. Estou passando um tempo significativo deitado sem conseguir adormecer?
7. Quanto tempo demora pela manhã para eu me sentir acordado e alerta?

DIÁRIO DE SONO CONSENSUAL

Data de hoje:	**Segunda-feira**	**Terça-feira**	**Quarta-feira**	**Quinta-feira**	**Sexta-feira**	**Sábado**	**Domingo**
1. A que horas fui para a cama?							
2. A que horas tentei dormir?							
3. Quanto tempo demorei para adormecer?							
4. Quantas vezes acordei?							
5. No total, quanto tempo duraram esses períodos despertos?							
6. A que horas foi meu último despertar?							
7. A que horas saí da cama para começar o dia?							

De "The Consensus Sleep Diary", de C. E. Carney, D. J. Buysse, S. Ancoli-Israel, J. D. Edinger, A. D. Krystal, K. L. Lichstein e C. M. Morin, em *Sleep*, 35 (2), 292.

ESTRATÉGIA 2: Acompanhe as possíveis causas de seus distúrbios do sono

Um diário do sono pode ajudar não apenas a definir a natureza do problema (ou dos problemas), mas a acompanhar quais situações contribuem para que esses problemas ocorram. Em geral, os fatores contributivos se enquadram em uma destas três categorias:

1. Suas vulnerabilidades preexistentes: histórico de insônia, condições físicas como apneia do sono, ansiedade ou preocupações persistentes, medos relacionados à sua moradia (vizinhança, privacidade, portas com proteção adequada), estresse no trabalho, jornada em turnos variáveis ou muitas viagens com mudança de horário. O transtorno bipolar em si é um fator de vulnerabilidade, assim como os medicamentos que você toma (como ter tomado estimulantes na hora errada). A pandemia e as restrições da covid-19 contribuíram para uma vulnerabilidade generalizada aos distúrbios do sono.
2. O que está acontecendo quando você está tentando dormir: ruminação sobre algum acontecimento do dia, quarto com muita iluminação ou colchão desconfortável, vizinho barulhento. Seu sono pode ser interrompido por pensamentos, emoções ou comportamentos (consumir bebida alcoólica, fumar muitos cigarros, consumir uma refeição pesada).
3. Você pode usar o verso do seu diário de sono para registrar as causas imediatas da falta de sono ou usar qualquer uma das ferramentas de mapeamento de humor ou pensamentos abordadas nos capítulos anteriores. Confira a seguir alguns registros que você pode fazer.
   - Problemas de sono que ocorrem simultaneamente com sintomas de mania, hipomania ou depressão. Se o seu humor está desestabilizando ou piorando ao mesmo tempo em que desenvolve problemas para adormecer ou permanecer dormindo, isso provavelmente faz parte do transtorno bipolar. Se os problemas persistirem, qualquer que seja seu humor, outros fatores também podem estar influenciando.
   - Qualquer pensamento negativo que contribua para o sono ruim, como "Se eu não conseguir dormir, ficarei em mania"; ou "Vou ficar exausto amanhã e não conseguirei lidar com o dia". O sono se tornou um palco de desempenho? Registre esses pensamentos.

- Medicamentos que podem contribuir para problemas de sono ou medicamentos para dormir que causam "ressaca" na manhã seguinte.
- Uso de álcool ou drogas no dia ou na noite anterior.

Medidas práticas para evitar a má higiene do sono

Depois de identificar a natureza de seus problemas de sono e as causas prováveis, você pode implementar estratégias apoiadas por pesquisas para melhorar sua higiene do sono. Após isso, pode resolver problemas de sono mais específicos que tendem a ser comuns em pessoas com transtorno bipolar.

ESTRATÉGIA 1: Regule seu ambiente de sono

Seu quarto deve estar escuro, fresco e silencioso. Mantenha a temperatura entre 15,6 e 21°C, certificando-se de não estar muito quente ou muito frio na cama. Tente dormir em um colchão confortável, não no chão ou no sofá. Embora possa ser reconfortante compartilhar sua cama com um cachorro ou um gato, reflita: isso está contribuindo para sua capacidade de continuar dormindo? Seu quarto deve estar escuro ou, no máximo, mal iluminado. Se você é muito sensível à luz, use uma máscara para dormir, especialmente nas primeiras horas da manhã.

ESTRATÉGIA 2: Reduza o ruído durante os horários de sono

Se o ruído (cães latindo, trânsito) estiver mantendo você acordado, experimente um dispositivo de ruído branco, tampões para os ouvidos, fones com cancelamento de ruído ou uma música suave. Talvez seja necessário comunicar o vizinho se ele ou seus animais de estimação estiverem produzindo ruídos que atrapalham seu sono.

ESTRATÉGIA 3: Crie uma rotina relaxante na hora de dormir

Esse ritual pode incluir atividades discretas, como tomar um banho quente, ler um livro ou ouvir música relaxante — todas sinalizam ao corpo que é hora de relaxar. Se você suspeita que um elemento da sua rotina o mantém acordado (como assistir ao noticiário), experimente comparar o sono nas noites com e sem esse elemento.

ESTRATÉGIA 4: Use técnicas de relaxamento antes de dormir

Antes de dormir, experimente o relaxamento muscular progressivo (*https://www.law.berkeley.edu/files/Progressive_Muscle_Relaxation.pdf*), a respiração profunda ou a meditação (como o "Exercício respiratório de 3 minutos", descrito no Capítulo 4). Essas estratégias podem ajudar a acalmar sua mente e preparar seu corpo para dormir.

ESTRATÉGIA 5: Evite refeições pesadas, muito líquido e exercícios intensos nas três horas que antecedem a hora de dormir

É melhor fazer exercícios pela manhã (para ajudá-lo a acordar) ou no final da tarde, antes do jantar. Elimine café e outras substâncias que contenham cafeína (como alguns analgésicos) seis horas antes da hora de dormir. Observe a quantidade de álcool ou tabaco que você consome nesse período. O vinho tinto, por exemplo, pode ajudá-lo a adormecer, mas também pode acordá-lo em algumas horas.

ESTRATÉGIA 6: Limite o uso de telas de telefone ou *tablet* de uma a duas horas antes de dormir

A luz azul projetada pelo celular ou *tablet* pode interferir na produção de melatonina, um hormônio que regula o sono. Além disso, enviar mensagens de texto ou responder *e-mails* pode aumentar seu nível de ansiedade, ainda mais se gerarem problemas a resolver no dia seguinte. Certifique-se de desativar as notificações, toques ou luzes piscantes do *tablet* ou telefone (por exemplo, ativando opções do sistema como "Não perturbe").

Nem todas essas estratégias serão práticas para você. Evite tentar implementá-las todas de uma vez. Tente, por exemplo, usar uma máscara de dormir e um dispositivo de ruído branco por duas noites. Em seguida, experimente duas noites sem usar telas algumas horas antes de dormir e sem seu gato ou cachorro na cama. Para cada modificação, determine os efeitos em seus padrões de sono (quanto tempo leva para adormecer ou com que frequência você acorda) com base no "Diário de sono consensual". Posteriormente, você poderá adotar os elementos do plano que funcionaram.

Como contornar obstáculos específicos de sono/vigília associados ao transtorno bipolar

RESOLUÇÃO DE PROBLEMAS: "Sempre pretendo ir para a cama cedo, mas fico acordado até tarde. Então, eu me atraso para o trabalho e me sinto estressado no dia seguinte. Como faço para mudar esse padrão?"

Algumas pessoas são "cotovias matinais" (ou seja, acordam cedo, revigoradas e cheias de energia, e geralmente vão para a cama cedo). Muitos indivíduos com transtorno bipolar são "corujas noturnas" com um "cronótipo noturno", isto é, seus ritmos circadianos estão preparados para mantê-las acordadas até tarde. Seu corpo secreta melatonina (o hormônio que sinaliza ao cérebro que é hora de dormir) no final da noite, e seus horários de pico de desempenho serão adiados para a tarde. Ser uma "coruja noturna" tem suas vantagens se a carreira exigir madrugadas em atividade (como no caso de músicos e enfermeiros), mas também significa dormir até tarde e, em alguns casos, experimentar a "inércia do sono" pela manhã, o que pode interferir nos compromissos profissionais ou escolares. Infelizmente, as "corujas" são mais propensas ao uso de álcool e tabaco e à obesidade. No curto prazo, ter um cronótipo noturno também contribui para um horário caótico de sono/vigília. Existe alguma medida que você possa tomar para se treinar a ir para a cama mais cedo?

SOLUÇÃO ALTERNATIVA 1: *Descubra a cadeia de causa e efeito*

Vamos aplicar uma análise em cadeia ao problema de ir para a cama tarde demais: pense na sequência de vulnerabilidades, eventos imediatos, sentimentos e pensamentos que precederam a hora de ir para a cama. Imagine que o seguinte tenha ocorrido:

10h: cheguei atrasado ao trabalho
10h–18h: tive um dia de trabalho estressante com conflitos com colegas
18h: tomei a última xícara de café
19h: fui à academia
20h: cheguei em casa e fiz uma refeição pesada
21h–23h: coloquei em dia tarefas de trabalho para o dia seguinte

23h: tive uma discussão por telefone com minha parceira
0h: assisti a um programa de TV perturbador
1h: conferi minhas mensagens de texto
1h: fui para a cama (a meta era ir às 23h30min)
2h: finalmente adormeci
9h: acordei, já atrasado para o trabalho

Qualquer um desses eventos poderia ter contribuído para que você fosse para a cama mais tarde e tivesse uma noite de sono ruim, mas alguns provavelmente tiveram mais efeitos do que outros. Quais eventos dessa cadeia poderiam ter sido alterados? Você pode alterar o horário da sua última xícara de café, o horário de se exercitar ou o que assistir na programação da TV. Você pode evitar usar o computador ou o celular tarde da noite, pois luzes fortes (especialmente LEDs) podem suprimir a produção de melatonina no cérebro e prejudicar seus ritmos circadianos, dificultando o sono na madrugada.

Agora, examine se algum pensamento estava associado a ir para a cama. Você estava prevendo que não conseguiria dormir a menos que fosse para a cama mais tarde? Talvez seu pensamento fosse "Hoje foi uma porcaria e trabalhei muito; vou me sentir melhor se passar uma ou duas horas assistindo à TV antes de ir para a cama e encarar outro dia". Esse plano pode ter feito você se sentir melhor a curto prazo, mas contribuiu para sua sensação de exaustão e privação de sono no dia seguinte. Tente examinar essas previsões e avaliar se elas se mostraram úteis, da mesma forma que você avaliou e desafiou o pensamento negativo no Capítulo 1. Eis alguns exemplos dos tipos de cognições que tendem a manter as pessoas acordadas:

"Se eu não conseguir dormir imediatamente, estarei arruinado no dia seguinte — não conseguirei me concentrar e, por fim, serei demitido."
"Precisarei de um café quando chegar em casa do trabalho ou não conseguirei fazer todas as tarefas restantes esta noite."
"Não conseguirei dormir, a menos que resolva esses problemas com a Ana [parceira]."

Observe quantos pensamentos pressionam seu desempenho. Você pode se preparar demais para dormir da mesma forma que se prepara demais para um exame, um discurso ou até mesmo um encontro sexual, e essa preparação pode contribuir para a incapacidade de funcionar. Você pode entrar em uma espiral na qual prevê uma noite mal dormida e ela ocorre, o que contribui para se sentir mal no dia seguinte, precisar cochilar e não conseguir dormir na noite seguinte. Você pode começar a "temer a cama".

Desafiar esses pensamentos e, idealmente, substituí-los por alternativas criará uma nova cadeia que pode levar a um horário diferente para dormir e acordar. Por exemplo:

"Não preciso concluir todas essas tarefas hoje à noite."
"Já lidei com noites mal dormidas antes, e elas não arruinaram meu dia seguinte de trabalho."
"Eu e Ana temos algumas coisas para resolver, mas antes de dormir pode não ser a melhor hora."

Modificar apenas alguns elos na cadeia de eventos pode gerar resultados muito diferentes.

RESOLUÇÃO DE PROBLEMAS: "Não consigo acordar pela manhã. O que posso fazer para acordar?"

Entre os problemas mais difíceis para pessoas com transtorno bipolar está a "inércia do sono", que se refere à redução da atenção, da memória e da energia por uma hora ou mais após o despertar. Muitas pessoas sentem como se houvesse um peso de 30 quilos sobre si quando acordam. Elas dizem: "Eu tento me levantar, mas fisicamente não consigo". Já ouvi essa afirmação muitas vezes, e pesquisas mostram que até 42% das pessoas com transtorno bipolar relatam inércia grave do sono. Suas principais características são tontura, perda de memória, atenção prejudicada e um forte desejo de voltar a dormir, geralmente com duração de cerca de uma hora. No transtorno, a inércia pode ser devido ao ciclo de humor, com mais inércia do sono durante a depressão e menos durante a hipomania ou mania. Também pode ser um sinal de alerta de um novo episódio de humor.

Se você sofre de inércia do sono com frequência, é importante não ser muito duro consigo mesmo — essa é a maneira de seu corpo dizer que você não dormiu bem. Haverá dias em que você precisará faltar ao trabalho ou à escola devido à inércia do sono. Se for possível, uma adaptação útil é começar o dia de trabalho mais tarde.

SOLUÇÃO ALTERNATIVA 1: *Ative a si mesmo ao despertar*

Pessoas com transtorno bipolar que seguem um programa para inércia do sono chamado RISE-UP,* no qual aprendem a se ativar na primeira hora de vigília, apresentam melhorias significativas na duração e na gravidade da inércia do sono.

Comece reservando uma hora inteira para acordar. Durante essa hora, tente o seguinte:

1. Afaste o despertador da cama para que você não possa desligá-lo sem se levantar. Se você é propenso a apertar o botão de soneca, configure dois despertadores em locais diferentes do quarto. Se você quiser uma alternativa mais eficaz (mas irritante), procure um despertador "Clocky" que tenha rodinhas para andar pelo cômodo e que você tenha que perseguir para desligar.
2. Dua Lipa? Lizzo? Programe seu telefone para tocar uma música animada ao acordar. Se você não gosta das sugestões que dei, crie sua própria lista de reprodução de músicas ou dos temas que melhorem seu humor e toque-os enquanto escova os dentes, se veste ou prepara o café da manhã.
3. Faça alguma atividade física dentro de uma hora após acordar, como passear com o cachorro ou alongar-se ao ar livre. Dê preferência a atividades físicas em vez de sedentárias (como ler notícias).
4. O mais desafiador: tome um banho frio ou levemente frio. Talvez não seja uma tarefa feita com entusiasmo, mas com certeza vai acordar você! Uma alternativa mais suave é lavar o rosto, o pescoço e os ombros com água fria.
5. Exponha-se à luz do sol. Se o tempo permitir, tome café da manhã ao ar livre; caso contrário, acenda as luzes internas e abra as cortinas. Se puder, faça seus exercícios ao ar livre.

---

* N. de R. T. A rotina "RISE-UP", também conhecida como protocolo RISE-UP, é uma intervenção de rotina matinal desenvolvida para tratamento da inércia do sono e aumento dos níveis de energia ao acordar. É um componente da terapia cognitivo-comportamental para insônia e tem como objetivo ajudar pacientes a superar a sonolência ao acordar e melhorar seu bem-estar geral (Kaplan et al., 2018). Mais informações podem ser encontradas em Kaplan, K. A., Talavera, D. C., & Harvey, A. G. (2018). Rise and shine: A treatment experiment testing a morning routine to decrease subjective sleep inertia in insomnia and bipolar disorder. *Behaviour research and therapy*, 111, 106–112.

6. Converse com outra pessoa — pode ser quem mora com você, ou um amigo ou ente querido distante e que você possa falar por telefone ou por videochamada.

Você não conseguirá fazer tudo isso na primeira tentativa, então marque a manhã como uma vitória se conseguiu fazer pelo menos uma das sugestões. Depois, tente fazer duas por uma semana e aumente para quatro, se puder. Certifique-se de se recompensar por se levantar e sair mais cedo, indo à sua loja ou cafeteria favorita ou fazendo uma atividade agradável depois do trabalho ou da escola.

SOLUÇÃO ALTERNATIVA 2: *Atraso na volta para a cama*

Se as estratégias do RISE-UP forem muito difíceis no início, defina metas menores e vá aumentando aos poucos. Por exemplo, quando o despertador tocar, saia da cama por 5 minutos antes de voltar. No dia seguinte, fique acordado por 10 minutos; depois, 15 minutos. Se puder, caminhe de um lado para o outro pelo quarto por 5 minutos e ponha uma música animada para tocar. Ter a cafeteira programada para começar quando o despertador tocar despertará seus sentidos e tornará o ato de acordar um pouco mais agradável. No mínimo, sente-se no sofá e leia por 20 minutos para atrasar a volta para a cama.

SOLUÇÃO ALTERNATIVA 3: *Examine sua conversa interna*

Se você está lutando contra a inércia do sono há algum tempo, pode não estar ciente dos pensamentos automáticos que ocorrem, como “Eu deveria ser capaz de começar a correr” ou “Se não consigo me levantar antes das 7h, significa que sou preguiçoso”. Quem disse? Os distúrbios do sono associados ao transtorno bipolar podem tornar muito mais difícil acordar em um horário específico, e pessoas sem transtornos do humor não são um grupo de comparação justo. As autoacusações não são motivadoras. Tente substituí-las por uma conversa interna que comece com “É compreensível que... Tenho dificuldade em acordar, fico com a cabeça confusa pela manhã, tenho dificuldade em chegar ao trabalho a tempo”. Ao final da frase, adicione: “mas estou trabalhando nisso”. Mais uma vez, dê crédito a si mesmo pelas metas intermediárias, por menores que sejam.

SOLUÇÃO ALTERNATIVA 4: *Envolva outras pessoas pela manhã*

Muitas pessoas temem a ideia de interagir com alguém logo pela manhã, mesmo que seja seu cônjuge ou parceiro. No entanto, se você tem um companheiro ou mora com alguém com quem compartilha problemas pessoais, peça a essa pessoa que realize um experimento com você por uma semana, no qual ela concorda em levar uma xícara de café ou chá para você nos primeiros 20 minutos da manhã e sentar-se para conversar enquanto você toma o café ou o chá. Descubra como você pode recompensá-la mais tarde — uma refeição favorita, um filme ou outra atividade compartilhada. Depois de alguns dias, você pode se surpreender ao descobrir que acorda antes do despertador tocar e que quer fazer o café você mesmo.

SOLUÇÃO ALTERNATIVA 5: *Avalie seus medicamentos*

Uma conversa com seu médico pode resultar em soluções inesperadas. A primeira é determinar se seus antidepressivos, estabilizadores do humor, antipsicóticos ou medicamentos para dormir estão contribuindo para a inércia do sono. Alguns, principalmente os antipsicóticos, podem ter efeito de "ressaca", que ocorre na forma de falta de energia ou acuidade mental pela manhã. Ajustar as dosagens, alterar o horário das medicações para mais cedo ou mudar para um medicamento diferente pode ajudar.

Se você tem transtorno de déficit de atenção/hiperatividade, é provável que esteja tomando um estimulante pela manhã, cujo efeito se perde no meio da tarde. Você pode configurar o despertador para uma hora antes do horário em que deseja acordar, tomar o estimulante e voltar para a cama; assim, ele já terá feito efeito quando você quiser acordar. Há também uma formulação de metilfenidato de liberação prolongada chamada Jornay PM®*, que se toma à noite para que seus efeitos sejam sentidos pela manhã. Os estimulantes têm efeitos colaterais — supressão do apetite, aumento da frequência cardíaca e da pressão arterial e irritabilidade — e devem ser tomados com um antipsicótico de segunda geração ou estabilizador de humor. Discuta os prós e os contras de cada uma dessas opções com seu médico.

* N. de R. T. Até o momento, esta formulação não está disponível no Brasil.

RESOLUÇÃO DE PROBLEMAS: "Eu acordo várias vezes à noite e não consigo voltar a dormir. Como faço para mudar esse padrão?"

Há muitas razões diferentes para a "insônia de manutenção", ou seja, acordar durante a noite. É frustrante ter-se esforçado para adormecer e ter o sono interrompido várias vezes. As estratégias que você escolhe podem variar dependendo da causa (estresse, condição física, hábitos alimentares ou de bebida ou outros fatores).

SOLUÇÃO ALTERNATIVA 1: *Exclua causas médicas*

Dentre as muitas causas possíveis da insônia de manutenção estão a apneia do sono e a doença do refluxo gastresofágico. Apneia do sono é o fechamento e a abertura intermitentes da garganta durante a respiração, geralmente devido ao relaxamento dos músculos da parte posterior da garganta e ao bloqueio do fluxo de ar para os pulmões. Embora seja considerada uma doença que afeta mais idosos e obesos, também pode ocorrer em pessoas jovens e saudáveis e é comum em indivíduos com transtorno bipolar. Os sintomas incluem ronco alto, falta de ar, boca seca ao acordar, dores de cabeça, irritabilidade e fadiga diurna. Se seu parceiro disser que você está roncando alto (especialmente, se disser que parece estar sufocando), converse com seu médico sobre como fazer um estudo do sono. Em geral, a investigação (que pode ser feita em casa) envolve passar a noite com eletrodos no couro cabeludo, no queixo e no peito, que determinam o movimento rápido dos olhos (REM, do inglês *rapid eye movement*) e o sono não REM, bem como a frequência respiratória, o fluxo de ar, o oxigênio no sangue e a frequência cardíaca. Se você tem apneia do sono, é provável que seu médico recomende uma máquina de pressão positiva contínua nas vias aéreas (CPAP, do inglês *continuous positive airway pressure*), que sopra ar para as vias aéreas superiores por meio de uma mangueira e máscara facial usadas para dormir.

A doença do refluxo gastresofágico é caracterizada por azia, dificuldade para engolir, tosse, dor no peito e a sensação de que você está regurgitando alimentos. Todos esses sintomas pioram ao deitar, contribuindo para a insônia no meio da noite. Algumas modificações simples no estilo de vida podem ajudar, como aumentar o intervalo entre o jantar e a hora de dormir (tente manter um intervalo de pelo menos 3 horas), elevar a cabeça com um travesseiro extra e evitar certos alimentos que desencadeiam o refluxo. Se esses sintomas lhe parecem familiares, procure um diagnóstico adequado com um especialista em otorrinolaringologia (ouvido, nariz e garganta) e discuta as opções de tratamento com ele.

SOLUÇÃO ALTERNATIVA 2: *Evite álcool e substâncias*

Beber muito vinho ou fumar cigarros ou maconha antes de dormir são práticas que contribuem para o despertar intermitente. Pode parecer uma boa ideia fumar maconha no meio da noite para dormir, mas é muito provável que isso faça você se sentir confuso e tonto ao acordar.

SOLUÇÃO ALTERNATIVA 3: *Monitore o consumo de líquidos e alimentos antes de dormir*

Se você acorda várias vezes com vontade de urinar, a causa pode ser o lítio, cujo efeito colateral é a sede. Se for o caso, converse com seu médico sobre modificar a dose ou alterar seu horário. Antipsicóticos, por sua vez, podem causar constipação, e algumas pessoas precisam de laxantes. Se você estiver tomando laxante líquido antes de dormir, provavelmente consumiu pelo menos 350 mL de líquido, o que "vai fazer efeito" durante a noite. Existem outras opções para a constipação que não requerem a ingestão de líquidos.

É tentador fazer um lanche no meio da noite com a expectativa de que isso o ajudará a dormir, mas é provável que não. Além disso, você pode estar se treinando inadvertidamente para acordar na expectativa de comer.

SOLUÇÃO ALTERNATIVA 4: *Levante-se depois de 20 minutos*

É bom ter em mente o mantra "a cama é para dormir e fazer sexo". Se você passa mais de 20 minutos na cama pensando ou ruminando sobre problemas diurnos, estar nela é associado à preocupação. Assim, se você ficar na cama por 20 minutos sem adormecer, levante-se por um tempo. Faça alguns exercícios discretos de relaxamento ou meditação ou tome um banho rápido. O método da água gelada (abordado no Capítulo 5), no qual você mergulha o rosto em água fria ou gelada por alguns minutos, pode redirecionar suas preocupações para as sensações físicas.

SOLUÇÃO ALTERNATIVA 5: *Considere tomar medicamentos para dormir*

Seu médico pode recomendar antipsicóticos como quetiapina conforme necessário. Embora os remédios possam ajudar a adormecer, há desvantagens, como o agravamento da sedação matinal. Medicamentos como zolpidem, lemborexante, suvorexanto ou benzodiazepínicos são alternativas, mas não devem ser tomados por um longo prazo devido ao potencial aditivo. Além disso, sabe-se que as pessoas tomam atitudes imprevisíveis no meio da noite sob o efeito desses remédios, como comer muitos doces ou dirigir sem estar plenamente desperto.

RESOLUÇÃO DE PROBLEMAS: "Por que sinto que preciso tirar uma soneca várias vezes ao dia?"

Se você não está dormindo bem à noite, pode estar se recuperando durante o dia. Certamente, é compreensível querer tirar uma soneca se você dormiu mal, e um cochilo curto ao meio-dia pode ajudá-lo a superar a sonolência diurna. No entanto, você pode entrar em uma espiral em que tira uma soneca com frequência para recuperar o atraso, de forma que a soneca diurna acaba por interferir no seu sono à noite. Cochilos no final do dia ou no início da noite diminuem o desejo de dormir à noite.

SOLUÇÃO ALTERNATIVA 1: *Determine seu padrão de cochilo*

Acompanhe quando e por quanto tempo você está cochilando durante a semana. É mais de uma vez por dia? Está consistentemente relacionado às refeições, logo após o café da manhã ou depois do jantar? Como isso se relaciona com o sono da noite anterior?

SOLUÇÃO ALTERNATIVA 2: *Limite o alcance e a duração de seus cochilos*

Tirar uma soneca curta em uma pausa durante o dia de trabalho ou na escola/universidade pode ajudar até mesmo a evitar a inércia do sono no dia seguinte, mas limite a duração do cochilo a um período de 30 a 60 minutos e escolha o mesmo horário todos os dias para que ele se torne parte de sua rotina de sono/vigília.

SOLUÇÃO ALTERNATIVA 3: *Escolha uma atividade alternativa para diminuir a fadiga*

Primeiro, trabalhe para reduzir a quantidade de tempo que você passa cochilando e, depois, tente substituir o sono por outra atividade para combater a fadiga. Exercícios leves, como uma caminhada pela vizinhança, podem substituir uma soneca e, quando você voltar para o quarto, poderá ter menos vontade de dormir. Como alternativa, feche a porta do seu quarto e passe meia hora comendo ao ar livre, tomando banho ou fazendo alongamentos.

Como os membros da família podem ajudar

Se você é um jovem adulto que mora com os pais, evite envolvê-los em seus hábitos de sono/vigília. Muitos jovens têm conflitos contínuos com pais bem-intencionados, que constantemente os lembram de irem para a cama na hora certa ou aparecem ao lado da cama com um gongo na manhã seguinte. Gerenciar seus próprios padrões de sono é uma ótima maneira de mostrar a eles que você é capaz de cuidar de si mesmo sem intervenções.

Seu cônjuge ou parceiro pode ser de grande ajuda com os hábitos de sono. Se você divide a cama, o companheiro pode dizer se você está roncando alto (e se deve ser avaliado para apneia do sono). Seus hábitos de sono podem estar "vinculados" aos dele, de forma que você não vai para a cama até que seu parceiro o faça, ou vice-versa. Se você e seu cônjuge tiverem dificuldade em ir para a cama na hora certa, conversem sobre como modificar as rotinas noturnas para que a hora de dormir chegue mais cedo. Isso pode exigir ajustes na hora do jantar, no horário da TV, se (ou quando) você bebe álcool à noite ou na organização de outras atividades noturnas.

Se seu cônjuge ou parceiro o mantiver acordado porque tem um horário de trabalho diferente ou porque tem reuniões ou obrigações sociais à noite, discuta com ele alguns compromissos razoáveis: ele pode agendar as videochamadas ou as chamadas telefônicas para mais cedo, ou em uma sala mais distante do quarto, ou usar fones de ouvido para bloquear o som do interlocutor? Se as pessoas estiverem chegando tarde e, portanto, produzindo ruído, algumas obrigações sociais poderiam ser transferidas para mais cedo ou para o fim de semana? Explique que você está trabalhando para ter rotinas diárias e noturnas mais regulares para controlar seu humor, o que provavelmente será uma boa notícia para elas.

Pelo lado positivo, se seu cônjuge for para a cama antes de você, use os hábitos dele para modificar os seus. Pode parecer irritante ir para a cama quando ele quer, mas ter rotinas semelhantes de sono/vigília pode fortalecer seu relacionamento a longo prazo.

Fazendo um balanço

O quadro "Plano de higiene do sono", a seguir, o ajudará a resumir as várias causas de seus problemas de sono e a organizar as diferentes estratégias de remediação. Volte ao seu diário de sono e determine quais estratégias funcionaram melhor para dormir continuamente e manter um horário regular de sono/vigília.

Se você ainda está com problemas para dormir ou acordar, talvez não tenha identificado todos os elos da cadeia. Muitas vezes, os pensamentos que acompanham os distúrbios do sono não são identificados, bem como as mudanças na dieta e os eventos ocorridos ontem ou anteontem que podem ocasionar um efeito retardado.

É importante não desistir de si mesmo! Estabeleça metas realistas e viáveis, em vez de tentar mudar tudo de uma vez. Os hábitos de sono se desenvolvem ao longo de muitos anos e levam algum tempo para mudar. Olhando pelo lado positivo, você pode se surpreender com a melhora no seu humor quando seu sono é profundo, consistente e ininterrupto.

PLANO DE HIGIENE DO SONO

Natureza do meu distúrbio do sono (por exemplo, não conseguir adormecer, acordar muito cedo):

Fatores de vulnerabilidade (ansiedade persistente, trabalho estressante, viagens entre fusos horários, turnos de trabalho variáveis):

Fatores imediatos (muita luz no quarto, cama desconfortável, barulho, parceiro que ronca, cachorro que me acorda):

Consequências no dia seguinte (inércia do sono, redução da eficácia ou concentração):

Estratégias de sono escolhidas:

Estratégias para lidar com a inércia do sono:

7

Comunicação eficaz com os membros da família

Os relacionamentos familiares podem afetar fortemente sua capacidade de gerenciar o transtorno bipolar, tanto de maneira positiva quanto negativa. Quando você está em mania, os familiares podem ajudá-lo a receber os tratamentos adequados, mesmo que você não os queira no momento. Quando está deprimido, eles podem ajudá-lo a se reerguer e a voltar a acreditar em si mesmo. Podem lembrá-lo de quem você é quando sua autoestima está no nível mais baixo. Entretanto, o transtorno tem características especiais que tornam os conflitos familiares intensos. Os membros da família sabem como nos irritar.

Na maioria das vezes, os familiares são bem-intencionados e só querem ajudar, mas, nessas tentativas, podem exagerar, tornando-se punitivos quando frustrados. Podem expressar insatisfação com sua evolução ou funcionamento ou dizer (ou dar a entender) que você é instável demais para ser confiável. Tudo isso pode fazer você se sentir como uma criança ou, pior ainda, uma pessoa doente que não sabe se cuidar. Por exemplo, seu pai está se esforçando em demasia para fazer você reconhecer sua doença, tomar os medicamentos e fazer a terapia, ou adotar certos hábitos de alimentação, sono ou exercícios. Como relatou um paciente meu, sua mãe o "encurralava" antes de cada sessão de terapia com esta fala: "Lembre-se, estamos pagando muito dinheiro por essa terapia. Vá e exponha sua alma! Não esconda nada".

Irmãos podem influenciar, mesmo não estando fisicamente presentes. Se você é um jovem adulto e ainda está ligado à sua família de origem, pode suspeitar que sua doença elevou o *status* de seus irmãos dentro da família. Talvez eles representem a vida que você poderia ter levado se não tivesse herdado um determinado conjunto de genes. Você pode sentir que sua família está se unindo contra você.

Aqui, estou definindo família de forma vaga, ou seja, pais, parceiro/cônjuge, irmãos ou avós — geralmente, aqueles com quem você mora ou tem contato próximo. Certos conflitos tomam outro significado quando se trata de um dos pais em comparação com um cônjuge/parceiro, e eu sinalizei exemplos de acordo com essa diferença.

O poder das relações familiares

Desde o início dos anos 1980, estudei famílias com um componente com transtorno bipolar, e o tratamento que desenvolvi com meus colegas da University of California, Los Angeles (UCLA), a terapia focada na família, surgiu desse estudo intensivo. Descobrimos que pessoas com transtorno bipolar são vulneráveis a altos níveis de "emoção expressa" pelos pais ou outros parentes: altos níveis de crítica, hostilidade ou superproteção. Viver em um ambiente altamente crítico ou hostil não é bom para ninguém, mas isso pode aumentar o risco de recaídas. O aspecto positivo é que indivíduos que recebem estabilizadores de humor e frequentam um curso de terapia focada na família — no qual eles e seus familiares compartilham informações sobre o transtorno, desenvolvem planos de prevenção de recaídas e aprendem ferramentas eficazes de comunicação e resolução de problemas (incluindo as descritas neste capítulo) — têm menores taxas de recaída da doença e melhor funcionamento da vida ao longo do tempo.

Ter apoio familiar é tão importante quanto tomar medicamentos para viver bem com o transtorno bipolar. Mas, para ter o apoio adequado, você precisa trabalhar com seus familiares para compartilhar informações sobre o transtorno e resolver conflitos. Isso não significa apenas se curvar à vontade deles, mas chegar a um entendimento comum sobre o que esperar durante seus episódios de humor, como eles devem responder aos sintomas, o que podem fazer de útil e, de sua parte, como você pode facilitar a vida deles.

Neste capítulo, você aprenderá algumas estratégias bem elaboradas para que a rotina funcione melhor. O plano geral tem três componentes:

1. Tente reconhecer quando estiver sendo provocado.
2. Tente ter empatia com o estado emocional de seus familiares e considerar de onde vêm as emoções dessas pessoas. Reconheça quando argumentos ou críticas que eles dirigem a você, embora dolorosos, são fruto da ansiedade que sentem em relação à sua saúde ou ao seu futuro (e ao futuro deles).
3. Desenvolva um conjunto de habilidades que ajude a diminuir os conflitos e dê autonomia para você determinar seu próprio destino.

Ao enfrentar conflitos familiares ou conjugais que ocorreram muitas vezes, tenha em mente o mantra "Como posso fazer menos do mesmo e mais de algo diferente?".

Evitando que os conflitos aumentem

"Parece que não consigo me controlar quando minha mãe [pai, cônjuge ou irmão] me irrita – o que acontece todos os dias. Estou sempre brigando. Quando começam a me criticar, eu explodo."

A maioria das pessoas reage de forma agressiva a membros da família com mais regularidade do que a colegas de trabalho, amigos ou professores, com os quais pode haver consequências negativas imediatas. Familiares não vão nos demitir nem desaparecer. No entanto, você está pagando um preço a longo prazo por estar sempre zangado com aqueles com quem vive. Como você pode afirmar sua independência e ter uma comunicação mais construtiva?

É fundamental reconhecer as motivações de seus familiares, mesmo que suas falas e atitudes façam você se sentir "louco". É muito provável que eles não estejam tentando controlá-lo; eles temem que você tenha outro episódio, precise ser hospitalizado, morra em um acidente relacionado à doença ou por suicídio. Quando partem para a ofensiva, é melhor demonstrar sua compreensão acerca dessas preocupações. As estratégias de comunicação listadas a seguir — embora difíceis de implementar quando você está em um episódio de doença ou irritado — envolvem resumir o que preocupa seu parente antes de dar sua contrarresposta.

ESTRATÉGIA 1: Use a escuta ativa

Imagine que você está envolvido em uma grande briga com um de seus pais sobre algum aspecto de seu humor ou comportamento. Você pode se sentir bastante irritado, mas em vez de pensar em sua próxima fala, tente *ouvir ativamente e parafrasear*. Olhe para a pessoa, resuma o que ela acabou de dizer com suas próprias palavras, faça perguntas para esclarecer o ponto de vista dela e, às vezes, acene com a cabeça. Se estiver no auge da mania ou nas profundezas da depressão, talvez você não seja capaz de responder dessa forma comedida, mas entre os extremos, a escuta ativa pode proporcionar controle considerável sobre a direção que uma discussão toma, além de fazer seu parente mostrar-se muito mais aberto a ouvir seu ponto de vista.

Por exemplo, imagine que sua mãe tenha falado mal de você por dizer palavrões com muita frequência e sua resposta habitual é dizer: "Vá se ferrar". Em vez disso, respire fundo e tente parafraseá-la ("Você se sente muito magoada quando falo palavrões desse jeito") ou faça uma pergunta esclarecedora ("Você está dizendo que eu sempre faço isso ou só quando estou de mau humor?" ou "Como você se sente quando faço isso?"). Observe se você está deixando que ela termine. Você pode se surpreender com o quanto essa resposta desacelera a discussão e faz sua mãe pensar no próximo comentário. Assim, o cenário estará pronto para que você esclareça seu ponto de vista sem interrupções. Confira o quadro a seguir, que contém várias declarações parafraseadas que ajudam a neutralizar conflitos.

Usando a escuta ativa em interações conflituosas

O que dizem	Como você pode parafrasear
"Você tomou seus medicamentos hoje?"	"Você está com medo de que eu fique doente de novo."
"Você acha que deveria ficar fora até tarde?"	"Você está preocupado com a possibilidade de que a falta de sono me deixe em mania."
"Você não acha que está embarcando nesse relacionamento muito rápido?"	"Você está preocupado que esse relacionamento me machuque de alguma forma."
"Eu não sei o que dizer — nada do que digo faz você se sentir melhor!"	"Você está frustrado porque sente que não pode me ajudar."
"Você tem que se animar e vencer essa doença."	"Você gostaria que eu tivesse maior controle e que pudesse fazer a doença desaparecer."

RESOLUÇÃO DE PROBLEMAS: "E se sentir que estou sendo atacado?"

É muito difícil parafrasear a declaração de um familiar se ela parecer um ataque, mas pense em como você pode usar a escuta ativa para definir a direção de uma discussão acalorada. Veja o exemplo: Robin, 23 anos, expressou o desejo de interromper seus medicamentos e seu pai reagiu na hora.

SOLUÇÃO ALTERNATIVA: *Use a escuta ativa para conduzir a discussão em uma direção positiva e cooperativa*

PAI: Ah não, isso de novo, não! Por que você não pode continuar tomando seus remédios, como diz seu médico?

ROBIN: Você está preocupado que eu não os esteja tomando regularmente.

PAI: Sim, você sabe que estou, e por um bom motivo. Por que você não os está tomando?

ROBIN: Primeiro, eu estou tomando, faz semanas que não pulo uma dose. O que expressei para você é que me sinto ambivalente em relação a eles. Você não precisa concordar, mas tente entender minhas razões.

PAI: Eu tentei e não faz sentido para mim. Você quer se formar na faculdade e conseguir um emprego. Por que você jogaria roleta-russa com seu futuro desse jeito?

ROBIN: Entendo sua preocupação e concordo, até certo ponto, mas estou discutindo alternativas com o Dr. ______ porque os efeitos colaterais têm sido muito difíceis para mim. Preciso tomar algumas decisões de longo prazo sobre quais dosagens tomar para que eu possa funcionar no meu nível normal.

PAI: (*Suaviza*) Só estou preocupado porque, bem, você sabe, a última vez que você parou de tomá-los foi um desastre.

ROBIN: Sim, foi, e eu também não quero que aconteça novamente, mas estou procurando um meio-termo, para não fazer a mesma coisa de novo.

PAI: Entendo isso.

No exemplo, Robin esclareceu por que se sente confusa com seus medicamentos, que foram administrados em doses muito altas. Ela estava certa em ter dúvidas sobre seu regime medicamentoso, e seu pai precisava entender a natureza de seu dilema. Da mesma forma, ele queria ouvir que ela apreciava sua preocupação. Nesse caso, a escuta ativa promoveu um senso de colaboração e reduziu o potencial de uma briga.

ESTRATÉGIA 2: Faça uma solicitação positiva

Se você quiser que a outra pessoa mude seu comportamento, é muito mais fácil ela ouvir o que *você* quer que ela faça do que o contrário. Quando você estiver em conflito com um membro da família e for sua vez de falar, seja claro, mas colaborativo, para transmitir o que deseja: olhe para a pessoa e diga exatamente o que você quer que ela faça e como você se sentiria se ela se comportasse dessa maneira. A função de uma solicitação positiva é fazer a transição da crítica para a resolução de problemas. Ela permite expressar emoções mais positivas, aquelas que você sentiria se o problema fosse resolvido.

Vamos voltar ao exemplo em que a mãe expressa aborrecimento com seus palavrões. Imagine que você se sente deprimido e que seus palavrões refletem a frustração de que ninguém parece entender sua angústia. Você poderia dizer: "Está bem, farei o possível para não falar palavrões, mas agradeceria se você me desse mais espaço para me expressar quando estou deprimido — às vezes, só preciso desabafar".

Considere os comentários argumentativos que você pode se sentir tentado a fazer quando estiver com raiva e como pode expressar o mesmo conteúdo em forma de solicitação positiva (veja exemplos no quadro a seguir). Além disso, pode treinar seus familiares a fazerem solicitações positivas com você. Por exemplo, se reagirem fortemente a algo que você disse, instrua-os sobre como informar que foram magoados: "Se eu disser algo ofensivo, por favor, me avise para que eu pense em maneiras mais produtivas de me expressar. Espero poder fazer o mesmo com você".

"Sempre que minha esposa me lança aquele olhar de poucos amigos, fico furioso. Ela nem precisa dizer nada. Sei o que ela está querendo dizer com isso."

Nem toda comunicação é verbal. Às vezes, nos isolamos ou expressamos nossa raiva por meio de um comportamento não verbal, ou reagimos fortemente a expressões faciais ou tons de voz conhecidos em pessoas próximas. Um simples movimento da boca ou uma revirada de olhos pode ser interpretado erroneamente como um ataque. Indivíduos com transtorno bipolar

Exemplos de solicitações positivas de mudança

Comentário crítico ou argumentativo	Solicitação positiva de mudança
Para seu cônjuge: "Não gosto do seu tom de voz."	"Eu agradeceria se você usasse um tom de voz mais gentil comigo."
Para seu cônjuge: "Seu escritório está uma bagunça."	"Eu me sentiria aliviado se você assumisse a responsabilidade de limpar seu escritório toda semana."
Para seu pai ou sua mãe: "Odeio quando você me lembra de minhas consultas psiquiátricas tantas vezes."	"Eu me sentiria mais confiante se você me lembrasse dos meus compromissos apenas uma vez e deixasse o resto para mim."
Para seu cônjuge: "Você nunca prepara o jantar; sempre deixa para mim."	"Devemos definir quem prepara o jantar em quais noites, para que seja uma divisão justa do trabalho."
Para seu irmão: "Pare de me perguntar sobre meu humor cada vez que me vê."	"Eu agradeceria se, quando nos vemos, conversássemos sobre outras coisas além do meu humor [dê exemplos de outros assuntos]."

que foram alvo de comentários críticos de pais ou outros parentes podem ser muito propensos a interpretar mal as expressões faciais, como saber quando uma expressão reflete medo ou raiva. Certas expressões não verbais ("revirar os olhos", por exemplo), embora sejam vistas como negativas, podem refletir a dificuldade interna da pessoa para administrar suas emoções. Seu familiar pode negar ter feito uma careta e acusá-lo de ser excessivamente reativo. Como evitar que essas situações o provoquem?

ESTRATÉGIA: Verifique seu pulso

Quando você está em conflito com um membro da família, é melhor não presumir que você sabe o que a outra pessoa está sentindo. Primeiro, respire fundo e atrase sua resposta em alguns segundos. Pergunte a si mesmo o que está sentindo e se pode estar "projetando" suas emoções na outra pessoa (sobretudo raiva ou ressentimento).

Considere se pode haver outras interpretações de suas expressões faciais. Se não tiver certeza, pergunte o que significa aquela expressão, em um tom que seja o menos defensivo possível ("Diga-me o que significa quando você revira os olhos desse jeito" ou "Notei que sua expressão facial acabou de mudar. O que ela quer dizer?"). Assim, você pode se colocar em uma posição melhor para conversar sobre o problema.

RESOLUÇÃO DE PROBLEMAS: "E se eles não falarem comigo?"

Se você já teve uma série de conflitos significativos com seu cônjuge, parceiro ou pai (por exemplo, durante ou após um episódio maníaco), a pessoa pode ter se fechado de tal forma que você não consegue mais usar suas habilidades de comunicação para resolver o impasse. Não há uma resposta fácil para esse problema, e alguns relacionamentos (inclusive casamentos) podem durar anos com as pessoas se evitando. Às vezes, essa desconexão reflete um evento negativo distinto (por exemplo, uma infidelidade) ou uma série de conflitos menos significativos que se acumularam ao longo do tempo.

Às vezes, um simples pedido de desculpas pode fazer as pessoas se falarem novamente. Se seu relacionamento com seus pais, cônjuge ou outros familiares está mais tranquilo, considere uma das estratégias de reparação discutidas no Capítulo 4. Eis alguns exemplos:

"Acho que você está muito zangado comigo. Me desculpe se feri seus sentimentos. Eu gostaria que voltássemos a conversar."

"Não estou acostumado com essa desconexão tão grande entre nós. Isso deve significar que magoei você. Podemos falar sobre isso?"

Essas estratégias são difíceis porque exigem colocar sua própria raiva de lado e é possível que não esclareçam o assunto imediatamente. Seja paciente — as pessoas podem precisar de tempo para absorver as desculpas. Além disso, quando seu parente recomeçar a falar, você poderá receber uma bronca. Esse é o momento em que suas habilidades de escuta ativa serão muito úteis.

"Fico furioso com meus irmãos, ainda mais quando surge alguma fala sobre minha doença."

No início dos anos 1950, antes do surgimento do lítio, os clínicos faziam observações sobre o que as pessoas com transtorno bipolar relatavam sobre seus ambientes de infância. Muitos contavam que seus irmãos os invejavam por seu talento, intelecto, sua alta energia ou personalidade. Então, quando a pessoa com o transtorno ficava doente, os irmãos apreciavam seu novo papel como pessoas saudáveis e funcionais na família.

Os irmãos podem representar a vida que você poderia ter tido se não tivesse o transtorno. O que eles conquistaram — trabalho, vida familiar ou oportunidades educacionais — pode render elogios excessivos de seus pais e parecer injusto com você, ainda mais injusto quando irmãos querem desempenhar um papel "parental" no seu tratamento. Se você está lidando com essas dinâmicas, provavelmente tem ressentimento em relação a seus irmãos — e eles talvez nem façam ideia do porquê.

ESTRATÉGIA 1: Lembre-se daquilo que você é capaz de fazer e que seus irmãos não conseguem

A vida de seus irmãos é realmente despreocupada? Eles não passaram por momentos difíceis? Não há necessidade de dizer isso a eles, mas esteja ciente de que podem se sentir competitivos com você por motivos de longa data que não conseguem explicar. No mínimo, em seu íntimo, podem se ressentir do fato de seus pais se esforçarem tanto por sua saúde, se perguntando se o mesmo teria sido feito por eles.

ESTRATÉGIA 2: Pergunte a si mesmo se você está descarregando sua raiva sobre seus irmãos

Sua raiva é contra um irmão ou contra seus pais, que (de forma advertida ou não) colocam vocês um contra o outro? Tente distinguir o que está sendo discutido no momento e o que são antigos problemas de rivalidade entre irmãos. Em algum momento, talvez quando você estiver estável e a relação estiver melhor, considere discutir essas questões abertamente. Pergunte se sua família está ciente dos desequilíbrios entre vocês. Você pode se surpreender ao descobrir que eles têm inveja, ciúme ou admiração por você, mesmo que não expressem.

"Sinto que meu cônjuge/meus pais não entendem minha doença. Eles não confiam em mim e querem me controlar. Dizem que estou muito doente para tomar decisões por mim mesmo. Por isso, fico com raiva e eles dizem: 'Está vendo como você não está estável?'"

Essa é uma das situações mais instáveis para pessoas com transtorno bipolar. Você pode estar chateado com razão por conta de uma fala de um irmão que você achou ofensiva. Talvez você tenha ficado com raiva e seus pais tenham dito: "Você já conversou com seu médico sobre tomar um medicamento para isso?". Um paciente meu explicou: "Quando falo com meus familiares sobre algum assunto que me incomoda no trabalho, eles imediatamente perguntam: 'Você já tomou seu lítio hoje?'". Respostas como essa podem parecer muito desdenhosas, especialmente quando você sente que suas reações emocionais são válidas e estão dentro da norma.

A seguir, são descritas algumas estratégias preventivas, todas com um elemento em comum: compartilhar o que é e o que não é verdade sobre o transtorno bipolar. Essas estratégias são mais bem implementadas quando você e seus familiares estão calmos, pois envolvem colaboração mútua.

ESTRATÉGIA 1: Eduque-os sobre os fundamentos do transtorno bipolar

Você é o especialista nessa doença, tendo passado por ela e sabendo o que acontece internamente durante episódios maníacos e depressivos. Se ainda não conversou muito com seus familiares sobre sintomas do humor, evolução da doença, causas e tratamento, ajude-os a se informar. Você pode começar elaborando um informativo para seus familiares, como o que é visto a seguir, ou recomendar leituras, *podcasts* ou grupos de apoio (consulte, por exemplo, *www.dbsalliance.org* [em inglês]).

ESTRATÉGIA 2: Eduque sua família sobre como o rótulo bipolar se aplica a você

Ajude sua família a entender a diferença entre quem você é (sua personalidade, como você sempre se expressou, seus pontos de interesse) e seus sintomas de depressão ou mania, para que não rotulem tudo como um sintoma. O quadro "Respostas construtivas para educar os familiares", na página 145, contém exemplos de falas de meus pacientes a seus familiares para explicar sua doença quando sentem que estão sendo rotulados de modo injusto. Observe o uso da escuta ativa e das solicitações positivas de mudança nesses exemplos.

ESTRATÉGIA 3: Explique sua posição sobre medicamentos

Sejamos justos: às vezes, o cônjuge ou os pais perguntam muito sobre os medicamentos porque suspeitam (com razão) que você não está aderindo ao tratamento. Se você interrompeu um ou mais medicamentos, seja honesto. Eles entendem a razão pela qual parou de tomá-los? Talvez você tenha bons motivos, como efeitos colaterais ou ineficácia. Nesse caso, explique seu raciocínio. Eles provavelmente se sentirão mais à vontade com sua decisão se

Informativo sobre transtorno bipolar para familiares

O QUE É TRANSTORNO BIPOLAR?

Pessoas com transtorno bipolar apresentam fortes mudanças de humor, desde estados de atividade e energia excessivas (mania) até depressão grave. O transtorno afeta cerca de 1 em cada 50 pessoas e, em geral, começa na adolescência ou no início da idade adulta. Pode continuar ao longo da vida, mas é uma condição com a qual se torna mais fácil de lidar com o tempo.

QUAIS SÃO OS SINTOMAS?

Se eu tenho transtorno bipolar tipo I, posso ficar deprimido ou em estado de mania. São estados que duram desde uma semana até vários meses; neles, fico muito feliz e animado ou muito irritado e zangado. Talvez eu sinta que posso fazer o que ninguém mais pode ou que sou uma pessoa muito importante. Quando estou nesse estado, durmo menos do que o normal ou sequer durmo, tenho uma quantidade incomum de energia, falo rápido e pulo de uma ideia para outra, realizo muitas tarefas ao mesmo tempo e me distraio com facilidade. Posso ter atitudes arriscadas e impulsivas, como gastar muito dinheiro ou dirigir de forma imprudente. Se tiver transtorno bipolar tipo II, não terei episódios de mania completos, mas terei períodos menos intensos de atividade elevada e sono reduzido, chamados de hipomanias, alternados com períodos de depressão.

Quando estou deprimido, ocorre o oposto: fico de mau humor ou muito triste, perco o interesse por coisas e pessoas, tenho pouca motivação para atividades de que geralmente costumo gostar, tenho problemas para dormir (mesmo estando com sono) ou durmo demais, tenho pouco ou nenhum apetite e fico cansado ou com pouca energia. Talvez tenha ideias sobre acabar com minha vida ou me machucar de alguma forma. Pode parecer que estou me movendo e pensando muito lentamente. Esses períodos podem durar de duas semanas a vários meses.

Nos períodos após um episódio maníaco, hipomaníaco ou depressivo, preciso de tempo para convalescer e voltar ao meu estado normal. Durante os períodos intermediários, é possível que eu funcione bem, mas posso ter de lidar com pequenos sintomas de depressão, mania, ou ansiedade e preocupação.

(*continua*)

Informativo sobre transtorno bipolar para familiares *(página 2 de 3)*

COMO O TRANSTORNO BIPOLAR AFETA A FAMÍLIA?

Quando fico doente, posso ter problemas para me relacionar bem com as pessoas da família e ficar irritado ou zangado em estados maníacos, ainda mais se as pessoas quiserem me impedir de fazer o que quero fazer. Posso ficar irritado durante a depressão, sobretudo quando as pessoas se esforçam muito para me verem ativo. Às vezes, posso ser difícil de motivar e não respondo quando solicitado a realizar alguma atividade. Nesses momentos, é importante usar habilidades saudáveis de comunicação familiar, como ouvir ativamente ou fazer solicitações diplomáticas e pacientes, reconhecendo os pontos de vista uns dos outros. Se nossa família estiver com muitos problemas, o aconselhamento familiar pode nos beneficiar.

O QUE CAUSA O TRANSTORNO BIPOLAR? SERÁ QUE MAIS ALGUÉM DA FAMÍLIA VAI DESENVOLVÊ-LO?

O transtorno ocorre em famílias, mas se uma pessoa o apresenta, as chances são de 10 a 15% de que outro parente de primeiro grau dessa pessoa (filho ou filha, genitor ou irmão) também o tenha. Existe a probabilidade de que os sintomas sejam causados por desregulações nos circuitos do cérebro envolvidos na regulação emocional. Os episódios também podem ser desencadeados por estresse, inclusive conflitos familiares ou eventos da vida, especialmente eventos que perturbam meu sono. Ninguém escolhe se tornar bipolar, mas há muitas estratégias que podem ser aplicadas para estabilizá-lo.

COMO O TRANSTORNO É TRATADO?

Preciso consultar um psiquiatra para tomar os remédios necessários. São prescritos estabilizadores de humor (por exemplo, lítio, valproato ou lamotrigina) ou medicamentos antipsicóticos (por exemplo, aripiprazol, risperidona, quetiapina, lurasidona, cariprazina ou lumateperona). Tomar um antipsicótico não significa que eu esteja psicótico, pois esses medicamentos também são usados para estabilizar o humor. Meu médico pode recomendar, também, um antidepressivo para melhorar humor e sono. Preciso consultar o psiquiatra pelo menos uma vez por mês para ter certeza de que estou recebendo as dosagens corretas, testar meus níveis sanguíneos e controlar os efeitos colaterais. Esses medicamentos podem ser difíceis de tomar (por exemplo, alguns deles causam tremores nas mãos ou ganho de peso), por isso, posso passar por períodos em que não quero seguir o tratamento.

(continua)

Informativo sobre transtorno bipolar para familiares *(página 3 de 3)*

Se meus sintomas se agravarem ou se sentir que vou me machucar, talvez precise ficar hospitalizado por um curto período. Ficar hospitalizado não é motivo de vergonha; pode ser muito útil para restabelecer a estabilidade e reajustar minha medicação.

Também devo consultar um terapeuta para me ajudar a desenvolver habilidades para controlar minhas mudanças de humor e lidar com eventos que contribuam para recaídas. Muitas pessoas aprendem a reconhecer os primeiros sinais de alerta de novos episódios e a buscar ajuda antes que os sintomas saiam do controle. Nossa família pode se beneficiar do aconselhamento para aprender mais sobre o transtorno bipolar e como ele me afeta, e para aprender a se comunicar de forma eficaz quando estou passando por episódios. Às vezes, a terapia é realizada em grupos com outros indivíduos com o transtorno ou com outras famílias que lidam com ele.

Quando estou deprimido, alguns exercícios regulares ajudam a melhorar meu humor, seja sozinho ou com outra pessoa. No entanto, talvez eu não queira me exercitar quando estou me sentindo mal, por isso é importante me deixar fazer no meu próprio ritmo.

O QUE O FUTURO RESERVA?

Há todos os motivos para ter esperança. Com um programa regular de medicamentos, terapia, exercícios e apoio familiar, meus episódios se tornarão menos frequentes e menos perturbadores. Ainda posso alcançar meus objetivos pessoais e ter uma vida profissional e familiar bem-sucedida. Muitas pessoas muito talentosas e criativas tiveram esse transtorno.

Respostas construtivas para educar os familiares

Situação com os membros da família	O que pode ser dito a eles
Você está em um episódio depressivo e está com dificuldades para atender às demandas familiares.	"Estou em um estado de depressão agora. Isso significa que tenho pouca energia, fadiga e dificuldade de concentração. Agradeceria se você pudesse reduzir suas expectativas enquanto me recupero."
Seus parentes estão fazendo comentários críticos e insinuando que a doença está totalmente sob controle.	"Sei que você pensa assim, e neste momento já estou me autocriticando bastante. Em vez de me dizer do que você não gosta, me diga o que gostaria que eu fizesse de forma diferente."
Eles estão fazendo muitas perguntas sobre medicamentos, terapia ou outros aspectos de seu tratamento psiquiátrico.	"Entendo que você esteja muito preocupado, mas preciso tomar minhas próprias decisões. Estou discutindo esses assuntos com meus médicos. Quero poder conversar com você sobre outros assuntos."
Eles continuam ligando para seu médico, incentivando-o a aumentar as dosagens da medicação.	"Sei que você tem entrado em contato com o Dr. ______ a respeito das medicações. Gostaria muito que você me avisasse antes de ligar para ele, para que eu saiba quais decisões médicas estão sendo discutidas. É importante para mim estar no controle do meu próprio tratamento."

souberem que você a discutiu com seu psiquiatra e que existe um plano para "medicamentos de resgate" caso você desenvolva sintomas prodrômicos. O Capítulo 13 é dedicado às questões relevantes para a adoção de um regime medicamentoso.

ESTRATÉGIA 4: Considere a terapia familiar

Se as discussões com seus familiares ou seu cônjuge surgirem com muita frequência e as brigas estiverem piorando, considere fazer terapia familiar ou de casal com um profissional que conheça o transtorno bipolar. É comum as pessoas se irritarem com a ideia de fazer terapia familiar ou de casal, pois pensam que será uma forma sofisticada de culpá-las pelos problemas da família. Na verdade, as estratégias de intervenção familiar e conjugal mais eficazes são psicoeducacionais, lidando diretamente com o que é o transtorno bipolar, como afeta os membros da família e como as reações dessas pessoas (ou do cônjuge/parceiro) afetam você.

O Capítulo 14 contém informações mais detalhadas sobre terapia familiar ou de casal. Se você encontrar um terapeuta adequado, peça ajuda para esclarecer aos familiares aspectos sobre a doença e o que eles podem fazer para ajudar. Se você não encontrar um profissional adequado, considere participar de um grupo da Depression and Bipolar Support Alliance (*www.dbsalliance.org*) ou de um grupo de apoio familiar da National Alliance on Mental Illness (*www.nami.org*).*

Estratégias imediatas para lidar com conflitos familiares

"Quando entro em uma discussão com minha família, perco a cabeça muito rápido. O que devo fazer nesse momento?"

Se suas conversas parecem tomar a direção errada e você já tentou algumas estratégias descritas anteriormente, considere o seguinte:

ESTRATÉGIA 1: Use a regra das três investidas

Quando seu parceiro, cônjuge ou um dos pais faz uma crítica e você responde, gerando mais uma crítica (ou intensificando a primeira) e nova resposta sua, seguindo-se um terceiro comentário crítico, é hora de se retirar da conversa. Diga (com a maior gentiliza possível): "Por ora, terminei esta conversa. Podemos falar mais tarde, quando estivermos de cabeça fria". Você pode encerrar depois da segunda investida, se a conversa tomar um caminho previsível. Se a pessoa seguir você pela casa tentando continuar a conversa, pare, respire e diga: "Acho que essa conversa já chegou ao limite e não está ajudando. Estou começando a me chatear; vamos deixar isso para depois". Então, pare de responder.

ESTRATÉGIA 2: Dê um tempo a si mesmo

Com a leitura dos capítulos anteriores, você entendeu que pode usar a consciência de seu estado interno a cada momento para orientar suas escolhas. Se já estiver irritado, não será momento para confronto com a família.

* N. de R. T. No Brasil, uma fonte interessante de psicoeducação, material sobre transtorno bipolar e grupos de apoio para familiares e pacientes é a Associação Brasileira de Familiares, Amigos e Portadores de Transtornos Afetivos (Abrata). Mais informações podem ser encontradas em https://www.abrata.org.br/

Se estiver no meio de uma discussão difícil e sentir que está perdendo o controle das emoções, ou que pode agredir alguém ou quebrar alguma coisa, dê um tempo a si mesmo. Diga a seus familiares que você precisa de um tempo para respirar. Em seguida, saia do confronto e vá para outro cômodo fazer um exercício de respiração de 3 minutos (Capítulo 4), ouvir música, socar um travesseiro ou distrair-se de outra forma antes da próxima interação com aquelas pessoas.

Imagine que você chega em casa do trabalho ou da escola se sentindo agitado ou ansioso, e seu cônjuge ou um dos seus pais pergunta: "Como foi seu dia?". Talvez você responda de forma breve (algo como "Foi tudo bem"). A pessoa, então, insiste: "Você pediu o aumento? Vai ganhar uma folga?". Ao sentir que a tensão está subindo, é momento para se afastar um pouco e esfriar a cabeça. Prometa voltar e conversar sobre seu dia após você ter relaxado por um instante.

No exemplo a seguir, Dustin (35 anos) retornou recentemente ao trabalho após um intervalo de três meses de depressão do qual não se recuperou por completo. Quando chegou em casa, sua esposa, Cassie, quis conversar.

CASSIE: Como foi o trabalho hoje, querido?

DUSTIN: O de sempre. (*Calado, coloca o casaco no cabide*)

CASSIE: Você teve aquela conversa com Antonio [chefe]?

DUSTIN: Sim, mais ou menos.

CASSIE: Então, como foi?

DUSTIN: (*Pausa*) Prefiro não falar sobre isso.

CASSIE: Ah não, isso significa que foi ruim. O que aconteceu?

DUSTIN: Como disse, não quero falar sobre isso. Que tal depois do jantar? Posso contar tudo.

Observe que Dustin não ignora Cassie, nem satisfaz sua curiosidade. Ele está com fome e irritado e sabe que não é um bom momento. No entanto, seria importante que Dustin explicasse o que aconteceu com seu chefe. Se Dustin e Cassie estiverem familiarizados com a escuta ativa, ele poderá contar a história enquanto ela ouve, demonstra empatia e faz perguntas. Então, é a vez de ela revelar o que a preocupa ("Estou preocupada que você seja demitido") enquanto Dustin ouve.

Fazendo um balanço

As estratégias descritas neste capítulo dependem de relacionamentos, no mínimo, corteses. Se seu relacionamento com familiares se tornou ameaçador ou abusivo, afaste-se, mesmo que isso signifique morar em outro lugar por um tempo.

Se você conseguiu experimentar algumas estratégias, avalie o que funcionou e o que não funcionou. Quais respostas parecem acalmá-lo sem inflamar ainda mais seus familiares? Como você pode fazer menos do mesmo e mais de algo diferente?

Se você quiser registrar seu uso das estratégias de forma sistemática, crie um registro com colunas com as seguintes perguntas:

- Na última semana, quais situações com meus familiares me deixaram irritado? Quais membros da família foram envolvidos?
- Quais pensamentos passaram por minha mente?
- Como expressei minha raiva?
- Quais foram as consequências desse confronto para mim e para eles (vidro quebrado, porta batida, ameaças, celular estragado)? Alguém teve os sentimentos feridos?
- Quais alternativas estão disponíveis para a próxima vez? Como posso mudar a sequência de eventos que levam a essas interações?
- Há alguma outra habilidade de comunicação (como a escuta ativa) que eu poderia ter usado?

É importante que você continue tentando. Bons relacionamentos familiares e conjugais são essenciais para sua saúde física e emocional. Os relacionamentos não mudam facilmente, mas podem ser adaptados quando ambas as partes fazem esforços consistentes para colaborar. Esteja atento aos seus estados de humor ao entrar em confrontos que não costumam terminar bem. "Não quero falar sobre isso agora, mas podemos conversar mais tarde" é uma resposta perfeitamente razoável para evitar conflitos.

8

Prosperando com um parceiro

NAMORO, SEXO E RELACIONAMENTOS DE LONGO PRAZO

O transtorno bipolar pode afetar seus relacionamentos românticos e sexuais de maneiras que talvez você não consiga prever. Já os relacionamentos românticos estressantes podem afetar o curso dos sintomas de humor. Reconhecer como sua doença influencia ou é influenciada por relacionamentos íntimos só pode ajudar quando você conhece uma nova pessoa ou mantém um relacionamento de longo prazo. O transtorno bipolar não precisa ser uma "terceira pessoa" atrapalhando o casal.

O Capítulo 7 abordou estratégias de comunicação rotineira para resolver conflitos nas famílias, com foco principalmente nos pais ou irmãos. Aqui, o assunto é seu relacionamento com um parceiro íntimo, desde os encontros que iniciam um novo relacionamento até os problemas que surgem em parcerias de longo prazo. Viver bem nesse domínio da vida significa saber a melhor maneira de explicar o transtorno a alguém que você acabou de conhecer (o que, em geral, gera ansiedade), como reagir às atitudes dessa pessoa em relação à doença mental (incluindo declarações estigmatizantes) e como lidar com suas mudanças de humor quando está na companhia da pessoa. Se você é casado ou tem um parceiro de longa data, não pode evitar todas as discussões ou interações tensas, mas existe um papel na regulação imediata dos seus estados de humor, para que você tenha menos probabilidade de reagir com exagero aos eventos do relacionamento. Ainda, você pode orientar seu parceiro sobre como discutir problemas de maneiras menos estigmatizantes e que provoquem menos oscilações de humor.

Estratégias para evitar encontros sexuais arriscados ou indesejados

"Estou sentindo que quero fazer sexo com todo mundo. Como faço para me permitir ser livre e minha vida ser emocionante sem me machucar por conta de meus impulsos?"

Se você está começando a namorar após longo hiato, talvez esteja familiarizado com o desejo de fazer sexo com muitas pessoas diferentes. Esse desejo é intensificado durante a hipomania ou mania e costuma ser concomitante à sensação de maior confiança e atratividade, além de subestimação dos riscos e superestimação das recompensas da intimidade sexual. Todos têm suas próprias regras, crenças e limites pessoais em relação ao sexo, mas o estado de mania tem o potencial de desconsiderar essas condutas.

Se você acabou de sair de um episódio depressivo, pode reagir com exagero à novidade de um novo parceiro, mesmo que mal o conheça. Um estudo com pessoas com transtorno bipolar que mantinham um namoro *on-line* descobriu que 65% relataram se arrepender de seu comportamento de risco relacionado a encontros *on-line* (como enviar fotos de forma privada), em comparação com 31% das pessoas sem o transtorno.

ESTRATÉGIA DE PREVENÇÃO: Proteja-se

Determine seu estado de humor antes de sair à noite, consultando seu gráfico de humor ou fazendo um balanço de quaisquer sintomas recentes (como não precisar dormir tanto quanto dorme normalmente). Se você estiver na faixa de hipomania ou mania leve/moderada, suas inibições diminuíram e é mais provável que você tenha um encontro sexual espontâneo. Assim como ocorre no consumo de álcool, estar "sob a influência" de mania ou hipomania pode fazer os outros parecerem mais atraentes, e um encontro sexual que você comumente nunca consideraria pode parecer muito atraente e sem riscos. Eis algumas maneiras de se proteger:

1. Se for a uma boate, festa ou bar, leve consigo alguém de sua confiança. Peça a essa pessoa que o leve para casa (ou chame um táxi ou carro por aplicativo) se você estiver se comportando de maneira impulsiva (flertando abertamente ou sendo insinuante com estranhos, por exemplo). O ideal é que sua pessoa de confiança seja um amigo próximo, alguém que entenda seu diagnóstico.
2. Como sempre, tenha preservativos à disposição. Quando estão em um encontro, muitas pessoas (com transtorno bipolar ou não) se deparam com encontros sexuais inesperados nos quais o parceiro não parece se preocupar com gravidez ou infecções sexualmente transmissíveis. Seu julgamento provavelmente estará prejudicado se você estiver em estado de hipomania ou mania; então, é melhor proteger-se e proteger o outro.
3. Entenda que, mesmo tomando estabilizadores de humor, certas drogas (maconha, *ecstasy*, álcool, cocaína) vão aumentar seu desejo sexual. Evite aceitar bebidas de estranhos, a menos que tenha visto o *barman* servir e entregar a você.
4. Evite sair quando estiver privado de sono. Certos aspectos do namoro podem não combinar bem com suas tentativas de gerenciar seus ritmos diários. Conhecer novas pessoas pode significar ficar acordado até muito mais tarde do que você pretendia, beber mais, dormir na casa de outra pessoa ou qualquer outra mudança nas rotinas que, embora sejam gratificantes por um tempo, podem contribuir para a instabilidade do humor e os comportamentos de risco. Isso não significa que você não deva namorar, mas saiba o que pode ou não tolerar.

ESTRATÉGIA IMEDIATA: Espere algumas horas e observe se ainda está tentado

Às vezes, o simples fato de ganhar tempo o ajudará a evitar encontros sexuais indesejados. Se você estiver excitado e houver alguém muito interessado, confira as horas e veja se pode esperar um pouco mais. Pergunte a si mesmo: "Se são nove horas, ainda vou querer estar com essa pessoa às onze?". Se sua resposta interna for "Não posso esperar tanto tempo, preciso ir com essa pessoa agora ou ela encontrará outra", é um indício de que você está tomando uma atitude em desacordo com seus desejos de longo prazo.

Revelando seu diagnóstico

"Ninguém vai querer sair comigo quando souber da minha doença."

O período após um episódio agudo, especialmente se exigiu internação, fará você ter plena consciência dos julgamentos de outras pessoas sobre rótulos psiquiátricos. Você pode ficar mais atento às declarações espontâneas que pessoas sem o transtorno fazem rotineiramente, como "Estou muito bipolar hoje", "Fiquei 'maníaco de limpeza' durante todo o fim de semana" ou "Pena que não tomei meu lítio". Você pode temer que o rejeitem assim que sua doença for descoberta. Kay Jamison, em sua maravilhosa autobiografia *An unquiet mind*, adverte os leitores a esconderem os medicamentos antes de receber convidados para jantar ou uma companhia para passar a noite, a fim de que não descubram o tratamento com lítio.

Algumas pessoas com transtorno bipolar não acham a condição um problema, pois não vale a pena conhecer alguém que vai declinar de um eventual namoro por causa da doença. Embora essa seja uma posição razoável, é difícil saber o que as pessoas entendem e o que não entendem sobre o transtorno antes que o assunto apareça. Talvez tenham pai/mãe ou um ex-parceiro com o transtorno, ou o associem a filmes que assistiram em que o personagem principal é bizarro e perigoso.

O estigma de vários transtornos psiquiátricos é real. Muitas pessoas têm crenças errôneas sobre os perigos do transtorno bipolar, como: "Pessoas com transtorno bipolar são violentas", "Você não pode (ou não deveria) ter filhos" ou "Você não pode trabalhar ou ter uma carreira de sucesso". Outras têm uma visão positivamente tendenciosa, pensando que você deve ser muito criativo ou talentoso ou, ainda, que estar com uma pessoa com o transtorno será uma emocionante montanha-russa. É claro que grande parte da compreensão do transtorno pelo seu parceiro pretendido será baseada no que você disser a ele e em qual momento.

ESTRATÉGIA DE PREVENÇÃO: Decida quando e a quem revelar seu diagnóstico

Não existe uma regra geral para revelar seu transtorno em um novo relacionamento. Já conversei bastante com meus pacientes sobre esse assunto, e eles se dividem entre contar aos novos parceiros imediatamente ou esperar até que o relacionamento pareça genuíno. Se você tiver sintomas contínuos, revelar seu transtorno a um parceiro em potencial pode ajudar a explicar as mudanças de humor ou a ansiedade que sente na presença dele. Você pode aprender muito sobre as atitudes dessa pessoa em relação à saúde mental: ela menciona espontaneamente algum conhecido com uma doença psiquiátrica? Ela pode perguntar, de maneira apropriada, como saberia se você estivesse entrando em um episódio e o que poderia fazer para ajudar. Você talvez se sinta melhor estando com uma pessoa que conhece seus segredos; isso pode criar confiança.

A revelação imediata também traz desvantagens. Pode ser "muita informação" para um primeiro ou segundo encontro. Você pode descobrir que a pessoa tem atitudes estigmatizantes ("Estou seguro com você?"). Se a confidencialidade for importante para você, talvez não esteja certo de que a pessoa manterá sigilo. Se você não estiver seguro, talvez seja melhor esperar até conhecer melhor essa pessoa.

Se está pensando em contar a um novo parceiro sobre seu diagnóstico, experimente a ferramenta de decisão do quadro "Ferramenta de decisão para revelar seu diagnóstico", a seguir. As respostas são apenas ilustrativas e podem ajudar a organizar seus pensamentos sobre uma pessoa que você está namorando.

ESTRATÉGIA IMEDIATA 1: Boas maneiras de explicar o transtorno bipolar

Imagine que você esteja no início de um relacionamento e sinta necessidade de revelar seu histórico de saúde. Você está ansioso para descobrir se isso será um obstáculo para a pessoa que está conhecendo. Talvez você esteja com sintomas que despertem a necessidade de explicar, ou a pessoa tenha perguntado se você consulta um terapeuta ou toma medicamentos. Ela pode, também, ter observado seus problemas para dormir. Outra possibilidade é que tenha contado a você sobre seus próprios problemas de saúde mental, e não contar a ela sobre os seus pode parecer desonesto. Todos esses são bons motivos para ser franco. Quais seriam boas maneiras de explicar?

Uma pessoa com transtorno bipolar fez o seguinte relato:

> "Eu adoto o ângulo mais fundamentado. Não gosto de dar uma explicação superficial ou ser irreverente, pois assim estarei aumentando o estigma.

Ferramenta de decisão para revelar seu diagnóstico

Para quem estou pensando em contar: *Kaitlin.*

Por que quero que ela saiba?

Recém começamos a sair e ainda estou deprimido. Quero que ela saiba o motivo pelo qual nem sempre retorno as ligações ou por que às vezes não pareço entusiasmado.

Quais são as vantagens de contar a ela agora?

1. *Kaitlin precisa entender meu comportamento se continuarmos saindo.*
2. *Ela me perguntou por que eu parecia desinteressado e retraído no sábado.*

Quais são as desvantagens?

1. *E se ela não conseguir lidar e simplesmente sumir da minha vida?*
2. *Talvez seja muito cedo para contar algo tão pessoal; Kaitlin não me contou muito sobre si mesma.*

Como quero explicar isso?

Há momentos em que fico deprimido, muito deprimido, e quando estou assim pode parecer que não estou interessado em conversar. Não é você – eu realmente gosto de você, e o que você diz é interessante para mim. Quando fico assim, tudo me cansa e me torno mais lento. Outras vezes, fico superanimado e exagerado, e então tudo parece interessante. Nem sempre me sinto assim – são idas e vindas. Naquele dia, eu estava em uma fase ruim.

> Forneço detalhes suficientes para que saibam do que estou falando — não apenas os sintomas, mas também como descobri que tinha a doença, seu efeito em minha vida e o que faço para tentar evitar episódios. Também quero entender o que eles estão pensando, quais são suas ideias equivocadas."

O quadro "Ferramenta de decisão para revelar seu diagnóstico" dá um exemplo de como explicar o transtorno. Eis outra maneira:

> "Quero que você saiba algo sobre mim para que meu comportamento faça mais sentido. Tenho transtorno bipolar, o que significa que, às vezes,

meus humores vão de extremos de euforia a extremos de depressão. Quando estou em período de euforia, me sinto no topo do mundo e cheio de planos. Não sinto necessidade de dormir e posso ficar irritado e cheio de energia. Quando estou deprimido, tenho dificuldade para me motivar a fazer tarefas simples do dia a dia, ou durmo demais e me sinto sem energia. Estou tomando estabilizadores de humor e faço terapia regularmente. Na maior parte do tempo, estou bem — sou quem você vê agora. Porém, quando passo por episódios, posso tomar atitudes ou ter falas que machucam, ou posso ser uma pessoa difícil de se conectar. Você sabe algo sobre o transtorno bipolar?"

A pessoa deste último relato evita detalhes sobre internações, delírios ou contatos com a polícia, que não são essenciais no início. Evita usar termos pejorativos ("*bizarro*", "*louco*", "*maluco*") e comunica um ponto essencial: "Não sou o meu transtorno — é uma doença que tenho, mas não é a soma total de quem eu sou".

ESTRATÉGIA IMEDIATA 2: O que fazer para gerenciar suas reações

As pessoas que você conhece (e até sua família) podem não conhecer o transtorno bipolar, e talvez você precise educá-las (veja o "Informativo sobre transtorno bipolar para familiares", no Capítulo 7). Os parceiros podem ter reações imediatas como "Nossa! Isso é intenso!" ou "Minha ex-esposa é bipolar" ou "Eu gostaria que você tivesse me contado antes" (Por quê?). Você pode senti-los se afastando; se for o caso, é importante evitar reações exageradas. É verdade que existe um estigma sobre o transtorno e isso é injusto, mas seu novo parceiro pode precisar de tempo para processar o que acabou de saber e é provável que suas reações se baseiem no medo. Pergunte se ele quer saber mais sobre isso. Forneça garantias; se apropriado, comunique que você gosta dele e o aprecia, reconhecendo que ele precisa fazer suas próprias escolhas.

Se você revelar seu transtorno a uma pessoa que depois o abandona, faz sentido que você não a queira em sua vida. Ela não oferecerá apoio se você tiver um novo episódio, não terá empatia e fugirá de outros problemas da vida. Se você quiser conhecer outras pessoas com transtorno bipolar que já passaram pelo mundo do namoro, visite este *site* (em inglês): *www.BipolarDatingSite.com*.

"A pessoa com quem estou namorando parece ter tudo a ver com minha doença."

Essa nova pessoa pode reagir de maneira oposta: talvez ela queira salvar você. Ela pode reagir à revelação de seu transtorno bipolar com empatia excessiva: "Eu o entendo e aceito totalmente, e agora o aprecio ainda mais; sinto muito por você, imagino como tem sido difícil; quero estar ao seu lado". A partir desse ponto, ela pode verificar sua temperatura emocional com frequência (perguntando como você está, se está bem naquele dia). Se você esperava a rejeição de alguém com quem começou a namorar, esse tipo de reação pode ser um alívio ou, por outro lado, um sinal de alerta. Por que a pessoa está se esforçando ao máximo para demonstrar compreensão?

Existem pessoas que se sentem fortalecidas por estarem com alguém que sofre de turbulência emocional. Podem ser muito compassivas e atenciosas, mas se sentir empolgadas com os altos e baixos dramáticos do transtorno bipolar. Cuidar de um parceiro com essa condição pode dar a elas uma sensação de controle e protegê-las de seus próprios sentimentos de inadequação. Um relacionamento saudável, evidentemente, é aquele em que as duas pessoas estão em pé de igualdade.

Se você perceber essa dinâmica atuando, mas gostar da pessoa, dê tempo ao tempo. Em algum momento, você pode querer ressaltar: "Agradeço sua compaixão, mas também quero que você saiba que não preciso ser salvo... Tenho médicos, familiares e amigos que podem me ajudar... o que quero é um relacionamento de igual para igual".

"Meu humor muda durante um encontro."

O namoro pode mudar para melhor ou para pior quando seu humor está instável. Ter humor instável não significa que não se pode namorar, mas reflita sobre como minimizar os efeitos do seu humor ao sair com alguém. Verifique antes de sair: o que seu humor está sugerindo que você deseja ou não fazer? Envolver-se ou manter distância? Conversar com a pessoa sobre seu transtorno? Encurtar a noite porque você está se sentindo cansado? Ter um encontro que não exija longos períodos com uma conversa pesada?

ESTRATÉGIA DE PREVENÇÃO 1: Ter uma saída planejada

Quando você começa a sair com alguém, não é incomum sua empolgação crescer no início e desabar no decorrer de uma única noite. Essa não é uma experiência rara para pessoas com transtorno bipolar. Se estiver em um encontro e a depressão ou a ansiedade atingirem certo nível, pode querer ir embora logo. Esse sentimento talvez não reflita o que sente pela pessoa, mas um esgotamento mental, que altera a aparência de tudo. Esse é um bom momento para ter uma saída planejada, o que pode exigir um pouco de preparação.

Uma opção é dizer à pessoa que você não está se sentindo bem ("Deve ser algo que comi"). Se preferir, diga a verdade: você está se sentindo ansioso e agora não é um bom momento para sair; você gostaria de encerrar a noite mais cedo e quer remarcar. Não há nada de errado nisso — você está se fortalecendo ao decidir o que pode ou não tolerar. É claro que pode estar longe de casa quando isso acontecer. Se não for dirigir sozinho, elabore um plano com antecedência para que um amigo próximo ou membro da família lhe busque. No mínimo, leve consigo um cartão de crédito e peça um táxi ou carro por aplicativo para garantir sua volta para casa.

Mais tarde, depois de refletir, considere o que aconteceu durante o encontro que contribuiu para você querer voltar para casa mais cedo. Talvez uma fala da pessoa tenha feito alusão ao seu transtorno e fez você se sentir inadequado. Você pode ter exagerado os aspectos negativos de determinada conversa (como pensar que estava parecendo chato ou pessimista). Pode estar alimentando a ideia de que o transtorno faz de você uma pessoa menos atraente do que o seu par. Esteja ciente desses pensamentos e questione se são *úteis*: eles ajudam a entender como você se sente em relação à pessoa? Ajudam a esclarecer o que você quer ou não quer fazer no próximo encontro?

Quando surgir uma conversa interna pessimista, sente-se por alguns minutos, respire e observe os pensamentos a partir de uma postura descentralizada: "Neste momento, tenho este pensamento, de que gosto de [nome da pessoa], mas não consigo me imaginar com essa pessoa. O que será que provocou isso? O que estou sentindo em meu corpo? Quais outros pensamentos ou imagens estão presentes?".

ESTRATÉGIA IMEDIATA: Pense em como você está sendo percebido

Se você se sentir exaltado ou em hipomania durante um encontro, é fácil parecer muito ousado, animado ou empolgado com pensamentos relativos a um novo amor. Uma pessoa comum pode parecer quem você sempre procurou. Pode ficar tentado a dizer algo muito íntimo ou direto já no primeiro encontro. É melhor pecar por não tomar atitudes nem ter falas que possam parecer extravagantes ou presunçosas.

Se você constatou que começou a noite em um estado exaltado ou ansioso, faça uma autoavaliação: "Estou falando demais ou muito alto? Como foi meu sono na noite passada? Esta noite está gerando fantasias irreais sobre como a vida poderia ser com uma nova pessoa? Estou dizendo tudo isso em voz alta?". Você também pode fazer uma verificação da realidade com seu par: "Estou me sentindo estranho. Estou falando demais?", "Desculpe, interrompi você?", "Já faz um tempo que não namoro e estou um pouco enferrujado". Você pode se surpreender ao saber que a pessoa acha que *ela é* quem está falando demais.

Como manter um bom relacionamento de longo prazo após um episódio

Relacionamentos de longo prazo trazem à tona um conjunto diferente de questões para pessoas com transtorno bipolar. Algumas são um bom presságio para uma nova parceria: indivíduos com o transtorno são capazes de ter apegos intensos e compaixão por outra pessoa. O principal problema de relacionamento vivenciado por muitos com o transtorno é como expressar seus altos e baixos emocionais com o parceiro e, por sua vez, como o parceiro responde à volatilidade emocional.

O período subsequente a um episódio de humor é muito difícil para casais. Você ainda pode estar sintomático, mas cada vez mais capaz de cuidar de si mesmo e começar a se sentir supercontrolado por seu parceiro, que está sempre perguntando sobre seus medicamentos. Seu parceiro pode ficar ressentido com o fato de seu episódio ter causado uma interrupção em suas vidas ou por você não estar se cuidando melhor. A ocorrência de eventos, durante episódios maníacos, pode ameaçar o futuro do relacionamento, como infidelidades por impulso ou gastos excessivos. Depois de se recuperar, você poderá falar abertamente sobre esses eventos com seu parceiro, reconhecendo que a cura leva tempo. Os efeitos de episódios depressivos nos relacionamentos de longo prazo são menos previsíveis. Pode ser mais difícil dizer quando um episódio depressivo passou; nas semanas após a pior fase do episódio, você pode se sentir melhor, mas ainda não consegue se envolver em atividades que antes eram agradáveis com seu parceiro. É possível que esteja menos responsivo às tentativas físicas, sexuais ou emocionais de intimidade, causando frustração no parceiro por você não estar mais disponível, o que pode fazer você se sentir pior.

Os princípios já discutidos em relação ao namoro podem ser resumidos sob a expressão "autoconsciência com comunicação aberta". Existem maneiras de fazer um planejamento para adotar a mesma abordagem em relacionamentos de longo prazo.

ESTRATÉGIA DE PREVENÇÃO 1: Cultive a autoconsciência com comunicação aberta

> "Não sei se é meu transtorno ou minha personalidade, mas costumo ser muito reativa com as pessoas. Uma palavra ou até mesmo um olhar pode me irritar. Quando discuto com a Mandy [esposa], preciso estar ciente das minhas reações exageradas ao tom de voz dela, que pode soar como uma babá irritada. Há uma espécie de zumbido na minha cabeça que diz: 'Ela não me ama', 'Sou um fardo para ela, para as crianças e tudo isso'. Então, quando ela diz algo que parece negativo ou depreciativo, começo a entrar em parafuso.
>
> Quando isso acontece, passo algum tempo sozinha, me recomponho e analiso meus pensamentos para não dizer algo horrível. Meu terapeuta diz que estou aprendendo 'habilidades de regulação emocional', mas chamo isso de 'relaxar'.
>
> Mas isso não é o fim da história — voltamos a nos encontrar mais tarde para que eu dissesse a ela o que estava acontecendo, que não era culpa dela, que eu não estava apenas sendo má. Ela me contou o que me ouviu dizer e fiquei surpresa com o fato de ela ouvir de forma totalmente diferente do que eu quis dizer. Essas conversas realmente ajudaram nosso relacionamento; ela está aprendendo a não levar tudo tão a sério e eu estou aprendendo que ter transtorno bipolar não significa poder dizer e fazer o que quiser."
>
> —*Sylvie, mulher de 35 anos com transtorno bipolar tipo II*

Como mostra esse relato, harmonia no relacionamento é assumir suas próprias reações emocionais e ser sensível às de seu parceiro. Embora extremas, as reações emocionais de Sylvie costumavam ser válidas. Mandy era bem-intencionada, mas tendia a falar com Sylvie como se esta fosse uma criança. Seu tom de voz tornou-se um gatilho para Sylvie e a fazia reagir até mesmo a palavras ou gestos isolados.

Vamos fazer uma breve análise sobre as habilidades de comunicação descritas no Capítulo 7. No meio de uma discussão, uma declaração de escuta ativa como "Você está com muita raiva de mim agora porque acha que estou fazendo isso apenas para ser mau" pode fazer seu parceiro sentir-se compreendido. Você também pode fazer uma solicitação positiva: "Gostaria de ter algum tempo para relaxar sozinho e descobrir por que estou ficando tão chateado. Podemos falar sobre isso mais tarde, quando me acalmar. Tudo bem para você?" ou "Estou com dificuldade para ouvir agora. Você pode tentar usar o tom que usaria ao falar comigo como um adulto?". Ensaiar essas solicitações com seu parceiro quando você não está com muita raiva pode facilitar dizê-las no calor do momento.

ESTRATÉGIA DE PREVENÇÃO 2: Avalie o papel que seu parceiro desempenha em seu tratamento

Quando estiver doente e no hospital, talvez você veja o melhor de seu parceiro. Espera-se que ele entenda que o transtorno bipolar é uma doença como qualquer outra e que, após um episódio, você precisa de mais apoio, compaixão e compreensão do que de costume. Por outro lado, estar entre os episódios ainda pode fazer você ficar emocionalmente instável, tornando a situação mais difícil de entender.

Após um episódio de humor, alguns parceiros se dedicam de forma inequívoca a garantir que seu companheiro com transtorno bipolar esteja saudável, queira ele essa intervenção ou não. Chamamos isso de "parceiro cortador de grama": alguém que vai à frente derrubando obstáculos que causem estresse ou contribuam para uma recaída. Essa é uma responsabilidade difícil para um parceiro assumir e, inevitavelmente, ele ficará exausto e frustrado, e você, por sua vez, achará isso intrusivo. É importante incentivar seu parceiro a se cuidar de maneira adequada, ou seja, passar tempo com amigos, fazer exercícios regularmente ou fazer sua própria terapia.

Você também pode ajudá-lo a rever seu papel de cuidador priorizando seu próprio cuidado. Em um nível concreto, isso significa ser responsável pela tomada de medicamentos, manter um horário regular de sono e alimentação, marcar suas próprias consultas médicas e evitar álcool e drogas ilícitas. Você pode estabelecer limites com seu parceiro, dizendo: "Agradeço toda a ajuda que você quer me dar e sei que isso é fruto de compaixão, mas fico melhor quando cuido da minha própria saúde". Incentive-o a tratá-lo como um parceiro igual e não como um paciente com uma série de problemas a serem resolvidos.

ESTRATÉGIA DE PREVENÇÃO 3: Retome a rotina aos poucos

O período subsequente a um episódio de humor, especialmente quando houve necessidade de hospitalização ou tratamento ambulatorial intensivo, pode exigir que você se readapte ao convívio com o parceiro e com seu estilo de vida anterior, de modo semelhante ao do retorno após uma longa viagem. A ansiedade em relação à intimidade nesse momento é uma parte natural do processo de enfrentamento do transtorno bipolar como casal. A principal estratégia é seguir com calma e não esperar muito um do outro durante essa fase de recuperação. Atividades prazerosas que antes eram compartilhadas (como esportes) devem ser retomadas de forma gradual. Talvez vocês ainda não queiram (ou não consigam) interagir com outros casais nesse momento.

ESTRATÉGIA DE PREVENÇÃO 4: Redescubra a intimidade sexual

Em qualquer relacionamento de longa duração, é comum haver períodos de maior ou menor atividade sexual com o parceiro. Inúmeros livros foram escritos sobre esse assunto, sendo o mais famoso *The Joy of Sex* (Comfort, 2013).* É muito difícil retomar imediatamente a vida sexual após um recente episódio depressivo, pois é provável que sua autoestima tenha sido atingida e você se sinta desconfortável com seu corpo, o que dificulta o relaxamento. Se você se preocupa por não se sentir mais atraído por seu parceiro ou ter perdido o desejo sexual, algumas medidas podem ser tomadas, como as sugeridas a seguir.

ESTRATÉGIA 4A: Pergunte a si mesmo se está sob influência da depressão

Se outros sintomas de depressão estiverem presentes — insônia, perda de interesse, fadiga, tristeza —, é provável que haja, também, "perda da libido". Exercícios físicos podem ajudar a despertar seu desejo sexual, em parte porque seu humor vai melhorar e em parte porque você se sentirá melhor em relação ao próprio corpo.

* N. de R. T. Edições antigas de *The Joy of Sex* foram traduzidas no Brasil pela editora Martins Fontes, sob o título *Os prazeres do sexo*.

ESTRATÉGIA 4B: Converse com seu médico sobre a possibilidade de ajustar as dosagens dos medicamentos ou substituí-los por outros

Antidepressivos e alguns estabilizadores de humor estão associados à diminuição do desejo ou do desempenho sexual. Contudo, nem sempre ficará claro se a redução do desejo se deve a sintomas depressivos não resolvidos ou aos medicamentos usados para tratá-los. Com seu psiquiatra, você pode examinar o momento em que sua libido diminuiu em relação a quando você iniciou determinada medicação.

ESTRATÉGIA 4C: Se suspeitar de outras causas físicas de sua perda de desejo, pergunte ao médico se testes hormonais seriam informativos (testosterona para homens, estrogênio para mulheres)

Mudanças nos hormônios são uma característica do envelhecimento e podem ser fonte de grandes dificuldades para as mulheres durante a menopausa. Os suplementos hormonais são uma opção, mas seus possíveis efeitos colaterais exigem uma discussão mais aprofundada.

ESTRATÉGIA 4D: Redescubra seu relacionamento sexual gradualmente

Volte a familiarizar-se com seu parceiro por meio de toques, massagens, abraços e outros passos graduais em direção à intimidade antes de tentar uma relação sexual.

ESTRATÉGIA 4E: Se você não está sentindo atração sexual pelo parceiro, mas sente por outras pessoas, pode ser o momento de tentar uma terapia de casal

A perda de intimidade pode ocorrer quando uma das pessoas na relação se sente em posição de inferioridade ou deixa de confiar no parceiro. Se seu companheiro teve um caso com outra pessoa, é muito provável que você se sinta dessa forma, assim como seu parceiro se foi você quem teve um caso durante um episódio maníaco.

Resolvendo problemas de relacionamento do dia a dia

Pessoas com transtorno bipolar vivenciam os mesmos conflitos conjugais sobre questões cotidianas que todos os casais vivenciam, mas a intensidade desses conflitos aumenta após um episódio. Problemas relacionados ao gerenciamento doméstico (cozinhar, limpar, fazer compras, etc.) e ao cuidado de crianças, finanças, sogros e animais de estimação vêm à tona. À medida que você se recupera, seu cônjuge pode esperar cada vez mais de você, que pode ficar ansioso para retomar funções que foram suspensas enquanto estava doente. Contudo, as expectativas do seu parceiro e a capacidade que você tem de atendê-las podem não estar alinhadas.

Muitos parceiros não sabem que os episódios depressivos maiores podem levar seis meses para terminar (em média) ou que o humor pode melhorar antes que o nível de funcionamento cognitivo seja retomado. Portanto, seu parceiro pode exigir um nível de desempenho para o qual você ainda não está preparado. Pode acontecer de você precisar se forçar a realizar tarefas que não está com vontade (levar os filhos ao treino de futebol cedo pela manhã ou passar parte do fim de semana fazendo limpeza), mas é importante controlar o ritmo e incentivar a paciência de seu cônjuge.

ESTRATÉGIA IMEDIATA: Discuta a resolução colaborativa de problemas

Problemas conjugais são passíveis de soluções imediatas por meio da "Resolução colaborativa de problemas", como mostra o quadro na próxima página. Questões simples (como quem vai tirar o lixo) geralmente não exigem esse nível de resolução complexa. As dificuldades que causam conflitos significativos entre casais tendem a ser emocionais, não práticas (por exemplo, "quem tira o lixo" pode ser um indicador de um problema maior, como "ambos sentem que seu tempo não é respeitado pelo outro parceiro"). Se um problema parecer grande demais para ser submetido às etapas aqui descritas, tente dividi-lo em unidades menores e resolver uma de cada vez, para que as divergências não se tornem maiores do que deveriam ser. Quando vocês puderem resolver uma pequena parte de um problema, haverá mais senso de colaboração ao lidar com outras questões. Nesta seção, você lerá um exemplo de resolução imediata de problemas.

Exemplo de resolução colaborativa de problemas

Karla, 39 anos, estava se recuperando de um longo episódio depressivo bipolar tipo II. O processo de recuperação levou mais tempo do que o esperado e sofreu muitas reviravoltas. Justin, seu marido, foi razoavelmente

RESOLUÇÃO COLABORATIVA DE PROBLEMAS

Qual é o problema? Defina-o do ponto de vista de ambas as partes.

Faça um *brainstorming* de soluções: lance todas as soluções possíveis, mesmo as que parecerem absurdas ou bobas – ainda não é hora de descartar nenhuma.

Avalie os prós e contras de cada solução proposta.

Número da solução	Vantagens	Desvantagens
________________	________________	________________
	________________	________________
________________	________________	________________
	________________	________________

Escolha uma solução ou um conjunto de soluções:

Desenvolva um plano de implementação: quem vai fazer o quê?

Reveja o problema inicial mais tarde: foi resolvido? Se não, por que não? Volte ao começo. Foi definido corretamente? As soluções eram viáveis?

paciente, mas a mãe dele, Isabel, vinha fazendo alguns comentários, tais como "Quando ela vai melhorar?", e, ao alcance dos ouvidos dos dois filhos do casal, ela dizia: "Você acha que ela está se esforçando o suficiente?". Justin e sua mãe eram próximos, e Isabel também era próxima das crianças.

Karla e Justin aprenderam sobre o método colaborativo de resolução de problemas em sessões de terapia de casal, mas suas definições para esse problema eram diferentes. Karla estava irritada porque Justin não saía em sua defesa, e Justin sentia que Karla exagerava nas perguntas que qualquer pessoa sensata faria. As soluções propostas variaram de "Justin não deveria mais falar com sua mãe sobre Karla" a "Karla deveria se defender quando Isabel dissesse algo sobre seu transtorno". Depois de pesar os prós e contras de cada solução, o casal se fixou na única solução que envolvia ações de ambas as partes: quando Isabel levantasse dúvidas sobre o progresso de Karla, esta explicaria, de maneira não defensiva, sobre seus medicamentos e seu plano de exercícios. Depois, Justin conversaria com Isabel em particular sobre não tocar no assunto perto de Karla e ofereceria um relatório de progresso de vez em quando.

A solução não funcionou bem. Quando tentaram implementá-la na noite do sábado seguinte, a mãe de Justin se absteve de fazer comentários por um tempo, mas, mais tarde, durante o jantar, disse: "Ouvi um programa da NPR [National Public Radio] sobre transtorno bipolar em que disseram que há um novo medicamento chamado Latrigine, Lamuda ou algo assim". Quando isso ocorreu, Karla começou a chorar e saiu da sala.

Karla e Justin conversaram sobre o assunto várias vezes e envolveram seu terapeuta no processo. Concluíram que Justin precisava ser mais assertivo com a mãe em relação a falar sobre a saúde de Karla, qualquer que fosse a forma. Além disso, concordaram que a depressão residual de Karla estava influenciando sua maneira de interpretar as intervenções de Isabel, e que parte do plano exigia que ela deixasse de lado certos comentários. Seguiu-se uma solução mais abrangente, na qual Justin teve uma longa conversa com a mãe sobre por que Karla estava se sentindo magoada, e Karla ensaiou uma resposta de imposição de limites para Isabel ("Não quero falar sobre isso agora; esse é um assunto delicado para mim"). Houve, também, a concordância de que jantares em sua casa envolvendo Isabel poderiam não ser uma boa ideia até que Karla se recuperasse totalmente e que ela deveria expressar a vontade de interagir com Isabel em outros ambientes, sobretudo quando seus filhos estivessem envolvidos.

A solução funcionou, com alguns ajustes adicionais. Mais importante ainda, Karla e Justin sentiram que haviam resolvido o problema de forma colaborativa. Karla percebeu que parte de sua depressão estava relacionada ao estigma de seu transtorno e à forma como era expresso em sua família, bem como à sua própria autocrítica sobre seu progresso.

Fazendo um balanço

Todas as doenças causam estresse nas relações, mas, no transtorno bipolar, o estresse no relacionamento pode contribuir para episódios de humor, e episódios de humor podem contribuir para o estresse no relacionamento. Não obstante, indivíduos com o transtorno são tão capazes quanto qualquer pessoa de ter relacionamentos íntimos ou casamentos de longa duração, apesar das questões emocionais.

Qualquer que seja sua realidade na esfera romântica — namorando, em um relacionamento novo ou duradouro, ou mantendo-se solteiro —, revise as habilidades discutidas neste capítulo e as inclua em seus planos de prevenção de recaídas (Capítulos 1 e 2). Parcerias sólidas podem ser de grande valia para apoiá-lo quando você estiver em risco de desenvolver mania ou depressão, ou quando estiver se recuperando de algum episódio ou, ainda, quando surgirem conflitos com sua família de origem. Sua disposição para trabalhar com seu parceiro a fim de melhorar a comunicação e resolver problemas certamente contribuirá para a longevidade do relacionamento.

9

Fazendo o melhor uso de suas habilidades no trabalho e na escola

Problemas de desempenho na escola e no trabalho são bastante comuns no transtorno bipolar, mas a natureza dessas dificuldades varia bastante de pessoa para pessoa. Você pode estar trabalhando, mas achar que isso exige muito mais esforço do que antes. Pode ter feito bom progresso na faculdade ou em um programa profissionalizante, mas um episódio de mania ou depressão gerou atraso de um semestre inteiro ou um ano. Talvez você adore seu trabalho, mas problemas de memória, atenção e concentração dificultaram seu melhor desempenho. Você pode, talvez, ter perdido o emprego (ou abandonado a escola) porque ficou deprimido quando as exigências se tornaram excessivas. Se já passou por algum desses problemas, saiba que você não está sozinho — cerca de 65% das pessoas com transtorno bipolar têm emprego instável. Os fatores associados a essa instabilidade incluem sintomas depressivos persistentes, doenças físicas, problemas cognitivos (dificuldades de memória e lentidão no processamento de informações) e eventos de vida perturbadores.

Seja qual for a sua situação, você tem todo o direito de esperar sentir satisfação no mundo do trabalho ou dos estudos. A escola e o trabalho impõem diferentes tipos de demandas, mas os desafios que o transtorno apresenta nos dois ambientes são semelhantes. A boa notícia é que existem vários "truques" ou soluções alternativas que você pode aplicar para ter sucesso.

Revelando seu transtorno bipolar

"Tenho medo de receber uma reação negativa ao revelar minha condição às pessoas do trabalho/da escola."

Se você recém iniciou um emprego ou uma faculdade (ou um programa de treinamento profissionalizante), deve revelar seu transtorno? E a quem revelá-lo? As questões aqui são mais complexas do que as envolvidas no namoro (ver Capítulo 8), mas os problemas se repetem com relação ao estigma. Sabe-se que os empregadores são cautelosos quanto à contratação de pessoas com transtornos psiquiátricos, muitas vezes devido a suposições equivocadas sobre violência ou deficiência potencial.

Devido à Lei dos Americanos com Deficiências (1990; *www.ada.gov*),* os possíveis empregadores não podem perguntar em um formulário de contratação ou em uma entrevista se você tem um problema de saúde mental. Não podem demiti-lo, recusar-se a promovê-lo ou obrigá-lo a sair apenas por ter um diagnóstico. Da mesma forma, se você quiser continuar sua formação educacional fazendo cursos profissionalizantes, universitários ou de pós-graduação, a instituição educacional não pode se recusar a admiti-lo ou a passá-lo para a próxima fase por causa do diagnóstico.

Nos ambientes de trabalho, o problema é o seguinte: algumas atribuições de fato exigem a declaração de condições de saúde mental e não violam a lei sobre deficiências, como empregos regulamentados pelo governo ou com altos níveis de exigências de resistência física e mental. Por exemplo, se você estiver tomando lítio e tiver tremores nas mãos, pode não se qualificar para um trabalho que exija mãos firmes para operar uma serra mecânica. Contudo, o empregador precisaria provar que o transtorno interferirá nas funções e que não é possível fazer adaptações no local de trabalho.

ESTRATÉGIA DE PREVENÇÃO 1: Avalie os prós e contras da revelação

Há vantagens claras em revelar seu transtorno em um novo emprego, pois você poderá trabalhar com seu supervisor (ou com o departamento de Recursos Humanos [RH]) a obtenção de **adaptações razoáveis** (descritas a seguir,

* N. de R. T. No Brasil, ver a Súmula nº 443/2012 do Tribunal Superior do Trabalho (https://www.jusbrasil.com.br/jurisprudencia/tst/sumulas/sumula-n-443-do-tst/1431370567).

na página 171). Isso pode aumentar sua aceitação do transtorno quando colegas de trabalho se mostrarem mais receptivos do que o esperado. Do ponto de vista prático, quando as pessoas no trabalho souberem do seu transtorno, poderão ajudar caso você tenha uma crise com pensamentos suicidas, um ataque de pânico ou um desejo irresistível de dar um soco no chefe.

As desvantagens são bastante simples: empregadores que mantêm atitudes estigmatizantes podem decidir pela demissão ou pela redução das horas de trabalho do indivíduo com transtorno. Isso é ilegal, e a empresa pode ser investigada pela Equal Employment Opportunity Commission (Comissão de Oportunidades Iguais de Emprego dos Estados Unidos),* mas é difícil provar legalmente que a demissão ocorreu por causa da condição de saúde.

Alguns de meus pacientes relataram que, após a informação se espalhar no trabalho, o comportamento deles passou a ser interpretado em termos do rótulo de diagnóstico. Caso fiquem irritados com alguém ou algum acontecimento, sua resposta será vista como "exagerada". Se estiverem trabalhando duro para cumprir um prazo, os colegas se perguntam se está ocorrendo um episódio de mania. Essas situações podem causar níveis variados de desconforto e ser até um fator decisivo (necessidade de encontrar outro emprego). Também existem diferenças geracionais: os *millennials* (nascidos entre o início da década de 1980 e o início da década de 2000) parecem se sentir mais à vontade para revelar problemas psiquiátricos do que indivíduos das gerações anteriores.

Se você trabalha há vários meses e não contou ao empregador ou a colegas de trabalho, provavelmente tem bons motivos para ser cauteloso. No entanto, você pode ter uma boa ideia sobre quem, entre seus colegas, merece sua confiança para compartilhar esse tipo de informação. Se você está pensando em contar a um amigo próximo no trabalho, reflita: como ele falou sobre saúde mental no passado? Tende a fazer fofoca sobre colegas? Trata as pessoas com respeito e confidencialidade?

Quanto à revelação na escola, as vantagens e desvantagens são semelhantes. A Lei Educacional para Indivíduos com Deficiência e a Seção 504 da

* N. de R. T. No contexto brasileiro, em caso de discriminação no trabalho devido ao transtorno bipolar, ou outro transtorno mental, é possível buscar a ajuda de um advogado trabalhista, denunciar a situação em seu sindicato profissional ou fazer denúncia junto ao Ministério Público do Trabalho (MPT; https://mpt.mp.br).

Lei de Reabilitação oferecem proteções para jovens adultos (até 21 anos) com transtornos mentais em ambientes educacionais, e a Lei dos Americanos com Deficiências fornece proteções para adultos. As escolas não podem se recusar a oferecer educação adequada a todos em razão de alguma deficiência física ou mental documentada. Você pode ler sobre essas leis em *https://sites.ed.gov/idea* ou *www.ada.gov*.*

Durante a reflexão sobre revelar ou não, considere algumas questões: por que você quer que seu empregador ou professor saiba? É porque você necessita de adequações no trabalho ou na escola? É porque outras pessoas revelaram seus problemas de saúde mental e receberam boa resposta dos colegas? Você está em busca de apoio emocional? Todos esses são bons motivos, mas precisam ser equilibrados com a reação negativa que pode ocorrer no ambiente. **Minha recomendação é a mesma para qualquer condição de saúde: mantenha o sigilo, a menos que deseje um resultado específico — por exemplo, adequação em seu horário de trabalho, nas condições de trabalho ou nas tarefas em sala de aula.**

"Quero revelar meu transtorno, mas não faço ideia do que ou quanto dizer."

Assim como no caso do namoro, as pessoas variam em relação ao quanto revelam aos empregadores ou professores atuais ou potenciais. Alguns indivíduos com o transtorno contam toda a sua história a cada novo conhecido, inclusive internações, experiências negativas com psiquiatras e terapeutas, tentativas de medicação fracassadas e tratamento domiciliar. Outros fornecem apenas um breve resumo: quando foram diagnosticados pela primeira vez, quais medicamentos tomam e se consultam um terapeuta. Eis uma maneira equilibrada de abordar o assunto com um empregador (ou um instrutor ou professor):

> "Estou lidando com algumas questões com meu humor e níveis de energia. São problemas que têm base biológica, mas isso significa que meu trabalho possa ser irregular. Terei momentos de muita energia e farei

---

* N. de R. T. No contexto brasileiro, as seguintes legislações podem ser consultadas para mais esclarecimentos: Lei Brasileira de Inclusão da Pessoa com Deficiência (Lei nº 13.146/2015 — Estatuto da Pessoa com Deficiência); Constituição Federal (1988); Lei de Diretrizes e Bases da Educação Nacional (Lei nº 9.394/1996)

muitas tarefas, mas haverá momentos de aparente lentidão ou pouca motivação. Gostaria de sua ajuda para organizar [horário de trabalho, trabalho remoto em alguns horários, etc.]. Gostaria de receber um retorno regular sobre como estou me saindo para poder cumprir minhas responsabilidades."

Nesse exemplo, não há menção ao transtorno bipolar. Você pode preferir dar um nome (talvez o empregador ou professor já tenha entendido), mas pode não ser necessário, desde que seu interlocutor entenda quais adequações estão sendo solicitadas.

ESTRATÉGIA DE PREVENÇÃO 2: Solicite adaptações razoáveis

O melhor motivo para revelar seu transtorno é solicitar ajustes nas funções, no contexto, ambiente ou horário do trabalho, de modo que se adaptem aos limites impostos pelos seus estados de humor ou padrões de sono. Boas adequações tornarão as tarefas de trabalho menos estressantes, mais confortáveis e menos demoradas, para que você possa ter o melhor desempenho possível.

Minha experiência mostra que pessoas com transtorno bipolar têm melhor desempenho em empregos (ou ambientes educacionais) que fazem algumas ou todas as seguintes adaptações. A lista não é exaustiva, nem se deve esperar que empregadores ou instituições escolares atendam a todas:

- horários regulares e previsíveis (em vez de constantemente variáveis), permitindo um horário regular de sono e vigília;
- início um pouco mais tardio do dia de trabalho ou escolar (por exemplo, a partir das 10 horas, se o início deveria ser às 8 ou 9 horas) para ajudar a lidar com a inércia do sono;
- liberdade para agendar consultas com médicos ou terapeutas sem sacrificar o salário ou perder créditos escolares;
- distância física de outros funcionários ou alunos e intervalos suficientes que permitam o relaxamento;
- *feedback* por escrito de supervisores ou professores com sugestões para melhorar o desempenho, em vez de apenas *feedback* oral (com potencial de ser emocionalmente prejudicial).

Ao se candidatar a uma vaga, sugere-se que você solicite adequações depois de receber a oferta (e antes de aceitar), para que sua solicitação não seja usada como motivo de desqualificação. Outra alternativa é trabalhar por algumas semanas antes de apresentar uma lista de adequações, pois talvez você ainda não saiba o que pedir (por exemplo, você não sabia que trabalharia em uma sala barulhenta e poderia se beneficiar de fones de ouvido com cancelamento de ruído ou de um dispositivo de ruído branco). Em empresas maiores, o departamento de RH pode orientar sobre quais adequações funcionariam para empregado e empregador.

Imagine que, logo pela manhã, você seja solicitado a fazer o balanço contábil das vendas do dia anterior. Pode ser muito mais fácil fazer isso no final do dia, quando você estiver plenamente desperto. Se a empresa permitir flexibilidade nessa tarefa, sua solicitação de um prazo mais longo pode ser razoável. Outro exemplo: você é atendido por um terapeuta de quem realmente gosta, mas a única consulta disponível é na terça-feira, às 14h, bem no meio do expediente. Você deve poder negociar um horário de almoço tardio (ou mais longo) na terça-feira. Alguns empregadores são exigentes quanto ao número de horas trabalhadas; portanto, se necessário, pode oferecer-se para ficar uma hora a mais no dia.

Para certas adequações, pode ser necessário revelar seu transtorno. Desconfie de qualquer empregador ou departamento de RH que ofereça uma vaga e, quando você pedir uma adequação, diga: "Você deveria ter nos contado sobre isso antes". Você não é obrigado a contar a ninguém sobre sua doença quando estiver se candidatando a um emprego. Se acredita que foi vítima de discriminação ou preconceito, entre em contato com a divisão local da U.S. Equal Employment Opportunity Commission (*www.eeoc.gov*) ou ligue para 800-669-4000.*

ESTRATÉGIA DE PREVENÇÃO 3: Se você estiver na escola ou universidade, consulte um serviço para estudantes com deficiências**

Embora você possa se irritar com a ideia de chamar o transtorno bipolar de deficiência, esse é um termo genérico que as escolas usam para qualquer

* N. de R. T. No Brasil, você pode encontrar canais de denúncia no seu sindicato profissional ou Ministério Público do Trabalho (MPT).

** N. de R. T. Algumas escolas e universidades brasileiras contam com divisões ou departamentos especializados, que fornecem suporte pedagógico a estudantes com vulnerabilidades, incluindo indivíduos com diagnósticos de transtornos mentais, como o transtorno bipolar.

condição que possa inibir o progresso. Uma deficiência documentada (comprovada por médico) pode protegê-lo se seus sintomas interferirem na sua frequência ou nos trabalhos escolares. Alguns professores não são flexíveis e insistem que todos tenham os mesmos prazos, mas a equipe do serviço local para pessoas com deficiência pode intervir em seu nome para ajudá-lo a atender a diferentes requisitos. Exemplos de adaptações escolares: prorrogar o prazo de entrega de um trabalho, evitar fazer provas no início da manhã e agendar provas de recuperação se o horário de uma prova interferir no tratamento do indivíduo. Esses simples ajustes podem fazer uma grande diferença para você, se estiver deprimido.

Estratégias para o sucesso na escola e no trabalho

"Quero ser bem-sucedido, mas é difícil quando meus sintomas interferem."

Até que ponto a depressão interferiu na conclusão de suas disciplinas na escola ou de suas tarefas no trabalho? Os sintomas de depressão e ansiedade podem tornar ainda mais difícil chegar à escola ou ao trabalho no horário, cumprir a jornada completa ou concentrar-se em uma tarefa por vez. A apatia e a anedonia (falta de prazer) que fazem parte da depressão podem contribuir para a baixa motivação. Você pode ter experimentado o oposto durante os períodos de hipomania ou mania: sentir que as pessoas estão se movendo muito devagar ou ficar frustrado com a falta de progresso dos outros.

ESTRATÉGIA DE PREVENÇÃO 1: Estudar ou trabalhar em meio turno

Essa estratégia pode ser muito útil se você estiver saindo de um episódio de humor. Muitos estudantes universitários passam por episódios depressivos no semestre de outono e não estão totalmente recuperados até a primavera. A maioria das faculdades tem orientadores acadêmicos ou conselheiros que podem orientar sobre quais cursos fazer na primavera para voltar ao ambiente universitário.

Se você precisou se afastar da escola/faculdade ou do trabalho, pode ficar tentado a voltar com "todas as armas em punho" e trabalhar muito mais do que pode suportar. Esse plano costuma ter efeito inverso devido às limitações cognitivas que acompanham a depressão ou a mania/hipomania.

Escolha um cronograma de disciplinas menos exigente do que seria típico para você (ou para a faculdade que você frequenta). Voltar a estudar em meio turno pode ser uma forma razoável de equilibrar suas horas de trabalho com o tempo de lazer e sono regular. Talvez você leve mais tempo do que seus colegas para terminar a faculdade, mas, a curto prazo, a carga de trabalho mais leve aumentará suas chances de ter sucesso na universidade com a saúde intacta. Ao sair de um episódio, considere a possibilidade de trabalhar meio período, se for viável — mesmo que não seja viável por muito tempo, pode ser melhor a longo prazo do que comprometer sua saúde para trabalhar em tempo integral e depois ter de sair.

"Fico ansioso e sobrecarregado no trabalho (ou na escola/faculdade) quando tenho muito o que fazer. Então, fico na defensiva ou irritado com meus colegas de trabalho. Como faço para gerenciar isso?"

Essa é uma área em que as estratégias imediatas serão de grande ajuda. Se você está trabalhando com um prazo e todos ao seu redor estão apressados fazendo exigências, o estresse e a ansiedade podem se tornar intoleráveis. Além das estratégias a seguir, o Capítulo 3 descreve vários métodos de redução do estresse, alguns dos quais podem ser aplicados durante o dia de trabalho.

ESTRATÉGIA IMEDIATA 1: Comece o dia com um breve exercício de meditação

A meditação pode ajudar a relaxar. Uma meditação respiratória, na posição sentada, de 20 a 30 minutos, ou de varredura corporal (*www.headspace.com/meditation/body-scan*) pode ajudar a concentrar sua atenção ao começar a lidar com as tarefas do dia.

ESTRATÉGIA IMEDIATA 2: Faça pausas curtas, mas frequentes

Pode ser preciso negociar com antecedência com seu supervisor para realizar essa estratégia, mas você pode preferir pausas de 10 minutos a cada hora a pausas de 30 minutos a cada 3 horas. Se você se sentir superestimulado por outras pessoas, e, especialmente, se tiver vontade de gritar com elas, encontre um lugar tranquilo para se sentar sozinho. Se achar difícil sentar-se e respirar, use as distrações que o ajudam a relaxar quando está em casa: assista a alguns vídeos musicais, leia, resolva um quebra-cabeça ou jogue *videogame*.

ESTRATÉGIA IMEDIATA 3: Converse com um amigo ou colega de trabalho

Uma breve conversa com um amigo de confiança fora do ambiente de trabalho ou da escola/faculdade — alguém que o entende e valoriza sua privacidade — pode ser a solução durante um intervalo de trabalho estressante. Um colega de trabalho pode presumir que você deseja conselhos sobre como lidar com suas tarefas, aumentando seu estresse quando você prefere conversar com alguém que apenas o escute. No meio do dia de trabalho e sem uma consulta agendada, os terapeutas geralmente não são a opção ideal.

ESTRATÉGIA IMEDIATA 4: Peça para continuar seu trabalho em casa

Desde a pandemia de covid-19, cresceu muito o número de empregadores que permitem aos funcionários a realização de parte ou de todo o trabalho de forma remota. Discuta a política do local de trabalho com seu supervisor. Se sua tarefa é produzir um relatório por escrito até o final do dia, seu supervisor pode não se importar de onde você o faz, desde que o faça. Levar a tarefa para casa pode fazer uma grande diferença para você no momento.

ESTRATÉGIA IMEDIATA 5: Conheça seus limites de estresse

Certos empregos (como enfermagem, construção civil, comércio varejista ou trabalho em restaurantes) podem exigir presença durante todo o dia e envolver pedidos frequentes ou inesperados para cobrir turnos extras. Se você percebe que está ficando sempre estressado por causa do trabalho, tenha cuidado redobrado com a quantidade de tarefas e de turnos que assume.

Algumas pessoas usam a imagem de um termômetro de estresse (disponível a seguir) para descrever onde se encontram em uma escala de 0 a 100 de estresse emocional e fisiológico. Você pode descobrir que, à medida que se aproxima dos níveis mais altos, sente-se suado, seu coração dispara e sua respiração se torna mais rápida ou difícil. Seu humor pode mudar de um leve aborrecimento para raiva ou até mesmo fúria. Se achar que a escala corresponde à forma como você vivencia o estresse, escolha um ponto na escala (50 a 60 é típico) em que mudar para outra atividade (ou sair do trabalho ou, ainda, não fazer um turno adicional) ajudará a evitar um colapso ou um grande confronto. Lembre-se: adaptações que permitem pausas na rotina de trabalho geralmente podem ser organizadas com antecedência.

TERMÔMETRO DE ESTRESSE

O que deixou você estressado ultimamente?

____

____

____

____

Avalie, de 0 a 100, o quanto você se sentiu angustiado ou com raiva no seu pior momento do dia de hoje.

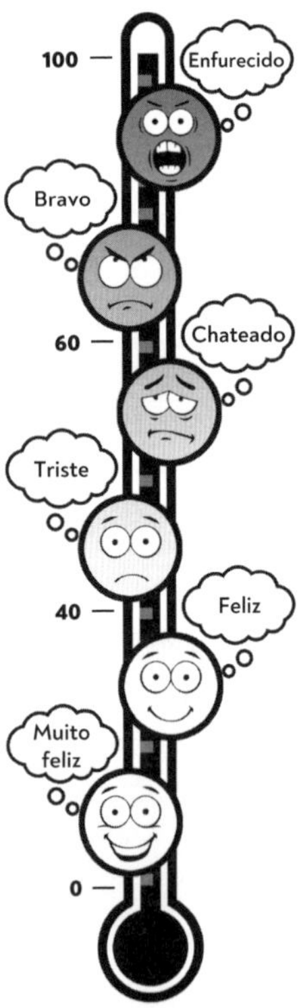

Atitudes que você tomou (ou pode tomar) para se sentir melhor:

PARE!	____________________
Acalme-se	____________________
Relaxe	____________________
Pense no que realmente funciona	____________________
Pense em algo bom	____________________
Faça uma atividade que melhore seu humor*	____________________

*Veja o quadro disponível no Capítulo 1, para ter ideias.

Se você está sempre achando seu trabalho estressante demais ou sentindo que está à beira de uma recaída de humor, avalie se a mudança de emprego é possível. Sabemos que boas vagas são difíceis de encontrar, e talvez você tenha se esforçado muito para entrar em seu emprego atual, mas não permaneça em um trabalho que represente uma ameaça à sua saúde.

"Problemas de memória e atenção estão interferindo no meu desempenho profissional e escolar."

Se você tem enfrentado problemas de memória, atenção ou concentração no trabalho, saiba que não está sozinho. Muitas pessoas com transtorno bipolar (cerca de 40%, segundo estimativas) apresentam problemas cognitivos persistentes mesmo quando não estão em um estado sintomático. Questões de ordem cognitiva podem ser muito desanimadoras para quem já passou por um longo episódio e está tentando retomar uma aparência de vida normal.

Quando as pessoas estão deprimidas, sua memória de curto prazo pode ser afetada, o que geralmente se manifesta ao esquecer nomes ou números de telefone (quando recém ouviram essas informações), fazer cálculos ou ler. A concentração pode ser muito difícil de alcançar. Algumas pessoas também esquecem as etapas necessárias para concluir tarefas (por exemplo, os formulários que precisam preencher para receber o pagamento mensal). Outras descrevem a "névoa mental", especialmente pela manhã — a incapacidade de se concentrar em tarefas e ignorar informações irrelevantes, recuperar palavras, relembrar eventos e se concentrar em conversas.

Mania ou hipomania também podem estar associadas a problemas de concentração, confusão e esquecimento, durante ou após o episódio. Um estudo descobriu que os sintomas depressivos leves que persistem após um episódio maníaco estão associados a atrasos na recuperação do nível de funcionamento no trabalho, nos estudos ou na vida social que se tinha antes do episódio maníaco.

ESTRATÉGIA DE PREVENÇÃO 1: Reavalie seu regime de medicação com o médico

Se você está com dificuldades de memória ou atenção no trabalho, marque uma consulta com seu médico para discutir suas medicações e dosagens. Alguns medicamentos podem contribuir para a perda de memória — o lítio, apesar de seu excelente histórico na prevenção de recaídas, tem o efeito colateral de comprometimento da memória. Suas doses estão altas demais, a ponto de interferirem em sua clareza mental pela manhã, fazendo você se sentir sedado? Você pode se valer de um medicamento que melhore a cognição, como a modafinila.

Ao descobrirem que seus medicamentos dificultam a lembrança ou o processamento de informações, algumas pessoas interrompem o tratamento. **É importante tentar ajustar os medicamentos antes de cessá-los.** Interromper substâncias como o lítio, especialmente de forma abrupta, pode provocar recaída grave e contribuir para pensamentos suicidas (consulte o Capítulo 13).

ESTRATÉGIA DE PREVENÇÃO 2: Tente se exercitar regularmente

Há evidências contraditórias de que o exercício regular melhora o funcionamento cognitivo; seus benefícios mais confiáveis parecem estar no humor (consulte o Capítulo 10). Um bom plano é tentar ser fisicamente ativo por 20 a 30 minutos, pelo menos quatro dias por semana. Atividade física não significa apenas ir à academia; pode ser um passeio com o cachorro, dançar ou ir para o trabalho de bicicleta.

ESTRATÉGIA DE PREVENÇÃO 3: Evite álcool e maconha

É possível que você deseje consumir bebida alcoólica ou maconha depois do trabalho ou da escola, e o uso ocasional pode não ser prejudicial. Embora essas substâncias possam melhorar seu humor ou diminuir sua ansiedade por um tempo, têm potencial de piorar a perda de memória com o passar do tempo. O uso regular interferirá na eficácia de seus medicamentos, aumentando suas chances de recaída. Uma taça de vinho no jantar pode ser aceitável, mas evite ir ao bar na saída do trabalho ou escolher atividades que facilitem o consumo de álcool. O gerenciamento do abuso de substâncias é um assunto à parte, abordado no Capítulo 12.

ESTRATÉGIA DE PREVENÇÃO 4: Jogue jogos de computador *on-line*

Pense em sua memória e atenção como músculos que ficam mais fortes com o uso frequente. Jogar *videogames* pode ajudar a manter seu pensamento mais afiado, desde que você escolha jogos que exijam resolução de problemas, memória ou quebra-cabeças (um bom *site* é *www.brainhq.com*, com atividades disponíveis em inglês). O Lumosity (*www.lumosity.com/pt*, disponível em português) oferece vários exercícios *on-line* que podem ser benéficos para o funcionamento cognitivo.

ESTRATÉGIA DE PREVENÇÃO 5: Analise a reabilitação cognitiva

Se houver disponibilidade em sua comunidade e seu médico encaminhar, inscreva-se em um programa de reabilitação cognitiva que ocorra pelo menos uma vez por semana e ofereça estratégias guiadas para atenção, concentração e memória. Também existem exercícios cognitivos que você pode fazer em casa, semelhantes aos que pode fazer na terapia (por exemplo, *https://worksheets.happyneuronpro.com/packets* [em inglês]), mas a reabilitação cognitiva, assim como a fisioterapia, tem maior probabilidade de beneficiá-lo se houver um médico ou um grupo trabalhando ao seu lado.

ESTRATÉGIA DE PREVENÇÃO 6: Evite o excesso de açúcar

Há evidências crescentes de que dietas adequadas (assunto abordado no Capítulo 11) podem melhorar o humor e a cognição. Por enquanto, apenas avalie seu consumo de açúcar. Quem tem o hábito diário de consumir bebidas açucaradas (refrigerantes, energéticos ou sucos de frutas com açúcar adicionado) pode ter maior probabilidade de enfrentar problemas de memória e volumes cerebrais menores. A boa notícia é que você pode reverter esses danos tendo uma alimentação com baixo índice glicêmico e baixo teor de açúcar, como no caso das dietas cetogênica ou mediterrânea.

ESTRATÉGIA IMEDIATA 1: Use lembretes automatizados

Se é frequente esquecer-se de reuniões, aulas, retornos de chamada ou pequenas tarefas que precisam ser feitas junto com compromissos mais importantes, use as notificações em seu telefone ou *e-mail* ou mantenha um diário de tarefas *on-line* (por exemplo, o Microsoft Outlook tem uma lista de tarefas separada que pode ser combinada com sua agenda diária). Por mais irritantes que sejam, assistentes de voz podem ser programados para lembrá-lo dessas tarefas.

ESTRATÉGIA IMEDIATA 2: Mantenha um registro do que você está fazendo ao longo do dia e das etapas necessárias para concluir cada tarefa

O ato de anotar as etapas pode facilitar que você as relembre depois.

ESTRATÉGIA IMEDIATA 3: Registre suas distrações

Se você se distrair, mantenha notas adesivas por perto, anote o motivo da distração e volte para sua tarefa. Se as distrações são sempre as mesmas, talvez seja necessário modificar seu ambiente de trabalho. Por exemplo, no momento em que escrevo este parágrafo, estou tentando evitar me distrair com os sons de sopradores de folhas e caminhões dando ré. Ouvir música em fones de ouvido pode ajudar a abafar o ruído de fundo, mas a música de outras pessoas, especialmente se tocada em alto volume, pode causar muita distração (consulte o Capítulo 4 para conferir sugestões de como lidar com essa situação).

As redes sociais podem ser grande fonte de distração e, na verdade, são projetadas para isso. Se você costuma acessar suas redes enquanto está no trabalho ou na escola/faculdade, use um cronômetro, com a instrução autoimposta de trabalhar em determinada tarefa por *X* minutos sem se distrair.

ESTRATÉGIA IMEDIATA 4: Faça pausas para meditação

Há evidências de que a meditação está associada ao aprimoramento da memória e do relaxamento. Em um intervalo de 10 minutos no trabalho ou na escola, você pode fazer uma meditação de 5 minutos, talvez com a ajuda de exercícios pré-gravados disponíveis no YouTube.

Quando você precisa de uma pausa no trabalho após um episódio

Se você tem emprego, mas está com problemas para concluir tarefas, considere se alguma das adaptações listadas anteriormente seria uma solução temporária eficaz. Por outro lado, se tem enfrentado dificuldades constantes para manter um emprego devido a períodos persistentes de depressão ou dificuldades cognitivas, considere solicitar o auxílio por incapacidade temporária. Solicitar esse auxílio não deve ser motivo de vergonha nem ser encarado como uma forma de desistência — pelo contrário, pode ser uma etapa essencial que elimina um grande fator de estresse se você estiver deixando para trás um episódio de humor.

ESTRATÉGIA DE PREVENÇÃO 1: Solicite o auxílio por meio do seu empregador*

Se você trabalha com registro formal e fizer a avaliação médica pericial adequada, terá direito ao benefício. Você pode solicitar o auxílio por incapacidade temporária, o que deve ser feito por meio da Previdência Social. Profissionais que podem colaborar nesse processo são assistentes sociais (com orientações sobre a documentação necessária, por exemplo) e profissionais que fornecem reabilitação profissional (atuantes nas áreas de terapia ocupacional, fisioterapia, psicologia, etc.). Lembre-se: o pagamento do benefício pode demorar algumas semanas, sendo necessário considerar se a medida atende situações de emergência (se for preciso ter dinheiro imediatamente, por exemplo).

Aqui, cabe a reflexão: por quanto tempo você deseja manter o auxílio recebido? Apenas até o final do episódio de humor? Pelo resto do ano? Por período indefinido? A dificuldade de voltar ao mercado de trabalho pode ser maior se você estiver recebendo benefício por longo período.

ESTRATÉGIA DE PREVENÇÃO 2: Use seu tempo para desenvolver habilidades e trabalhar como voluntário

É importante usar seus pontos fortes e desenvolver habilidades antes de voltar ao mercado de trabalho. Se deseja seguir carreira no jornalismo, trabalhe como voluntário em um jornal local. Se deseja trabalhar no setor de saúde, existem muitos hospitais, casas de repouso e estabelecimentos residenciais que aceitam voluntários até para cargos com muitas responsabilidades. Se seu propósito é cuidar de animais, pode atuar em uma organização não governamental (ONG). No setor cultural, pode atuar em festivais de música.

Em resumo, você pode achar o voluntariado mais significativo do que aquilo que vivenciou no trabalho remunerado, sem toda a pressão envolvida. Muitas pessoas se surpreendem ao descobrir que sua atuação voluntária, iniciada apenas para ocupar o tempo, acaba satisfazendo uma necessidade importante de propósito e pode abrir portas para oportunidades remuneradas.

* N. de R. T. Para informações precisas, consulte: https://www.gov.br/inss%252C/pt-br/direitos-e-deveres/servico-social e https://www.gov.br/inss/pt-br/direitos-e-deveres/reabilitacao-profissional.

Fazendo um balanço

Depois de ler este capítulo, pense em suas opções e tente preencher a ficha de planejamento (disponível a seguir). O objetivo da ficha não é prender você a um plano de ação específico, mas considerar suas opções. Estando no meio de um episódio depressivo, você pode responder às perguntas de forma diferente em comparação aos momentos em que se sente bem, mas não satisfeito com sua linha de trabalho.

Se estiver enfrentando problemas para encontrar um emprego para o qual esteja qualificado, consulte um consultor de carreira ou um *coach*. Esses profissionais são capazes de ajudá-lo a avaliar se seu emprego atual é adequado e quais outras opções estão disponíveis.

Por fim, não perca a esperança! Aceitar as limitações impostas pela doença não é fácil. O transtorno bipolar pode atrasar, mas não pode apagar seus objetivos de vida. Converse com outras pessoas que também têm o transtorno e veja como lidaram com situações semelhantes. Muitas pessoas com grande talento, criativas e produtivas tiveram esse transtorno, conforme relatado no livro de Kay Jamison: *Touched With Fire: Manic-Depressive Illness and the Artistic Temperament* (1993).

FICHA DE PLANEJAMENTO ESCOLAR E DE TRABALHO

Estou reingressando no mercado de trabalho (ou voltando aos estudos) após um episódio de humor. Quais "adaptações razoáveis" devo solicitar?

Quero revelar que tenho transtorno bipolar? O que eu diria?

Se estiver me sentindo deprimido e com dificuldades para cumprir o dia de trabalho ou o dia escolar, o que posso fazer?

Quais estratégias podem me ajudar com a ansiedade ou o estresse no trabalho/na escola?

Quais estratégias posso usar para melhorar a memória e a atenção?

Quais são os argumentos a favor ou contra a solicitação de auxílio de saúde?

10

Mantendo-se saudável

ATIVIDADE FÍSICA

Uma grande questão na mente de muitas pessoas com transtorno bipolar é como se manter fisicamente saudável, apesar da baixa energia e da motivação reduzida por conta da depressão, dos intensos desejos por comida (ou falta de apetite), da dor física e emocional e dos medicamentos que podem causar ganho de peso. Quando em mania ou hipomania, algumas pessoas com o transtorno se sentem impelidas a estar sempre fisicamente ativas até o ponto de exaustão. Depois, quando estão deprimidas, abandonam a atividade.

Há muito se sabe que exercício físico e dieta saudável melhoram o humor, a cognição, o aprendizado e a memória. Pode ser um apoio no gerenciamento de fatores de risco cardiovascular, como peso, pressão arterial, funcionamento renal e sensibilidade à insulina e é uma prática importante para proteger o indivíduo de episódios de humor, além de acelerar a recuperação desses episódios. O Capítulo 11 oferece estratégias para manter uma dieta saudável. Este capítulo oferece estratégias para a realização da atividade física saudável. Uso o termo *atividade física* de forma ampla para designar qualquer atividade que exija mover os músculos. A maioria das pessoas associa atividade física a rotinas de exercícios focadas e estruturadas, mas ela assume muitas formas diferentes: passear com o cachorro, subir e descer escadas, fazer jardinagem, ir de bicicleta para o trabalho ou se deslocar caminhando em vez de dirigir. Embora se saiba que aumentar a atividade física é um hábito de saúde positivo, há pouco conhecimento sobre a intensidade útil para a pessoa com transtorno bipolar, como fazê-la funcionar quando há depressão e baixa motivação, ou quanto é demais quando há episódios de mania ou hipomania.

A relação de amor e ódio entre transtorno bipolar e atividade física

> "Eu e meu médico somos bons em comunicação bidirecional. Quando fico deprimida, ele aconselha começar a me exercitar. E quando me diz isso, eu digo para ele ir se f..."
>
> —*Mulher de 42 anos com transtorno bipolar tipo II*

Você pode ter ouvido recomendações bem-intencionadas, mas óbvias, de médicos ou familiares sobre ser fisicamente ativo e seguir uma dieta saudável, como se isso fosse apenas uma questão de entrar em uma academia ou abastecer suas prateleiras. Esse tipo de conselho pode parecer muito invalidante. Na verdade, as pessoas não adotam estilos de vida saudáveis só porque outras aconselham. É bem mais frequente que elas façam mudanças quando esses novos hábitos proporcionam sensação de controle sobre suas vidas.

Há muitos bons motivos para ser fisicamente ativo, além de apenas perder peso. Na verdade, as pessoas sentem os benefícios mesmo quando o peso corporal não muda: seu humor melhora, há mais energia e mais desejo sexual, percebe-se atitude mais positiva em relação à vida e é possível reduzir a quantidade de medicamentos ou suas doses. Contudo, conforme mencionado nos capítulos anteriores, durante a depressão, você pode se sentir menos capaz de alcançar prazer ou recompensas (anedonia), sejam físicas, sociais ou materiais. A anedonia pode interferir na motivação e diminuir qualquer alegria que o indivíduo possa sentir com a atividade física. Como resultado, o exercício é um desafio maior para pessoas com transtorno bipolar, e esse é um dos motivos pelos quais mensagens como "Você deveria sair e se exercitar" parecem invalidantes ou sem empatia.

ESTRATÉGIA DE PREVENÇÃO: Descubra como seu nível atual de atividade física está afetando seu humor

Como mostrado ao longo deste livro, o primeiro passo para mudar comportamentos relacionados à saúde é monitorar o que você está fazendo agora e como isso se relaciona com o seu humor. Manter registros do seu nível básico de atividade ajudará a determinar o quanto você precisa aumentar ou reduzir e como alcançar um equilíbrio. Usando o quadro "Atividade física e dieta" (disponível a seguir), comece registrando seu nível de atividade atual para cada

ATIVIDADE FÍSICA E DIETA

Para cada dia, registre o que você comeu em cada refeição, a quantidade de tempo gasto se exercitando, o humor e a hora de acordar/dormir.

Dia	Café da manhã	Almoço	Jantar	Lanches	Bebidas	Atividade física *(tempo médio)*	Humor do dia *(–5 a +5)*	Hora de acordar	Hora de dormir
Segunda-feira									
Terça-feira									
Quarta-feira									
Quinta-feira									
Sexta-feira									
Sábado									
Domingo									

dia da semana (por exemplo, quantos minutos você está movendo seu corpo de alguma forma) e uma avaliação diária de seu humor (uma classificação de 1 a 10 de depressão ou uma escala de −5 [*deprimido*] a +5 [*maníaco*] pode ser a mais familiar). Se sua atividade física ocorrer durante um período distinto do dia, você pode fazer avaliações do humor antes e depois desse período. Por enquanto, não se preocupe com sua dieta; pedirei que você preencha essa parte do registro no Capítulo 11. Manter esses registros por várias semanas ou meses poderá esclarecer se a atividade física e a dieta estão contribuindo para estabilidade ou mudanças de seu humor, bem como com que frequência um aumento em sua atividade ocorre junto com uma alimentação mais saudável.

"Não me exercito quando estou deprimido – não consigo me obrigar. Como agir para me convencer de que devo me exercitar?"

ESTRATÉGIA DE PREVENÇÃO 1: Defina suas metas pessoais de saúde

Todos nós já tivemos a experiência de decidir, em uma noite, iniciar um programa intensivo de exercícios no dia seguinte, envolvendo corrida, natação, musculação ou ciclismo. Quando o dia seguinte se inicia, fazer qualquer uma dessas atividades parece tão provável quanto subir o Monte Kilimanjaro.

Em momentos de depressão (e até sem), ouvir a frase "Você precisa se exercitar mais" é tão convidativo quanto "Planeje suas próximas cinco consultas odontológicas". A palavra *exercício* pode, por si só, ser um gatilho, trazendo à tona memórias difíceis e conversas internas negativas. Por ser sempre altamente recomendado, pessoas com transtorno bipolar se sentem pressionadas demais, o que acaba tendo efeito contrário. Em vez disso, pense na sua *qualidade de vida* como o objetivo mais amplo: sua sensação de bem-estar no contexto de metas, expectativas e cultura ao seu redor. A atividade física é apenas um elemento que contribui para a qualidade de vida.

- **Etapa 1: motive-se a se exercitar com base em seus objetivos de vida imediatos.** O que é mais importante para você agora? O que gostaria de dizer daqui seis ou 12 meses e que pareceria um progresso? A seguir, há exemplos de como as pessoas costumam responder a essas perguntas; marque todas as respostas que se aplicam a você. Há quem escreva esses objetivos de vida em uma folha de papel e a pendure onde pode ser vista todos os dias; há quem prefira não ter que olhar constantemente para ela.

- ☐ Aliviar minha depressão sem causar mudança para mania ou hipomania.
- ☐ Perder peso e me sentir mais saudável.
- ☐ Ter um relacionamento romântico saudável.
- ☐ Sentir-me menos estressado e ansioso no trabalho ou nas aulas.
- ☐ Reduzir o número de medicamentos que tomo.
- ☐ Dormir melhor.
- ☐ Outros (especifique: ________________________________).

- **Etapa 2: considere a relevância da atividade física para esses objetivos.** Seus objetivos para se exercitar podem ser bem diferentes em momentos de depressão e sem esse quadro; portanto, os planos de exercício irão variar. Se seu principal objetivo é sair do estado atual de depressão, exercitar-se (mesmo que moderadamente) será uma das muitas decisões que podem ajudar, desde que a depressão não seja tão grave a ponto de fazer a atividade física parecer impossível. Se seu principal objetivo é conhecer uma pessoa e ter um relacionamento romântico, perder peso e estar em forma talvez seja importante para você. Se seu propósito é se sentir menos estressado na escola, a atividade física pode desempenhar um papel menor em suas atividades diárias, mas certamente ajudará em sua atenção e concentração. Fazer exercícios físicos melhora a pressão arterial, reduzindo a necessidade ou quantidade de medicamentos sedativos para hipertensão.

Ao planejar uma rotina de exercícios, é melhor ficar de olho nos propósitos pessoais, como melhorar o humor, diminuir o estresse ou dormir melhor. Tente desviar seu foco de objetivos imediatos e concretos, como "número de calorias consumidas" ou "número de passos dados a cada dia". É muito fácil definir objetivos concretos quando você está se sentindo bem, mas ao ficar deprimido, questionará por que estabeleceu esses objetivos. Trace metas pessoais positivas, como sentir mais energia ou mais confiança em si mesmo ou ficar menos estressado.

ESTRATÉGIA DE PREVENÇÃO 2: Faça o exercício funcionar para você

Se você já tentou se exercitar antes, mas não funcionou, de que forma gostaria de tentar agora? Vários princípios podem ajudá-lo a se engajar em uma rotina de exercícios.

ESTRATÉGIA 2A: Se você não se exercita há algum tempo, comece com um exercício muito fácil – uma caminhada ao redor do quarteirão, alguns polichinelos, uma rotina leve de ioga

Pense mais em *atividade física* do que em exercícios, com o objetivo de apenas fazer mais movimentos corporais. Você pode estar até de pijama; não precisa ir a uma academia. É provável que você perceba uma melhora rápida do humor, mas evite ser autocrítico se não puder fazer isso todos os dias ou se achar que as atividades são dolorosas. Se teve problemas recentes de saúde, uma consulta rápida com seu clínico geral pode ajudar a definir o que é possível ou aconselhável no momento.

ESTRATÉGIA 2B: Desenvolva a rotina quando estiver se sentindo razoavelmente bem e tente fazer dela um hábito

Use a abordagem de "começar com pouco, ir devagar": comece com uma atividade física que pareça fácil demais, mas que exija um pouco mais do que você fez na semana anterior (por exemplo, alguns alongamentos pela manhã, uma caminhada depois do almoço). Depois, faça um incremento uma semana de cada vez, aumentando a duração da atividade para 10 a 15 minutos a cada dois dias, com o objetivo de fazer 20 a 30 minutos em pelo menos quatro dias da semana. Se ficar deprimido, talvez precise reduzir o tempo, mas um pouco de atividade é melhor do que nada. Não tente iniciar um programa completo de exercícios em um momento de depressão, pois isso pode fazer você se sentir derrotado.

ESTRATÉGIA 2C: Planeje alguns compromissos sociais que envolvam atividade física e que normalmente seriam prazerosos, mesmo que não pareçam no momento

Por exemplo, fazer uma caminhada com um amigo provavelmente será mais agradável do que ir à academia sozinho.

ESTRATÉGIA 2D: Se você costuma se exercitar em ambientes fechados, tente fazer isso ao ar livre

Pode parecer clichê, mas entrar em contato com a natureza será gratificante mesmo quando se exercitar for doloroso.

ESTRATÉGIA 2E: Descubra uma forma de se gratificar por seguir o plano de atividade física

Pense naquilo que você tem negado a si mesmo e tente usar como incentivo para atingir seus objetivos de atividade. Vá ao cinema no meio da semana, vá a uma loja favorita, tome um *smoothie*, relaxe em uma banheira de hidromassagem ou ligue para alguém com quem você não fala há algum tempo. Se gosta de animais, visite uma ONG de proteção animal, um abrigo ou um zoológico — isso será gratificante. Uma hora ouvindo música sem precisar fazer mais nada também pode ser gratificante para muitos.

ESTRATÉGIA DE PREVENÇÃO 3: Escolha parceiros de exercícios com antecedência

"Acho mais fácil me exercitar com uma companhia, mas não consigo encontrar a pessoa certa."

Você não precisa ter um colega de treino, mas um amigo próximo pode ser muito útil quando você está tentando se motivar. O parceiro ideal para exercícios é aquele que quer apenas passar um tempo com você (exercitando-se ou não), que é encorajador e solidário, que não está emocionalmente empenhado em colocar você em forma, e que não ficará desapontado se você não se sentir disposto no dia. Exercitar-se com um parceiro pode ser prejudicial se a pessoa tiver outras expectativas. Digo por experiência que os amigos costumam ser melhores parceiros de treino do que membros da família.

Se companhias anteriores "sumiram" sem explicação, a ideia de se juntar a uma nova pessoa pode parecer assustadora. Considere os vários motivos pelos quais as pessoas se exercitam juntas por um tempo e depois desistem: o outro cancela com muita frequência, ou os exercícios assumem um tom competitivo ou, ainda, o outro quer experimentar um esporte diferente ou tem uma agenda caótica ou imprevisível.

ESTRATÉGIA 3A: Seja transparente sobre seus objetivos

Escolha uma pessoa com quem você se sinta à vontade para contar sobre suas mudanças de humor e explique que um dos propósitos é ajudar com sua depressão ou ansiedade (ou apenas com sua saúde de modo geral). Diga que talvez você precise cancelar ou diminuir o tempo em determinado dia e verifique se ela concorda com isso.

ESTRATÉGIA 3B: Considere uma aula de exercícios

Se você achar que um treino típico com seu parceiro de exercícios é extenuante e ele não quiser diminuir o ritmo, considere a possibilidade de se matricular em uma aula prática (como uma aula de dança ou ioga). Aulas gravadas têm a vantagem de que você pode assisti-las e participar no seu próprio horário. Uma aula "ao vivo", por sua vez, pode ser uma oportunidade de conhecer possíveis parceiros de exercícios e tornar a atividade um pouco mais divertida.

ESTRATÉGIA 3C: Procure aplicativos que permitem colaborar com uma pessoa estranha ou um grupo nos treinos

Bons exemplos (todos em inglês) são Focusmate (*www.focusmate.com*), Sworkit Health (*https://sworkit.com*) e FitOn (*https://fitonapp.com*), pois tendem a ser grupos de trabalho amigáveis, informais e sem julgamentos.

ESTRATÉGIA 3D: Experimente contratar um *personal trainer*

Se você tem recursos disponíveis, um *personal trainer* pode ajudar a montar um plano personalizado que funcione dentro de seus limites físicos e emocionais atuais. Você pode comunicar quando ele estiver forçando ou esperando demais, cedo demais. Ele trabalha para você, não o contrário!

ESTRATÉGIA 3E: Considere ter um cachorro

Um cachorro garante companhia e carinho quando você está sozinho e certa quantidade de atividade física todos os dias. Ter um cachorro (ou outro animal de estimação que precise de exercícios) pode não funcionar com suas responsabilidades atuais de trabalho e vida, mas se for uma opção, você ficará impressionado com os efeitos no seu humor.

ESTRATÉGIA DE PREVENÇÃO 4: Opte por estrutura e rotina

"Às vezes, faço exercícios até a exaustão. Isso é um sinal de mania?"

"Quando começo um novo programa de exercícios (o que geralmente acontece durante a primavera), fico como um animal saindo da hibernação. Dessa vez, comecei apenas indo à academia cedo pela manhã, mas, depois, acrescentei uma caminhada no final do dia de trabalho. Comecei a perder peso, estava ótima e me sentia ótima. Acrescentei meia hora no simulador de escada antes de ir para a cama, mas não conseguia dormir e, no dia seguinte, acordava ainda mais cedo e começava tudo de novo. Não me lembro de quando comecei a pedalar durante o almoço, mas em algum momento tudo se encaixou e eu não conseguia parar."

— *Mulher de 39 anos hospitalizada por mania*

Tudo pode ser feito em excesso. Se você está se exercitando mais do que o normal, sentindo-se cheio de energia e dormindo menos, provavelmente está em estado de hipomania. Essa condição quase nunca é uma emergência, e os exercícios podem ser uma forma de gastar o excesso de energia. No entanto, se você estiver se exercitando ao extremo, talvez seja necessário reduzir o ritmo para não entrar em mania total. Para algumas pessoas, o aumento repentino da atividade física em relação ao seu estado habitual é um sinal de alerta precoce de mania, assim como a diminuição da necessidade de sono ou pensamentos rápidos (consulte o Capítulo 2). Se isso aconteceu com você, inclua "aumentos nos exercícios" como um sinal de alerta em seu "Plano de prevenção da mania" (Capítulo 2, página 47).

Uma forma de capturar essa sequência mais cedo é introduzir uma estrutura em sua rotina de atividade física. Estabeleça um limite para a quantidade de exercícios pesados do dia (por exemplo, 90 minutos). Nesse caso, faça das 9h às 10h30min da manhã todos os dias e não passe do tempo previsto.

ESTRATÉGIA DE PREVENÇÃO 5: Evite os exercícios pouco antes de dormir

Esteja ciente de como o exercício pode prejudicar a regularidade do seu ciclo de sono, sobretudo se você o praticar à noite. Muitas pessoas se exercitam logo antes de dormir pensando que isso as ajudará a pegar no sono, mas, ao contrário, a prática pode deixá-las agitadas. Como você aprendeu no Capítulo 6, uma ou duas horas antes de dormir devem ser dedicadas a atividades leves, como tomar banho, assistir a um programa de TV descontraído, ler e conversar com pessoas que não o deixem estressado.

Conversando com familiares sobre sua atividade física

Jogar tênis com um irmão ou nadar com seu cônjuge é uma ótima maneira de voltar a se exercitar. Há quem envolva os pais na rotina de exercícios, ou eles se envolvem inevitavelmente, o que pode acontecer se a pessoa mora com os pais. Se seus pais ou outros membros da família investirem demais em sua saúde física e mental, você descobrirá que a atividade física se torna aversiva. Converse com eles para estabelecer diretrizes para se comunicar sobre exercícios. Eis alguns pontos-chave a serem transmitidos:

- Explique que a melhor ajuda é o elogio por você estar seguindo sua nova rotina de exercícios, em vez de criticar ou julgar quando você não estiver. Por exemplo, ensine seu pai a não implorar ou fazer previsões, como "Você não ficará mais deprimido se for nadar todos os dias".
- Ajude-os a entender que, quando você está deprimido (ou saindo de um episódio depressivo), precisa seguir seu próprio ritmo. Eles podem se lembrar de você como atleta do ensino médio, mas a realidade atual envolve um conjunto de circunstâncias muito diferente. Seu investimento em exercícios provavelmente envolverá obstáculos no caminho. Eles precisam ser flexíveis em suas metas e expectativas.
- Deixe claro o que ajudaria e o que não ajudaria em termos de comunicação entre vocês. Não há problema em dizer: "Gostaria que conversássemos sobre outros assuntos além de exercícios durante nossas ligações" ou "Pai, prefiro que você não me pergunte sobre isso". Se insistirem em atualizações sobre seu progresso, envie mensagens de texto ou *e-mails* com informações factuais ("Andei 7 mil passos", "Fui à academia por meia hora").
- Para muitas pessoas, o conflito ocorre quando os familiares se concentram demais no peso corporal, negligenciando outros aspectos da saúde física e mental. Ninguém gosta de ser lembrado que está acima do peso, e a simples menção disso pode desencadear discussões explosivas. Explique que seu peso é um gatilho que inevitavelmente gera raiva. Treine-os a falar sobre sua "forma física" em vez de "gordura".
- Evite associar a atividade física às perguntas sobre seus medicamentos, consultas médicas ou hábitos de sono. É importante manter limites claros em relação às conversas sobre seus hábitos de saúde.

Fazendo um balanço

Se você conseguiu manter um registro de atividades físicas regulares, como o fornecido anteriormente, pode começar a ver a relação entre seus níveis de atividade, humor e sono. Se está fisicamente ativo, mas não vê melhora do humor ou do sono, talvez seja hora de considerar outras formas de atividade, frequências ou configurações diferentes.

Não desanime se não conseguiu seguir adiante. Muitas vezes, são necessárias várias tentativas até que as rotinas de exercícios regulares se tornem habituais, especialmente se você não se exercita há algum tempo. Evite a armadilha do pensamento que geralmente acompanha a atividade física: "Devo esperar até não estar deprimido para me exercitar". É fácil pensar dessa forma porque a depressão faz tudo parecer mais pesado. A realidade é que o exercício ajuda a aliviar a depressão, ainda mais se você puder "começar com pouco e for devagar". Exercitar-se com outras pessoas pode criar uma rotina diária da qual você goste, se estiver se exercitando com a pessoa certa.

Sempre tenha em mente que sua forma de pensar sobre exercícios ou atividades físicas mudará conforme estiver estável, deprimido, em hipomania ou em algum ponto intermediário. Seus hábitos de exercício podem mudar consideravelmente com o tempo, e haverá inícios e paradas, avanços e recuos. Dê a si mesmo bastante espaço para errar; tentar ser mais ativo e dar passos nessa direção são conquistas significativas.

11

Mantendo-se saudável

ALIMENTAÇÃO E NUTRIÇÃO

Você deve estar familiarizado com os motivos pelos quais deve manter uma dieta saudável, mas o transtorno bipolar acrescenta outra dimensão. Pessoas com essa condição têm taxas mais altas de obesidade do que a população sem o transtorno. Apresentam alto risco de "síndrome metabólica", que, em geral, é definida pelo conjunto de pressão alta, excesso de gordura corporal (principalmente na região abdominal), níveis altos de glicose e de insulina no sangue e níveis anormais de colesterol — todos são fatores de risco para diabetes tipo 2, doenças cardiovasculares e acidente vascular cerebral. Além disso, pessoas com transtorno bipolar que ganham peso durante o tratamento têm mais dificuldade em se recuperar de episódios de humor e mais problemas para trabalhar ou estudar em comparação com pessoas também com o transtorno, mas que mantêm um peso saudável. Não são boas notícias, mas há estratégias que você pode adotar para diminuir o risco em vez de se privar de seus alimentos favoritos.

Estratégias de prevenção para promover uma alimentação saudável

ESTRATÉGIA 1: Entenda por que sua relação com a comida é conturbada

A primeira coisa que você pode fazer é entender por que uma alimentação saudável é difícil para pessoas com o transtorno. Muitas vezes, lemos que pessoas com o transtorno têm estilos de vida pouco saudáveis, bebem álcool e usam drogas em excesso, fumam muito tabaco ou maconha, têm padrões erráticos de sono/vigília, praticam pouca atividade física e são vítimas de seus desejos por alimentos ricos em açúcar ou muito salgados. Embora algumas dessas afirmações sejam verdadeiras no quesito da estatística, não nos dizem muito sobre motivos, nem o que fazer para melhorar. Pior ainda, essas afirmações fazem parecer que tudo é culpa da pessoa. A literatura está repleta de estatísticas do tipo "culpe a pessoa". Vamos considerar alguns contra-argumentos:

- As razões pelas quais pessoas com transtorno bipolar têm dificuldade com a alimentação vão além de apenas tomar as decisões erradas. Quando estão entrando em episódios depressivos, tendem a ter desejos biologicamente fundamentados por doces, frituras e muitos carboidratos e amido. De fato, desejos intensos e dietas inadequadas podem estar entre os sinais de alerta de um episódio depressivo que se aproxima. Pode ser uma forma de "automedicação".
- Existem diferenças populacionais no acesso a alimentos saudáveis. Um estudo com veteranos de guerra descobriu que indivíduos com transtorno bipolar eram mais propensos a fazer apenas uma refeição por dia, a comer sozinhos e a ter mais dificuldade para adquirir e cozinhar alimentos do que veteranos sem transtornos psiquiátricos.
- Existem fortes predisposições genéticas para o transtorno — obesidade, diabetes e doenças cardiovasculares. Pode-se lidar com essas condições, mas elas não ocorrem apenas devido a escolhas alimentares. Algumas dessas doenças estão geneticamente ligadas ao transtorno bipolar, e muitas pessoas têm obesidade, diabetes ou outros distúrbios metabólicos bem antes do primeiro episódio de depressão ou mania.
- Pessoas com transtorno bipolar precisam tomar estabilizadores de humor, como lítio ou valproato, ou antipsicóticos de segunda geração, como olanzapina ou quetiapina, os quais têm potencial de aumentar o apetite e levar ao ganho de peso. O lítio também causa sede, facilitando o consumo excessivo de refrigerantes ou outras bebidas calóricas.

ESTRATÉGIA 2: Considere mudanças de medicação

Existem estratégias médicas para prevenir o ganho de peso, regular a glicose e normalizar a resistência à insulina (todos sinais pré-diabéticos). Converse com seu médico sobre a possibilidade de tomar metformina (agente antidiabético que normaliza a resposta à insulina). Se você ganhou muito peso com um antipsicótico, converse sobre a mudança para outro que não induza ganho de peso, como lumateperona, ziprasidona, aripiprazol ou lurasidona, estando ciente de que um antipsicótico diferente pode não funcionar tão bem no controle de suas oscilações de humor.

Conforme observado nos capítulos anteriores, medicamentos por si só quase nunca são a única resposta para os problemas que surgem no transtorno bipolar. Este capítulo oferece uma série de estratégias comportamentais que você pode usar para se alimentar de forma mais saudável, ao mesmo tempo em que fala sobre os diferentes estados de espírito que podem facilitar a ingestão excessiva ou inadequada de alimentos. Como você verá, manter um peso saudável não é a única razão para manter uma boa dieta: também é provável que traga benefícios para humor, funcionamento cognitivo, nível de energia e saúde geral.

ESTRATÉGIA 3: Monitore seus hábitos alimentares atuais

Monitorar sua dieta e seus padrões de humor, atividade e sono fornece muitas informações sobre como suas rotinas diurna e noturna estão relacionadas entre si. Você pode descobrir que seu humor está mais baixo nos dias de refeições pesadas e melhor quando faz refeições mais leves e mais atividade física. Você pode identificar se alguma refeição (ou o horário em que a fez) afetou seu sono ou seu humor posteriormente.

Retome o quadro "Atividade física e dieta" (Capítulo 10, página 186) e tente registrar sua ingestão de alimentos e bebidas na próxima semana (veja um exemplo de preenchimento a seguir). A grade tem colunas para registrar o que você comeu e bebeu, como estava seu humor no dia e suas horas de sono. Se desejar, adicione abreviações para indicar quando "dormiu mal" ou quando "não terminou a refeição". Faça uma avaliação do seu humor antes da primeira refeição do dia, e depois, da última (usando a escala de −5 a +5 já discutida). Registrar a hora de cada refeição pode ser útil ao implementar um plano alimentar com restrição de horário (ver "Estratégia de prevenção 1", na página 200).

ESTRATÉGIA 4: Crie um plano de alimentação saudável

Não existem dietas específicas para pessoas com transtorno bipolar. Os médicos costumam recomendar dietas "mediterrâneas" para quem se preocupa

ATIVIDADE FÍSICA E DIETA (EXEMPLO)

Dia	Café da manhã	Almoço	Jantar	Lanches	Bebidas	Atividade física (*tempo médio*)	Humor do dia (*-5 a +5*)	Hora de acordar	Hora de dormir
Segunda-feira	*Barra de proteína, banana*	*Sanduíche de carne assada*	*Frango, feijão-verde, batata*	*Barra de amendoim*	*2 xícaras de café, Coca-Cola, taça de vinho*	*45 minutos passeando com o cachorro*	*-1*	*7h30min*	*23h*
Terça-feira	*Cereais, leite, suco de laranja*	*Sanduíche de peru*	*Tigela de Poke*	*Bolo*	*2 xícaras de café, Coca-Cola diet, 1 cerveja*	*30 minutos passeando com o cachorro*	*-2*	*7h15min*	*23h30min*
Quarta-feira	*Cereais, leite, suco de laranja*	*Salada com frango*	*Cheeseburger, batatas fritas*	*Batata chips*	*2 xícaras de café, Sprite, cerveja*	*75 minutos na academia*	*+1*	*7h15min*	*23h*
Quinta-feira									
Sexta-feira									
Sábado									
Domingo									

com peso ou saúde: optar por proteína magra e laticínios de boa qualidade, especialmente fermentados, como iogurte ou *kefir*, ou queijos macios sem adição de açúcar; frutas, vegetais verdes, nozes, grãos integrais e proteínas de boa qualidade (como frutos do mar). A maioria enfatiza o favorecimento de alimentos vegetais em detrimento dos processados e a limitação da quantidade de gorduras saturadas, gorduras *trans* e sal. Embora a dieta mediterrânea seja a alimentação tradicional do sul da Europa e do norte da África, muitas dietas asiáticas, do Oriente Médio, africanas e indígenas americanas têm as mesmas características.

Se você tem diabetes ou corre o risco de ter, é melhor eliminar o açúcar, especialmente em alimentos ultraprocessados, como *donuts*, bolos e refrigerantes, além de alimentos processados, como cachorros-quentes e batatas fritas. Certifique-se de ingerir fibras suficientes, que ajudam a regular a absorção de glicose pelo corpo e a alimentar micróbios que contribuem para a saúde metabólica. Para saber mais sobre dietas saudáveis, estresse e o eixo intestino-cérebro, recomendo a leitura de *Food For Thought: Changing How We Feel by Changing How We Eat*, de Lisa Goehler (2022).

Há evidências preliminares de que dietas cetogênicas (com alto teor de gorduras, baixo teor de carboidratos e teor médio de proteínas) podem ajudar na estabilidade do humor no transtorno bipolar. Se você quiser experimentar a dieta *keto*, procure um nutricionista familiarizado com os requisitos para a saúde do cérebro para ter certeza de que está recebendo as necessidades nutricionais diárias. Por fim, beba bastante água ao longo do dia, mas não a ponto de interferir nos níveis de lítio (geralmente, são recomendados 8 a 12 copos por dia). Limite a ingestão de açúcar ao equivalente a 6 a 9 colheres de chá por dia.

ESTRATÉGIA 5: Evite certos corredores do supermercado

Pense no seu prato do almoço ou jantar dividido em quatro partes iguais: frutas, vegetais, proteínas saudáveis e carboidratos (pão, leite, macarrão, batatas, feijões e sucos). Equilibrar sua dieta será mais fácil se você evitar corredores onde estão os alimentos ricos em açúcares e carboidratos. Prefira os espaços que concentram frutas, verduras e laticínios.

ESTRATÉGIA 6: Evite fazer dietas restritivas ou comer apenas uma categoria de alimentos

Algumas pessoas interpretam que fazer dieta significa "comer apenas proteína" ou "viver de nozes e vegetais". Você pode perder peso a curto prazo, mas é muito provável que o reganho ocorra, o que pode contribuir para a depressão. Além disso, algumas dietas apresentam riscos a longo prazo, como aumento do risco de doenças cardíacas ou alterações na pressão arterial. Pesquise sobre os efeitos de longo e curto prazos de qualquer dieta de sua escolha.

Estratégias para problemas específicos com a alimentação

"Sinto que toda a minha noite é centrada na alimentação. Depois do jantar, costumo fazer um lanche, às vezes equivalente a uma refeição inteira. Após isso, me sinto mal comigo mesma e não consigo dormir."

ESTRATÉGIA DE PREVENÇÃO 1: Experimente um esquema de alimentação com restrição de horário

No Capítulo 6, discutimos como pessoas com transtorno bipolar frequentemente apresentam deslocamento de fase em seus padrões de sono (como tendência de adormecer após a meia-noite e dificuldade de acordar antes das 8h). Pessoas com o transtorno tendem a ter esse mesmo deslocamento de fase em relação à alimentação, sentindo fome tarde da noite e menos apetite pela manhã. Tente mudar suas rotinas alimentares para combinar com os movimentos do ciclo claro/escuro. Imagine que você está acostumado a fazer sua primeira refeição ao meio-dia e a última às 22h. Se conseguir ajustar o relógio biológico para o ciclo claro/escuro (como fazer sua primeira refeição às 7h30min e a última às 18h), poderá ver benefícios em termos de humor, peso e sono. Comece adiantando sua primeira refeição em meia hora a cada semana (portanto, na Semana 1, faça sua primeira refeição às 11h30min e a última às 21h30min, depois passe para 11h e 21h). Observe que o intervalo entre a primeira e a última refeição permanece em torno de 10 horas.

ESTRATÉGIA DE PREVENÇÃO 2: Maximize suas horas sem comer

Tente ficar de 12 a 14 horas sem comer, ou seja, mantenha o intervalo em que faz refeição em cerca de 10 horas e em que não faz em 14 horas. Se você toma o café da manhã às 9h, janta às 19h e não come nada das 19h30min às 9h do dia seguinte, você dominou com sucesso a "alimentação com restrição de horário" ou o "jejum intermitente". Esse é o mesmo princípio da restrição do sono (abordado no Capítulo 6), no qual você dorme apenas por determinadas horas e fica deitado na cama somente quando está dormindo. A alimentação com restrição de horário só funciona se você realmente evitar comer (ou beber qualquer coisa com calorias) no intervalo de 12 a 14 horas, que é o mais difícil. Use sua tabela de atividade física e dieta para determinar se comer com restrição de horário está beneficiando seu humor, tendo em mente que talvez seja necessário fazer isso por algumas semanas antes de ver os resultados.

"Meu problema não é comer demais, e sim que eu não quero comer. Cozinhar uma refeição parece muito trabalhoso."

Em estados de depressão, as pessoas perdem o apetite e, por consequência, perdem peso rapidamente, às vezes tendo deficiências nutricionais. Talvez você não tenha apetite em períodos de depressão e, portanto, tenha menos motivação para preparar os alimentos de que gosta ou até mesmo para comprá-los. Talvez evite as refeições ou não resista ao impulso de pedir alimentos reconfortantes por aplicativos de entrega. Essas refeições, em geral, chegam prontas, são caras e pouco saudáveis.

ESTRATÉGIA DE PREVENÇÃO 1: Faça compras de supermercado uma vez por semana em um dia menos estressante para você

Se estiver deprimido a ponto de não conseguir ir ao supermercado, pode conferir se o estabelecimento entrega suas compras.

ESTRATÉGIA DE PREVENÇÃO 2: Tente estabelecer um plano com refeições que sejam do seu agrado e que possam ser frequentes na sua rotina

Simplifique suas refeições — use receitas com apenas quatro ou cinco ingredientes que sejam preparadas de forma simples no forno ou fogão. Abasteça seu congelador com porções extras, assim, terá refeições disponíveis para descongelar e colocar no micro-ondas. Corte muitos vegetais para saladas e mantenha-os em potes, de modo que estejam prontos para você consumir com o complemento que quiser ao longo de alguns dias.

Se você sabe cozinhar, mas não tem energia para comprar os ingredientes, pesquise empresas de entrega. Há empresas de entregas que enviam um *kit* com ingredientes frescos para algumas refeições, assim, você não precisa comprar a cada refeição que preparar.

ESTRATÉGIA DE PREVENÇÃO 3: Coma acompanhado de outras pessoas, sempre que possível

Um estudo na Inglaterra descobriu que quem faz suas refeições regularmente com outras pessoas é mais feliz e mais satisfeito com a vida do que quem come sozinho. Embora se possa debater se isso é causa ou efeito do estado de humor, o apoio social é um dos fatores de proteção mais fortes contra a depressão. Obviamente, fazer isso exige planejamento. Pense de forma criativa sobre a pessoa com quem você poderia contar para jantar ou almoçar com frequência. Faça convites (e aceite os convites recebidos) para jantar com alguns amigos ou vizinhos fiéis e, se possível, visitem-se uns aos outros em diferentes noites da semana. Se você costuma almoçar depois de uma reunião de trabalho, peça a um colega que o acompanhe.

Uma ressalva é que outras pessoas podem incentivá-lo a comer ou beber mais do que se estivesse sozinho. Alguns amigos sempre pedem sobremesa em restaurantes ou outra garrafa de vinho para compartilhar — pedidos que você teria dispensado. Se seu amigo for assim, talvez precise informá-lo sobre seus objetivos antes da refeição: consumir apenas determinado número de calorias por dia, evitar ou minimizar o uso de álcool ou manter a conta do restaurante no mínimo.

ESTRATÉGIA IMEDIATA: Cozinhe enquanto realiza várias tarefas

Se você não gosta de reservar tempo para cozinhar (e muitas pessoas não gostam), tente fazer várias tarefas enquanto prepara as refeições. Comece pelos alimentos que demoram mais para cozinhar, por exemplo, proteínas como frango e peixe. Enquanto o frango estiver no forno, corte alguns legumes. Há quem ache mais fácil cozinhar ouvindo um *podcast* ou audiolivro.

"Estar entediado ou ansioso me leva a comer demais, sempre. Logo em seguida, me sinto pior comigo mesmo. Como posso evitar o comer emocional quando estou ansioso ou deprimido?"

É comum a depressão estar acompanhada de ansiedade significativa; em estados mistos (depressão com hipomania ou mania), pode parecer muito intensa. Com frequência, as pessoas comem em excesso ou de forma compulsiva para combater a ansiedade ou a inquietação. O sentimento é mais bem descrito como tédio, às vezes difícil de distinguir da fome.

ESTRATÉGIA IMEDIATA: Reoriente sua atenção para uma atividade diferente (e, se possível, agradável)

Se você tende à ação automática de pegar um lanche sempre que se sente entediado, nervoso ou agitado, a estratégia imediata mais simples é se distrair para não comer. Manter os lanches favoritos fora do alcance, em locais distantes de onde os alimentos normalmente são armazenados, ajudará a interromper a sequência que leva à alimentação automática. Se estiver com dificuldade para se distrair, tente uma atividade alternativa: ligue para um amigo, ouça sua música favorita, jogue *videogame* ou passe um tempo observando sua respiração.

ESTRATÉGIA DE PREVENÇÃO 1: Evite pular refeições, mesmo que tenha decidido comer menos do que de costume

Se ficar com muita fome (veja a "Estratégia de prevenção 2", a seguir), é provável que coma por desespero, o que geralmente significa pegar o que for mais fácil. Definir um horário regular para as refeições (consulte a "Estratégia de prevenção 1: Experimente um esquema de alimentação com restrição de horário", na página 200) torna a alimentação impulsiva menos provável.

ESTRATÉGIA DE PREVENÇÃO 2: Use a alimentação consciente para melhorar a percepção do apetite

A consciência do apetite é uma estratégia específica para incentivar a atenção aos sinais físicos de fome e saciedade antes e depois de comer. Linda Craighead, professora de psicologia na Emory University (nos Estados Unidos), desenvolveu um programa chamado Appetite Awareness Training para compulsão alimentar ou alimentação excessiva. As ideias centrais são usar sinais físicos (estomacais) para orientar sua alimentação (como perguntar a si mesmo: "Estou mesmo com fome ou só quero comer por outros motivos?") e parar de comer assim que se sentir saciado (sem fome) em vez de comer até "não *querer* mais". Craighead e seus colegas descobriram que melhorar a percepção do apetite gera menos excessos e pode proporcionar maior sensação de controle sobre a alimentação.

O programa incentiva o participante a fazer avaliações diárias de fome, saciedade e como se sente depois de comer. Inclui muitas estratégias abordadas no Capítulo 1 sobre depressão e reestruturação cognitiva — identificar casos de conversa interna negativa, aceitar pensamentos e comportamentos sem julgamento e desafiar a conversa interna com pensamentos alternativos e mais úteis.

Talvez seja mais útil (pelo menos inicialmente) registrar seus "sinais de fome" antes e sua "saciedade" depois de cada refeição (veja o quadro "Registro de consciência do apetite", a seguir). Monitorar seu nível de fome e saciedade será eficaz para identificar casos em que você estava com muita fome e comeu demais, começou a comer quando não estava realmente com fome (viu comida ou comeu por motivos emocionais) ou ignorou os sinais estomacais e ficou muito cheio. Se quiser ler mais sobre o programa Appetite Awareness Training, confira *Training Your Inner Pup to Eat Well: Let Your Stomach be Your Guide*, de Linda Craighead (2017).

Nem tudo exige o preenchimento de um quadro ou tabela. Você pode achar suficiente monitorar mentalmente sua fome/saciedade ao longo do dia e, no final, avaliar se conseguiu usar os sinais estomacais para orientar sua alimentação. Anote se houve algum episódio alimentar que não tenha sido bom no aspecto físico, de modo que você possa fazer escolhas futuras melhores.

ESTRATÉGIA DE PREVENÇÃO 3: Use a alimentação consciente para experimentar plenamente os alimentos que consome

Como você pode desfrutar da comida sem ficar obsessivo nem usá-la para lidar com as emoções difíceis que surgem durante estados depressivos ou maníacos? Na alimentação consciente, você usa seus cinco sentidos para experimentar de forma plena a comida que ingere. Embora não tenha sido demonstrado que cause perda de peso, a alimentação consciente promove melhor qualidade de vida e bem-estar e maior satisfação com o corpo.

É comum que nossas rotinas de trabalho e escola exijam refeições rápidas (ou ocupem nosso tempo destinado às refeições), de modo que não damos

REGISTRO DE CONSCIÊNCIA DO APETITE

1. **Monitorando seu apetite:** observe as sensações físicas de fome e saciedade. Diferencie comer para saciar a fome de comer apenas por vontade. Anote exemplos de cada situação.

   Exemplos de utilidade: você percebeu um desejo por comida e esperou passar; você parou de comer quando notou que já estava satisfeito ou não estava mais apreciando a comida.

   Exemplo de inutilidade: você ficou com muita fome e comeu rápido demais e em excesso.

2. **Faça duas avaliações a cada refeição:**

   Antes de comer: quão faminto ou saciado estava?

Com fome intensa	Com um pouco de fome	Sem muita fome	Levemente satisfeito	Muito satisfeito
1	2	3	4	5

   Depois de comer: quão faminto ou saciado estava?

Com fome intensa	Com um pouco de fome	Sem muita fome	Levemente satisfeito	Muito satisfeito
1	2	3	4	5

3. **No final do dia:** avalie o quanto você conseguiu ficar atento e usar sinais de apetite (fome e saciedade) ao decidir quando, o que e quanto comer.

   Observe os alimentos que você gostaria de não ter comido e o que poderia ter sido melhor nessa situação.

Não muito atento		Um pouco atento		Muito atento
1	2	3	4	5

(*continua*)

REGISTRO DE CONSCIÊNCIA DO APETITE *(página 2 de 2)*

4. **Consciência dos estímulos externos:** observe o efeito de porções grandes e de ver comida e outras pessoas comendo.

   Exemplos de utilidade: você usou porções pré-embaladas para limitar as quantidades; você conseguiu dizer "não" a alimentos que realmente não queria muito.

   Exemplos de inutilidade: outras pessoas continuaram comendo e você sentiu que precisava fazer isso também; elas pediram sobremesa ou mais bebida alcoólica.

5. **Consciência de respostas do tipo "O que importa?".**

   Observe e anote pensamentos inúteis, como "Não me importo", "Sou incorrigível" ou "Me sinto rebelde" e desafie esses pensamentos.

Pensamentos inúteis	Pensamentos alternativos
"Eu me comportei bem durante toda a semana; mereço esse presente."	"Sim, eu me comportei bem durante toda a semana e me senti muito melhor fisicamente. Quero continuar assim."

6. **Consciência da alimentação emocional**

   Observe e anote pensamentos ou desculpas que deu a si mesmo e que "autorizaram" você a comer por motivos emocionais (por exemplo, ficar chateado com algo nas redes sociais e tomar muito sorvete). Descreva como você se sentiu depois de comer (A comida valeu a pena? Você se sentiu melhor? Ou, ao contrário, a comida não valeu a pena porque você se sentiu pior depois?).

muita atenção ao que comemos ou à origem da comida. Comer com atenção proporcionará uma experiência de refeição muito diferente, pois envolve estar presente no momento enquanto come, observar como a refeição afeta seus cinco sentidos e expressar gratidão pelo alimento e pelo modo como foi produzido. Não há nada de religioso nisso. Existem diversas abordagens para uma alimentação consciente, mas a maioria delas envolve os aspectos a seguir.

- Preste atenção à origem da comida (não apenas o mercado local, mas quem a cultivou, onde e sob quais condições). É útil expressar gratidão (ou imaginar expressá-la) a quem preparou os alimentos, mesmo que não estejam presentes. É mais difícil fazer isso com comida congelada, mas não é impossível.
- Esteja ciente da aparência, do sabor e do cheiro dos alimentos, bem como de sua textura ou cor. Isso requer comer mais devagar e dar uma mordida (ou um gole) de cada vez e estar em sintonia com as sensações da comida ou bebida na boca. É mais difícil agir assim durante um estado hipomaníaco ou maníaco, mas você pode descobrir que essa prática ajuda a desacelerar sua mente.
- Observe seu ambiente e como ele afeta sua experiência com a comida. As outras pessoas estão comendo rápido e isso faz você querer acelerar? Se está sozinho, sente que precisa se ocupar, por exemplo, conferindo seu telefone ou lendo um livro?
- Se você estiver triste e comendo sozinho em um lugar público, perceba se está se sentindo constrangido, como se os outros se perguntassem por que você não está acompanhado. Esteja ciente desses pensamentos e não tente afastá-los, mas pergunte-se se são úteis ou inúteis naquele momento.
- Se você estava com fome quando se sentou, observe quando começa a se sentir satisfeito, o que, em geral, ocorre bem antes de terminar o que está no prato. Esteja ciente das sensações físicas de estar saciado. Observe o que faz você querer continuar comendo. Se outras pessoas ao redor ainda estiverem comendo, você pode achar que também deve continuar.
- Se estiver disposto, termine a refeição com uma breve meditação de gratidão antes de se levantar. Um exemplo é a meditação deste vídeo (em inglês): *www.youtube.com/watch?v=OCorElLKFQE*.

Para aprender práticas de alimentação consciente, recomendo o livro *Savor: Mindful Eating, Mindful Life*, do mestre zen Thich Nhat Hanh e da nutricionista de Harvard Lilian Cheung (2010), ou o livro *Eating Mindfully: How to end Mindless Eating and Enjoy a Balanced Relationship with Food*, de Susan Albers (2012).*

"O que fazer para parar de ceder aos desejos?"

ESTRATÉGIA IMEDIATA 1: Opte por lanches de baixo teor calórico que exijam maior mastigação

Se você tiver apetite durante os episódios depressivos, pode ter desejos por alimentos ricos em carboidratos e gorduras, fritos e processados, o que faz parte da síndrome depressiva. Você pode evitar excessos comendo lanches que exigem maior mastigação, mas com baixo teor de gordura e carboidratos, como palitinhos de cenoura, pipoca, iogurte grego com frutas vermelhas, azeitonas, picles ou queijo *cottage* com fatias de abacaxi. *Beef jerky* (carne bovina desidratada em tiras) ou versões vegetais, como tofu ou *tempeh*, são ricos em proteínas, com baixo teor de gorduras e carboidratos, além de bastante mastigáveis — características que ajudam a explicar por que são facilmente encontrados em postos de gasolina para quem está na estrada. Nozes (amêndoas, pistache, etc.) também podem satisfazer os desejos e até ajudar a diminuir o colesterol. Contudo, tenha cuidado com a quantidade de sal ingerida, sobretudo se estiver tomando lítio. Uma lista completa de lanches não processados, com poucas calorias, saborosos e ricos em proteínas pode ser encontrada *em www.thehealthy.com/food/stop-the-craving-healthy-snack-ideas* (em inglês).

Você pode se surpreender com o fato de que o simples ato de mastigar reduz seu nível de ansiedade, mesmo que você não esteja satisfazendo um desejo específico. Uma metanálise de oito estudos descobriu que a goma de mascar estava associada à diminuição da ansiedade. Outra metanálise descobriu que a mastigação estava associada a pequenos aumentos na atenção e no estado de alerta. Então, mastigue!

ESTRATÉGIA IMEDIATA 2: Vá devagar

Em momentos de depressão, é fácil ver a ida noturna ao McDonald's como uma forma de recompensa pessoal, mas é uma recompensa que proporciona

* N. de R. T. O livro *Savor: Mindful Eating, Mindful Life*, conta com um resumo em português, publicado sob o título *Saborear: comer consciente, vida consciente*, disponibilizado pela editora UICLAP.

bem-estar momentâneo para, depois, fazer você se sentir pior. Se deseja comer alimentos reconfortantes, faça uma pausa e inspire e expire algumas vezes para estar totalmente presente com seu desejo. Se ainda sente a vontade depois de cinco minutos, sirva-se de cerca de metade da porção que deseja dos lanches disponíveis em casa (um punhado de batatas chips, uma bola de sorvete). Coma com atenção, atento a cada mordida, deixando passar um tempo entre as mordidas. O objetivo não é negar a si mesmo todas as guloseimas, mas aplicar a atenção plena a todas as formas de comer, em vez de comer de modo impulsivo.

"Como separar mitos e fatos sobre dieta no transtorno bipolar?"

Existem muitas alegações duvidosas no mundo dos conselhos dietéticos, e as que dizem respeito ao transtorno bipolar não são exceção. Eis algumas estratégias de prevenção para ajudar a orientar seus hábitos de consumo de alimentos e bebidas com o transtorno.

ESTRATÉGIA DE PREVENÇÃO 1: Saiba como lidar com o sal e a sede enquanto toma lítio

O tratamento com lítio demanda monitoramento da ingestão de sal, pois qualquer aumento ou diminuição repentina na quantidade de sódio ingerida pode afetar os níveis de lítio no organismo. Evite dietas com baixo teor de sódio e desidratação, pois podem aumentar o risco de toxicidade por lítio (um estado em que os níveis da substância ficam muito altos, resultando em problemas de equilíbrio e coordenação, desorientação mental, diarreia intensa, dor de estômago, visão embaçada, fala confusa e mãos trêmulas). Converse com seu médico ou nutricionista sobre como gerenciar com segurança o açúcar e o sal em sua dieta para se manter dentro de uma faixa saudável. Consumir lascas de gelo e doces sem açúcar é uma prática benéfica para o alívio da sede causada pelo lítio.

ESTRATÉGIA DE PREVENÇÃO 2: Consuma açúcar em quantidades moderadas

Não há evidências de que o excesso de açúcar cause mania, mas há muitos motivos de saúde para reduzi-lo. Primeiro, você verá melhorias nos níveis de pressão arterial, colesterol e glicose. Uma opção é cortar os açúcares adicionados no café da manhã, período em que as pessoas costumam desejar doces. Alimentos embalados (por exemplo, panquecas pré-fabricadas) são carregados de açúcar. Experimente tomar café puro (ou com adoçante) e evite cereais açucarados e refrigerantes. No fim do dia, evite ceder aos desejos por alimentos açucarados; se quiser sobremesa, coma frutas. Se estiver acostumado a consumir muito açúcar e reduzir o consumo, você poderá sentir desejo na primeira semana, mas ele diminuirá; você se sentirá com mais energia e menos irritado.

ESTRATÉGIA DE PREVENÇÃO 3: Tome seu café, mas observe a quantidade

Aumentos repentinos no consumo de cafeína podem preceder a ocorrência de sintomas maníacos, seja por meio de seus efeitos estimulantes e nos padrões de sono ou por causa do metabolismo do lítio ou de outros medicamentos. A cafeína tem capacidade de suprimir as concentrações de lítio e, como o sal, aumentos ou diminuições repentinas no consumo de cafeína podem acompanhar mudanças nos níveis de lítio.

Aumentos na ingestão de café podem, na verdade, ser um sinal de mania ou hipomania. Quando as pessoas se sentem animadas, são atraídas por substâncias que acentuam o efeito. Atente para o consumo de cafeína no final do dia, pois interfere no sono. Tome uma ou, no máximo, duas xícaras de café antes do meio-dia e certifique-se de interromper o consumo após as 14h.

ESTRATÉGIA DE PREVENÇÃO 4: Não use ácidos graxos (ômega-3) como estabilizador do humor

O ômega-3 (presente no óleo de peixe) não é adequado como estabilizador do humor e não pode ser usado para substituir lítio, valproato, lamotrigina ou qualquer antipsicótico de segunda geração. No entanto, ajuda como complemento aos medicamentos estabilizadores de humor. Há evidências conflitantes, mas positivas, do uso de ômega-3 (e de N-acetilcisteína e inositol) como suplemento dietético para depressão bipolar. Você não precisa tomar ômega-3 em comprimidos, e sim ingerir mais alimentos ricos em ômega-3: nozes, amêndoas, salmão selvagem (ou peixes de água fria com alto teor de gordura), sardinha, anchova, espinafre, linhaça, abóbora e couve.

É importante ter uma baixa proporção de ômega-6 para ômega-3 em sua dieta. O ômega-6 é alto em alimentos fritos, juntamente com os óleos vegetais em que são cozidos. Uma forma de equilibrar o ômega-6 e o ômega-3 é substituir o óleo de milho, soja, cártamo ou algodão por óleo de abacate, linhaça, canola ou oliva (com baixo teor de gorduras saturadas).

Respondendo às expectativas da família sobre o que você come

Há riscos e benefícios em ter os familiares influenciando seus hábitos alimentares. Se você é um adulto que mora com os pais, é provável que faça pelo menos uma refeição por dia com eles. Se mora com um parceiro ou cônjuge, certamente faz mais de uma refeição com essa pessoa. Se você acabou de sair do hospital, sua situação de moradia pode ter mudado, bem como seu acesso a certos alimentos.

Os pais ou o cônjuge são capazes de oferecer influência positiva em seus hábitos alimentares se compreenderem as limitações impostas pelo transtorno, se ajudarem a planejar refeições e listas de compras e se tiverem objetivos comuns para a sua saúde (e a da família). Essas são condições importantes. Ter objetivos comuns depende de quem mais divide as refeições com você, de quem geralmente cozinha e de quem está pagando as contas. Se você não concordar com o(s) membro(s) da família sobre o conteúdo ou horário das refeições, a resolução de problemas pode ajudar: definam o problema de forma específica, desenvolvam as soluções que vocês puderem imaginar, avaliem vantagens e desvantagens de cada uma, concentrem-se em uma ou duas soluções e, em seguida, façam planos para implementá-las. O exemplo a seguir ilustra como a família de uma jovem de 21 anos com transtorno bipolar tipo II administrou suas divergências sobre as refeições.

Uma família resolve divergências sobre dieta

Família: Prisha, 21 anos, está se recuperando de um longo episódio de depressão bipolar tipo II que a forçou a voltar para casa durante a faculdade. Sua irmã, Anjali (17 anos), está no ensino médio; a mãe, Anika, tem 46 anos, e o pai, Rohan, 49.

Problema: Prisha quer se tornar vegana para defender os direitos dos animais e porque espera que isso ajude a aliviar sua depressão. Sua família come de tudo, exceto carne bovina. Prisha quer que sua mãe (responsável por cozinhar a maior parte das refeições) prepare uma refeição vegana separada para seu jantar. Seu pai não se importa com o que Prisha come, mas se recusa a gastar dinheiro em dois tipos de mantimentos.

Soluções (e quem as propôs):

1. Anika prepara uma refeição vegana separada para Prisha (Prisha).

   Prós: Prisha comeria o que quisesse e a família poderia comer o que quisesse.

   Contras: A mãe não quer cozinhar uma refeição separada; a cozinha não foi projetada para ter duas refeições preparadas simultaneamente.

2. Prisha deve se mudar (Anjali).

   Prós: Anjali e Prisha podem se dar melhor; Prisha gostaria de tentar morar sozinha.

   Contras: Prisha não tem dinheiro para pagar o aluguel e os pais não estão dispostos a pagá-lo; os pais não acreditam que ela esteja pronta para viver de forma independente.

3. Prisha deve cozinhar para si mesma (Anika).

   Prós: A mãe não precisaria cozinhar uma refeição separada; Prisha aprenderia mais sobre cozinhar e cuidar de si mesma.

   Contras: Prisha não sabe preparar refeições veganas e diz que acabaria pedindo comida por aplicativo.

4. Prisha deve pagar por suas próprias compras (Rohan).

   Prós: Prisha ganharia mais responsabilidade; a família não teria despesas adicionais.

   Contras: Prisha não ganha o suficiente para pagar todas as suas refeições.

5. Toda a família deve se tornar vegana (Prisha).

   Prós: Eles não contribuiriam para a exploração animal na indústria alimentícia.

Contras: Todos se recusam a comer comida vegana.

Soluções escolhidas: com a ajuda de Anika, Prisha aprenderá a preparar refeições veganas; enquanto isso, Prisha pode comprar e aquecer comida vegana congelada, desde que ela mesma pague pela compra. Rohan concorda em contribuir com dinheiro para que Prisha possa comprar almoços veganos.

Cronograma: período de teste de duas semanas, quando a família se reúne e discute se as soluções funcionaram. Se não funcionaram, devem redefinir o problema e recomeçar.

Ao negociar refeições com sua família, fale abertamente sobre as limitações impostas por seu transtorno, que talvez não afetem outros familiares. Por exemplo, você decidiu comer mais peixe como forma de aumentar a ingestão de ômega-3. Se mora com irmãos que odeiam peixe, talvez precise preparar suas próprias refeições. Se quiser tentar uma alimentação consciente, pode ser necessário comer em outro cômodo, especialmente se outras pessoas zombarem de você por isso. Encontre um meio-termo com os membros da sua família sempre que possível, mas seja firme em relação às escolhas alimentares importantes para sua saúde geral e estabilidade do humor.

Fazendo um balanço

A essa altura, você pode temer que controlar o transtorno bipolar signifique desistir de todos os alimentos de que gosta. Essa não é minha intenção! Todos os alimentos estão disponíveis para você. Poucas pessoas conseguem fazer uma transição drástica para uma dieta restrita e mantê-la por tempo indefinido. Procure moderar a ingestão de açúcar, sal e cafeína e faça mudanças na dieta de maneira gradual, não repentina. Use uma tabela semelhante a "Atividade física e dieta" (Capítulo 10) para registrar seus novos hábitos de alimentação e exercícios. Se notar melhora do humor com uma mudança (como um novo programa de exercícios), adicione outras colunas ao introduzir mudanças e expanda sua definição de melhora para incluir a consistência do sono e a sensação de bem-estar.

Pense em como usar essas estratégias quando estiver deprimido em comparação com momentos de bem-estar ou hipomania. Você (e muitas outras pessoas) pode perder o apetite quando está deprimido a ponto de não consumir os nutrientes necessários, ou, ao contrário, a depressão ou ansiedade podem fazê-lo comer demais ou compulsivamente, consumindo lanches por diversas vezes. Experimente estratégias de conscientização do apetite e alimentação consciente, mesmo que por apenas alguns dias, para ver quanto controle você pode exercer sobre esses comportamentos.

Por fim, considere não apenas o que come, mas o contexto social e familiar em que você faz as refeições. Talvez seja mais fácil seguir uma dieta se fizer isso com outra pessoa ou se dividir as tarefas de compras com seu colega de quarto ou parceiro, com instruções para não comprar alimentos “problemáticos”. Sentir-se melhor com a melhora no consumo de alimentos e as mudanças resultantes em seu corpo será de grande ajuda para administrar estados de humor difíceis.

12

Manejo do uso de álcool e substâncias

O uso de substâncias (desde as mais comuns, como álcool e maconha, até as mais pesadas, como cocaína e opioides) é um território complicado para quem tem transtorno bipolar. O público em geral está sujeito a muitos mitos sobre o que é prejudicial e o que é útil, e existem mitos específicos sobre o uso de substâncias entre pessoas com o transtorno. É importante saber por que você, que tem o transtorno, está optando por usar substâncias e como elas podem afetar sua saúde e qualidade de vida (ou seja, sua satisfação geral ou sensação de bem-estar). Talvez você leia este capítulo porque está se perguntando se os hábitos que considerava inofensivos ou benéficos realmente são. Você pode viver tão bem quanto gostaria enquanto usa substâncias?

Este capítulo não repete mensagens do tipo "Apenas diga não" com as quais alguns de nós fomos criados. Muitas pessoas usam maconha ou outras drogas e bebem em determinadas ocasiões, e nem todo mundo sofre efeitos nocivos. Os motivos pelos quais as pessoas bebem ou usam substâncias variam. Algumas dizem que é para reprimir emoções difíceis; outras acham que o consumo é apenas um componente normal de suas vidas sociais; outras, ainda, apenas gostam de ficar sob o efeito de bebidas ou drogas. O uso ocasional não é o que se entende por *abuso de substâncias* — hábito grave que ocorre todos os dias (ou quase todos), interfere na capacidade de cumprir obrigações comuns e, aos poucos, domina a vida do usuário.

O uso de substâncias é uma prática que impede pessoas com transtorno bipolar de terem a qualidade de vida que merecem. A taxa de transtornos por uso de substâncias e álcool ao longo da vida é de cerca de 60% em indivíduos com o transtorno, em comparação com 27% em pessoas com transtorno depressivo maior e 17% na população em geral. Álcool e maconha são usados com mais frequência, seguidos por cocaína e diversos analgésicos opioides. Essa é uma grande preocupação, pois usuários regulares com transtorno bipolar apresentam mais episódios de humor ao longo do tempo, maior tendência ao suicídio, ciclos de humor mais rápidos e menor satisfação com a vida, em comparação com pessoas com o transtorno que não são usuárias. Considere que seu objetivo de estabilizar o humor e seu desejo concorrente de beber ou usar drogas podem apontar para direções opostas.

Tomando consciência do que faz você usar substâncias e de como elas usam você

Por que você usa substâncias? Examinar as motivações pode revelar se você precisa tomar alguma atitude agora para controlar seu uso ou se os desafios têm mais a ver com os riscos para seu futuro. Essa autoconsciência pode, naturalmente, motivar a mudança de hábitos ou a interrupção total do uso, para evitar que você seja "usado por substâncias" ou torne-se "controlado" por elas. A seguir, no quadro "Ferramenta de autoavaliação para uso de substâncias e álcool", você encontrará uma ferramenta para pensar sobre o que acontece antes, durante e depois do uso da "droga de escolha". Uma droga de escolha pode ser álcool, óleo de canabidiol, medicamento prescrito (como clonazepam, metilfenidato ou oxicodona) ou droga ilícita (como cocaína). Tente preencher a ferramenta com referência à substância que mais traz preocupação e consulte-a ao ler este capítulo.

Como regular o uso de substâncias para melhorar sua qualidade de vida

ESTRATÉGIA DE PREVENÇÃO 1: Monitore seu humor e o uso de substâncias

Apesar das advertências sobre o uso de substâncias no transtorno bipolar, muitas pessoas querem usar de qualquer maneira. Os episódios de humor podem ser sombrios, e fumar maconha ou beber pode atenuar os sentimentos

FERRAMENTA DE AUTOAVALIAÇÃO PARA USO DE SUBSTÂNCIAS E ÁLCOOL

Minha substância de escolha (pode incluir álcool):

____

Com que frequência eu a usei durante a semana passada (aproximadamente):

____

Nota: se sua substância de escolha for prescrita pelo médico, seja realista quanto ao uso, isto é, se você usa conforme prescrito ou com mais frequência.

1. Quais *expectativas* levam ao uso da sua droga de escolha? O que você acha que vai sentir e o que vai acontecer? As expectativas podem variar de "Vou me sentir mais feliz (ou menos deprimido ou menos ansioso)" a "Serei mais capaz de lidar com a situação (profissional, social, familiar) em que estou prestes a entrar" ou "Não vou ficar entediado".

2. Avalie seu *nível de desejo* a qualquer momento. Use uma escala de 1 a 10 em que 1 significa *Não desejo usar essa droga de escolha* e 10 significa *Preciso usar, meu desejo é incontrolável*. Você pode se sentir mais confortável com uma escala mais simples, por exemplo: 1 significando *sem desejo*; 2, *algum desejo*; 3, *desejo total* (que pode incluir sensações físicas de abstinência).

   Para se acostumar com a escala, avalie quanto desejo você sente neste momento: ______________

   Quanto desejo você sentiu ao acordar nesta manhã? ______________

(*continua*)

FERRAMENTA DE AUTOAVALIAÇÃO *(página 2 de 2)*

3. Faça uma lista de seus *gatilhos* para uso da droga de escolha. Os gatilhos são aspectos que aumentam a probabilidade de uso ou o desejo de usar. Eles podem ser a presença de certas pessoas com quem você normalmente bebe ou consome drogas (e a quem raramente visita sem a droga de escolha), certos lugares, horas do dia ou da noite, certas atividades rotineiras (como beber álcool nas refeições ou fumar maconha para ajudar a adormecer) e o uso de outras substâncias que criem o desejo (por exemplo, álcool sendo gatilho para uso de tabaco).

   Gatilho 1: ______________________________

   Gatilho 2: ______________________________

   Gatilho 3: ______________________________

4. A melhor maneira de administrar os gatilhos é *criar* obstáculos (o que você faz para bloquear sua exposição ao gatilho). Isso pode incluir não se reunir com certas pessoas ou descobrir outras atividades para fazer com elas, evitar o álcool se estiver tentando parar de fumar e dificultar seu acesso a certos medicamentos (por exemplo, entregando-os ao seu parceiro para que ele os guarde).

   Obstáculo 1: ______________________________

   Obstáculo 2: ______________________________

   Obstáculo 3: ______________________________

5. Anote o que você ganharia ou perderia ao abandonar a substância. As perdas podem ser de amizades ou o prazer resultante de determinadas atividades, como ouvir música. Por outro lado, há ganhos: economia de dinheiro, interações com pessoas com as quais você não se sente prejudicado e histórico de direção mais limpo.

   Ganho 1: ______________________________

   Ganho 2: ______________________________

   Ganho 3: ______________________________

   Perda 1: ______________________________

   Perda 2: ______________________________

   Perda 3: ______________________________

negativos *temporariamente*. Tente visualizar uma imagem mais clara de como o uso de substâncias e os sintomas de humor estão relacionados. Você pode acompanhar o uso da sua droga de escolha em seu gráfico de humor (da mesma forma que fez com a raiva ou a ansiedade) e ver como varia ao longo do tempo com as mudanças no seu humor e funcionamento. Se seu humor cai, você talvez use drogas que o elevam (cocaína, por exemplo); se estiver muito ansioso, talvez beba ou use opiáceos prescritos. Você pode nem perceber que está fazendo isso.

Saber que os estados de humor estão entre os gatilhos para uso de substâncias pode ajudar na prevenção. Quando seu humor está piorando e você deseja usar, entrar em contato com seu terapeuta pode ajudar a identificar fatores de estresse que estão operando fora de sua consciência (como conflitos de relacionamento ou sentimentos de rejeição). Você pode consultar seu psiquiatra para determinar se mudanças em seus medicamentos ajudariam a estabilizar seu humor e, idealmente, reduzir a potência dos estados de humor como gatilhos para uso de substâncias.

ESTRATÉGIA DE PREVENÇÃO 2: Trabalhe para reduzir ou eliminar

Se sua autoavaliação indicar que o uso de substâncias está causando danos, a maneira mais óbvia e simples (e mais difícil) de evitá-los é mudar o quanto você usa. Não existe uma abordagem que funcione para todas as pessoas, e estratégias diferentes podem funcionar melhor em certos momentos da sua vida do que em outros.

A *abstinência* (parar completamente de beber ou usar drogas) é o principal propósito dos grupos de Alcoólicos Anônimos ou Narcóticos Anônimos para pessoas com "diagnósticos duplos" (comorbidade de transtorno bipolar e transtornos por uso de substâncias ou álcool). Essa abordagem pode ser a melhor opção se você abusa de álcool ou drogas há muito tempo ou se seu uso ocasional se transformou em um hábito grave e persistente. Você pode ter começado a usar álcool ou substâncias antes do primeiro episódio maníaco ou depressivo e continuou desde então, ou pode ter desenvolvido hábitos de uso após receber alta do hospital. Muitas pessoas com transtorno bipolar confiam nos grupos de Alcoólicos Anônimos, pois encontram uma comunidade de pessoas que entendem como é difícil permanecer abstinente. A força desses grupos reside no apoio social para permanecer sóbrio e no orgulho da comunidade em alcançar o objetivo.

Contudo, os grupos Alcoólicos Anônimos ou Narcóticos Anônimos não são para todos, e é importante encontrar o grupo certo para suas necessidades (supondo que você tenha uma escolha). Há quem ache difícil estar com pessoas que tem histórico de abuso de álcool ou outras drogas. Um paciente relatou isso desta forma: "Não posso participar de grupos em que as pessoas falam sobre todas as suas atitudes gloriosas quando estavam drogadas. Isso só me faz querer usar mais". Você pode se sentir mais confortável em grupos de pessoas com idade e nível de funcionamento semelhantes aos seus. Além disso, evite grupos que transmitam a mensagem de que a necessidade contínua de um medicamento (psiquiátrico ou não) é um "vício". Isso não é verdade — as pessoas não se tornam "viciadas" em estabilizadores de humor ou antipsicóticos. Se você participar de reuniões em que essa mensagem seja apresentada como fato, procure outro grupo.

Outra abordagem, chamada de *redução de danos*, envolve modular o uso em vez de tentar parar. Nela, você implementa estratégias para reduzir seu desejo (prevenção) e coloca obstáculos para lidar com os gatilhos no momento. Meu objetivo está alinhado com esta visão: ajudá-lo a reduzir a frequência e o impacto de seu uso para que sua saúde geral não se deteriore. Acredito que essa estratégia tenha sido mais eficaz e realista para a maioria das pessoas com transtorno bipolar com quem trabalhei, especialmente aquelas que tiveram apenas alguns episódios de humor e para as quais o uso de substâncias ainda não é um problema de longa data.

ESTRATÉGIA DE PREVENÇÃO 3: Conheça os fatos sobre a relação entre transtorno bipolar e uso de substâncias

Existem muitos mitos sobre o transtorno bipolar e o uso ou abuso de substâncias, e é importante saber o que foi e o que não foi estabelecido em estudos de pesquisa. Eis alguns mitos:

- "Beber ou usar drogas é se automedicar." Muitas pessoas com transtorno bipolar afirmam que usam álcool ou drogas para controlar seus sintomas de humor — o que chamamos de *automedicação*. Embora essa explicação possa parecer lógica, não é corroborada pelas evidências, que mostram consistentemente que álcool e drogas de abuso pioram os episódios de humor no transtorno bipolar. O uso de substâncias provoca episódios de humor mais longos e frequentes, aumento do comportamento suicida, uso mais inconsistente de medicamentos psiquiátricos e menor qualidade de vida geral.

- "Álcool e drogas podem fazer você sair de um episódio maníaco." Na verdade, é o contrário: as pessoas usam cocaína ou maconha para acentuar o estado maníaco. Também há evidências de que o alcoolismo pode precipitar episódios maníacos em certos indivíduos.
- "A maconha é um bom estabilizador de humor." Muitos acreditam que substâncias como a *cannabis* são bons estabilizadores de humor e funcionam tão bem quanto o lítio. Esse não é o caso. As pessoas relatam que se sentem temporariamente melhor depois de fumar maconha (algumas dizem se sentir menos ansiosas), mas há evidências substanciais de que o uso crônico de *cannabis* está associado a um pior resultado do transtorno bipolar, com piora da depressão, mania, psicose e ideação suicida. Os efeitos negativos são mais acentuados quando as pessoas usam *cannabis* em vez de estabilizadores de humor ou antipsicóticos.
- "O abuso de substâncias e o transtorno bipolar são a mesma doença." É verdade que os dois ocorrem simultaneamente com frequência e nas mesmas famílias, mas muitos transtornos são comórbidos com o bipolar, incluindo transtornos de ansiedade e transtorno de déficit de atenção/hiperatividade. Os transtornos por abuso de substâncias e o transtorno bipolar seguem cursos diferentes ao longo do tempo e têm idades de início distintas. Em algumas pessoas, o abuso de substâncias ou álcool precede o início do transtorno bipolar, e em outras, este vem primeiro.

ESTRATÉGIA DE PREVENÇÃO 4: Busque maior estabilidade do humor

"Não gosto de gastar dinheiro com drogas ou bebidas, mas meus estabilizadores de humor não parecem ajudar."

Se você achar que o uso da droga de escolha aumenta quando você está deprimido ou em estado de hipomania ou mania, ou nas fases prodrômicas de qualquer um dos estados, provavelmente também está enfrentando dificuldades financeiras relacionadas ao uso de substâncias. Nesse caso, estabilizar-se dos sintomas de humor existentes deve ser sua prioridade, por motivos financeiros e de saúde física. Converse com seu médico sobre por que seus medicamentos atuais não estão fazendo o efeito esperado.

Seu regime de medicação pode não ser o ideal, fazendo seu médico recomendar alterações de dosagem ou acréscimos. Como sempre, busque uma segunda opinião se seu médico ficar sem ideias. Ele pode ter razão ao afirmar que o uso de drogas ou álcool está interferindo nos benefícios potenciais de seus medicamentos, e talvez você tenha recorrido a essas substâncias porque não estava sentindo nenhum benefício com as medicações.

Considere fazer uma experiência de um mês em que você desista de usar substâncias (ou reduza bastante) para ver como seu humor se comportará. Se tiver dúvidas sobre ser capaz de fazer isso, considere tratamentos mais agressivos (conforme recomendado pelo médico) que você evitou até agora, como antipsicóticos (que comprovadamente reduzem a fissura) ou medicamentos que dificultam o abuso de substâncias (que causam mal-estar se consumidos em concomitância com bebidas alcoólicas, por exemplo). Muitos ficam surpresos ao saber que têm algum controle sobre seus desejos/fissura.

O que você pode fazer sobre o uso de *cannabis*

"Maconha não me faz mal e ajuda com a ansiedade; sendo assim, por que eu deveria parar de usar?"

Costumo ouvir declarações como essa, ou ideias relacionadas: "Prefiro continuar usando maconha em vez de estabilizadores de humor, pois sinto que faz o mesmo efeito". A legalização da maconha em muitos estados dos Estados Unidos reforçou a crença das pessoas de que não há nada de perigoso nessa droga — muitos com transtorno bipolar a usam todos os dias e como "substituta" de estabilizadores de humor ou antipsicóticos.

ESTRATÉGIA DE PREVENÇÃO: Informe-se sobre a *cannabis*

Eis alguns fatos sobre a *cannabis* que devem contribuir para sua decisão sobre usá-la ou não:

1. **Segurança.** Fumar, vaporizar ou ingerir maconha em determinadas ocasiões pode não parecer tão perigoso. Entretanto, o THC de alta potência (delta-9-tetra-hidrocanabinol, um dos principais ingredientes ativos da maconha) disponível nas ruas e nos estabelecimentos está associado a um maior risco de sintomas psicóticos, ansiedade e depressão. Além disso,

muitos produtos derivados de *cannabis*, disponíveis hoje em várias partes do mundo, incluindo itens comestíveis, contêm THC, mas isso, muitas vezes, não está escrito na embalagem.

2. **Efeitos no humor e na ansiedade.** Você pode perceber efeitos calmantes agradáveis de curto prazo sobre sua ansiedade com o consumo de maconha, mas o uso repetido e crônico pode deprimir seu humor, contribuir para a sensação de falta de energia e motivação e aumentar sua ansiedade. Foi demonstrado mais de uma vez que o THC prejudica a memória, a atenção, o aprendizado verbal e a velocidade de processamento (tempo necessário para responder às informações visuais ou verbais).
3. O **canabidiol**, o outro ingrediente principal da maconha, costuma ser comercializado como óleo de canabidiol. Ele tem efeitos diferentes do THC no cérebro e parece mais propenso a reduzir a ansiedade, mas pouco se sabe sobre seus efeitos a longo prazo. A coexistência desses dois compostos é uma das razões pelas quais a maconha tem efeitos tão imprevisíveis.
4. **O uso regular de *cannabis*** pode interferir na ação dos medicamentos psiquiátricos e contribuir para piorar seu humor e sua cognição. Se você está recorrendo à *cannabis* para relaxar, considere práticas de meditação consciente para seus estados de ansiedade, conforme descrito no Capítulo 3.
5. **Influência de outras pessoas.** O uso de *cannabis* tem um forte componente ambiental. Se a maioria de seus amigos fuma maconha, você pode descobrir que seu desejo de consumo é maior quando está com eles do que quando está sozinho. De quais relacionamentos ou atividades você poderia abrir mão se parasse de fumar? Essas influências são ainda mais fortes quando outras pessoas ao seu redor usam maconha para se acalmar em situações sociais.
6. **Motivação e objetivos pessoais.** Considere como o uso afeta a realização de seus objetivos pessoais acadêmicos, de saúde ou profissionais. Se você consome todos os dias, pode reconhecer que não atinge certos objetivos que tinha no início do dia (como fazer exercícios ou terminar uma tarefa de trabalho). Se você usa *cannabis* regularmente durante a semana de trabalho, poderá observar diminuição gradual em sua motivação ou produtividade no trabalho. Reduzir o uso (por exemplo, consumir somente com amigos nos finais de semana) pode resultar em aumento correspondente na motivação e na orientação a objetivos durante a semana.

7. **O que acontece com sua ansiedade quando você não fuma?** Se é um usuário regular de *cannabis* (vaporizando ou consumindo quase todos os dias), faça uma experiência como a descrita na "Estratégia de prevenção 4: Busque maior estabilidade do humor", na página 221. Avalie seu nível diário de ansiedade em seu gráfico de humor por uma semana enquanto usa *cannabis* como de costume (e continua tomando seus medicamentos psiquiátricos conforme prescritos). Depois, tente passar uma semana sem maconha e faça as mesmas avaliações. Embora você possa sentir ansiedade no início, talvez se surpreenda ao perceber que não é tão difícil quanto imaginava. Se não conseguir parar por vontade própria, converse com seu médico sobre a possibilidade de tomar o medicamento gabapentina, que não causa dependência e pode tratar a ansiedade relacionada ao uso de *cannabis*.

"Quando estou me sentindo em hipomania, fumo maconha para me sentir mais calmo. Por que isso parece ter o efeito contrário?"

ESTRATÉGIA DE PREVENÇÃO: Tome medidas de proteção, sobretudo durante períodos de hipomania ou mania

É tentador acreditar que a *cannabis* seja antimaníaca, já que tem efeito calmante de curto prazo. Se fumar maconha (ou usar qualquer outra droga), prepare-se para qualquer imprevisto e seja honesto consigo mesmo sobre seus limites. Você pode estar mais propenso a tomar decisões impulsivas e correr riscos quando está sob efeito de substâncias. Se seu humor não estiver estabilizado com agentes como lítio ou valproato, você pode querer usar maconha em situações mais perigosas. Além disso, pode atrapalhar seu sono e provocar comportamentos impulsivos que levam à mania (como ter encontros sexuais sem proteção ou gastar dinheiro de forma impulsiva).

Redução de danos para o uso de álcool

O consumo moderado e ocasional de bebida alcoólica não oferece efeitos nocivos ao organismo. Alguns médicos até irão dizer que uma taça de vinho durante o jantar é aceitável. Mas e quando o uso ocasional se transforma em abuso? Como você pode reduzir o número de episódios de consumo excessivo de álcool?

O abuso de álcool e o transtorno bipolar são uma combinação tóxica. Sem dúvidas, o álcool piora as mudanças de humor e interage de forma negativa com medicamentos, como o lítio. Pessoas com o transtorno que abusam de álcool e drogas mais pesadas, como cocaína, têm maior probabilidade de sofrer morte prematura do que pessoas com o transtorno que não usam substâncias, por motivos que incluem *overdose* (acidental e intencional), acidentes e declínio da saúde.

Enquanto o objetivo em grupos de 12 passos, como o Alcoólicos Anônimos, é permanecer sóbrio o tempo todo e nunca mais beber, um objetivo típico de "redução de danos" é reduzir para zero a frequência de episódios de consumo excessivo de álcool (geralmente definidos como cinco ou mais doses em uma única noite), mesmo que o sujeito continue tendo noites de consumo moderado. Quem tem transtorno bipolar e corre maior risco de sofrer danos causados pelo álcool são frequentemente aqueles que bebem pouco e passam por períodos de consumo excessivo, como ocorre durante episódios depressivos. No entanto, reduzir os episódios de consumo excessivo requer pensar sobre o contexto.

ESTRATÉGIA DE PREVENÇÃO 1: Gerencie os relacionamentos com as pessoas que provocam em você o desejo de beber

Todos nós precisamos de uma comunidade e de um sentimento de apoio de outras pessoas, mas se sua vida social gira em torno da bebida, a estratégia óbvia é evitar pessoas ou lugares que oferecem maior probabilidade de consumo de álcool. Isso pode significar abrir mão de alguns amigos ou desenvolver companheirismo com eles em torno de outra atividade, o que não é fácil e pode ser um obstáculo. Eis algumas questões a serem consideradas:

- De que forma sua vida social atual tem contribuído para seu objetivo de viver bem com o transtorno bipolar? Você consegue encontrar uma comunidade que apoie seu desejo de reduzir o consumo de álcool ou parar totalmente de beber? Não estou sugerindo que você saia e se filie a uma igreja, mas talvez já existam pessoas em sua rede social que ficariam felizes em passar um tempo com você sem precisar beber.
- De que forma você pode desfrutar de estar com seus amigos habituais sem beber? Talvez consiga pensar em atividades que não envolvam

álcool (ou outra droga de escolha). É claro que um amigo pode sabotar a atividade aparecendo bêbado ou sob efeito de alguma droga. Você consegue imaginar estar com essa pessoa sem que um ou ambos estejam sob efeito de alguma substância? Se não, o que isso diz sobre o relacionamento?

- Uma experiência particularmente desafiadora é ter um relacionamento romântico com alguém que precisa beber para se divertir. Se você está em um relacionamento assim ou está desenvolvendo um, talvez queira testá-lo determinando se a outra pessoa quer vê-lo em ambientes onde beber é difícil ou impossível (como fazer caminhadas ou andar de bicicleta). Se ela recusar, é hora de conversar.

ESTRATÉGIA DE PREVENÇÃO 2: Adote a abordagem médica do álcool

Se o uso de substâncias ou álcool for grave e você estiver com problemas para controlá-lo — pior, se estiver desestabilizando seu humor —, converse com seu psiquiatra sobre a possibilidade de usar medicamentos para tratar a dependência de álcool. Como mencionado, o dissulfiram é um inibidor do consumo de álcool por causar mal-estar quando este é ingerido. Dois outros agentes — naltrexona e acamprosato — revelaram-se eficazes na redução das recaídas em pessoas que apresentavam abuso de álcool. A naltrexona bloqueia os efeitos eufóricos da substância, reduz os desejos e diminui gradualmente o desejo de beber, e o acamprosato reduz a ansiedade durante a abstinência. Esses agentes podem ser bastante eficazes, mas têm efeitos colaterais. Devem ser combinados com programas de aconselhamento sobre álcool para alcançarem sua eficácia máxima.

Controle imediato de danos

Junto com estratégias de prevenção de longo prazo, há atitudes que você pode tomar imediatamente para reduzir os danos causados a si mesmo ou a outras pessoas pelo consumo de álcool e outras substâncias. Essas estratégias são mais difíceis de implementar quando você está entrando em mania ou hipomania, mas enumerá-las quando estiver estável será de grande ajuda para lembrar quando estiver sintomático, assim como fez ao reestruturar as rotinas diárias ou os hábitos de sono.

ESTRATÉGIA 1: Coloque obstáculos

Se você recebeu convite de amigos para uma festa ou *show* no sábado à noite e sabe que provavelmente irá beber, considere limitar-se a uma cerveja. Algumas pessoas gostam do sabor da cerveja sem álcool, que é uma alternativa. Outra opção é recusar-se a beber ou explicar que você está tentando perder peso ou precisa acordar cedo no dia seguinte. Dependendo da natureza de suas amizades, essa pode ser toda a explicação necessária.

ESTRATÉGIA 2: Evite testar sua capacidade de administrar pequenas quantidades de sua droga de escolha

É compreensível que as pessoas acreditem que o uso de substâncias é seguro quando seu humor está estável, mas desafie a si mesmo ao pensar: "Que tal eu experimentar um pouco da minha droga de escolha, já que estou me sentindo bem?". Como você sabe por experiência anterior, não é assim que funciona. O uso regular de álcool, cocaína, opiáceos ou outras drogas de abuso pode causar alteração das rotas de recompensa no cérebro que regulam a dopamina, mesmo quando você está se sentindo bem. Essas alterações podem colocá-lo em maior risco de recaídas tanto no abuso de substâncias quanto na mania.

ESTRATÉGIA 3: Entre em contato com um serviço de emergência

Se você tende a usar sua droga de escolha sozinho e, especialmente, se estiver com ideações suicidas ao fazer isso, use números de telefone de emergência ou aplicativos para se manter seguro. O Never Use Alone (*www.neverusealone.com*; 877-696-1996)* é formado por voluntários que também têm experiência com abuso de substâncias. Quando você liga, eles ficam no telefone enquanto você estiver usando a substância e por cerca de 10 minutos depois para garantir que você esteja bem. Se você parar de responder e eles não conseguirem entrar em contato, ligarão para os serviços médicos de emergência em sua região.

* N. de R. T. No contexto brasileiro, indivíduos com problemas com uso de substâncias de abuso podem obter informações de ajuda e suporte ligando para o número 132 (popularmente conhecido como "Ligue 132").

Uma alternativa é entrar em contato com o The Brave App (*www.thebraveapp.com*), que ajuda a evitar *overdose* de drogas. Ao entrar em contato pela primeira vez (por meio de um botão no aplicativo), você configura um plano de socorro com detalhes, tais como endereço e quem deve responder em caso de emergência. Se você estiver em meio a uma experiência com drogas e não responder ao telefone, a equipe ligará para seu familiar ou amigo designado ou enviará um médico de emergência (conforme indicado em seu plano de socorro). A equipe tentará honrar seu pedido de não envolver a polícia, mas pode não ter controle sobre quem aparece com uma ambulância.*

Comunicando-se com os membros da família

"Tudo o que eles querem falar comigo é sobre meu hábito de consumir álcool."

Como em tudo que diz respeito à bipolaridade, os membros da família desempenham papel significativo nos problemas de uso de álcool e substâncias. O importante com os familiares é garantir que saibam equilibrar a comunicação com você, para que não fiquem constantemente cobrando a adesão ao tratamento medicamentoso, as idas às reuniões dos Alcoólicos Anônimos ou consultas com o médico. Essa cobrança pode, por si só, ser um gatilho para seus desejos.

ESTRATÉGIA DE PREVENÇÃO 1: Regule a comunicação com a família

ESTRATÉGIA DE PREVENÇÃO 1A: Se seus pais ou parceiro quiserem conversar com você sobre o uso de drogas ou álcool, defina um horário durante a semana em que falem sobre isso e somente sobre isso

Você pode dizer: "Durante o jantar de domingo, você pode me fazer perguntas como: 'Você tomou seus remédios, consultou seu médico ou foi a uma reunião do Alcoólicos Anônimos?'. Em outras ocasiões, conversaremos sobre outros assuntos".

---

* N. de R. T. No contexto brasileiro, em caso de suspeita ou intoxicação por substância de abuso, o ideal é informar um amigo ou familiar e se dirigir a uma unidade de pronto atendimento (UPA), ou emergência clínica, onde o indivíduo afetado poderá receber atendimento médico para tratamento do caso.

ESTRATÉGIA DE PREVENÇÃO 1B: Se você sofreu repetidas recaídas no abuso de substâncias ou álcool e agora está sóbrio, talvez seja necessário reorientar seus pais sobre o seu estágio de desenvolvimento, para que vocês se comuniquem como adultos

Isso também significa evitar responder como faria quando era adolescente (por exemplo, usar álcool ou drogas para se vingar, ou xingar quando os pais abordam o assunto). Observe que você estará em um terreno mais instável se estiver recaindo com frequência no abuso de drogas ou álcool e seus pais ou outros membros da família precisarem intervir em situações perigosas.

ESTRATÉGIA DE PREVENÇÃO 1C: Comunique-se claramente com o cônjuge ou parceiro

Diga: "Não é sua função me curar. Você pode me levar às consultas ou à farmácia, mas sou eu quem precisa ir ao médico ou comprar os remédios. Você não pode fazer isso por mim". Da mesma forma, seu parceiro não deve controlar o que você bebe ou solicitar exames de urina, pois isso o transforma em seu médico (ou "carcereiro") em vez de seu parceiro.

ESTRATÉGIA DE PREVENÇÃO 1D: Tente reorientar seu parceiro para o relacionamento que vocês tinham quando se conheceram

O que gostavam de fazer juntos? Você pode dizer: "Vamos conversar como antes. Sou uma pessoa independente da minha doença. Não sou apenas alcoólatra; sou uma pessoa com transtorno bipolar e alcoolismo e sou ____________ [marido, professor, músico, pai ou qualquer outra característica com a qual você se descreva]".

ESTRATÉGIA DE PREVENÇÃO 1E: Certifique-se de que seu cônjuge ou seus familiares não estejam usando álcool ou drogas em sua presença

Se sua família só consegue se reunir para beber, essa pode não ser uma situação viável caso você esteja tentando reduzir o consumo. Conviva com eles pela manhã, quando as pessoas são menos propensas ao consumo de substâncias.

ESTRATÉGIA DE PREVENÇÃO 1F: Entenda que as perguntas feitas por seu cônjuge/parceiro ou seus familiares provavelmente são motivadas pelo medo

Quando perguntam, do nada e sem nenhuma evidência: "Você bebeu hoje?", a resposta pode ser: "Sei que você está preocupado com esse meu hábito, e seus medos são compreensíveis, mas prefiro falar sobre meus problemas na próxima ida ao Alcoólicos Anônimos (ou com meu terapeuta)."

Pontos a serem esclarecidos:

- Sou uma pessoa — sou seu filho/sua filha (irmão/irmã/marido, etc.).
- Não quero ser tratado apenas como uma doença ou um transtorno mental.
- Se eu tiver uma mudança de humor comum, não me pergunte se estou "bêbado" ou "drogado" ou se esqueci de tomar meus medicamentos.
- Tenho oscilações normais no meu humor devido ao estresse, assim como todo mundo.

Fazendo um balanço

Se você teve a oportunidade de monitorar seus gatilhos e desejos em seu gráfico de humor ou na "Ferramenta de autoavaliação para uso de substâncias e álcool", analise a semana anterior e determine o que funcionou e o que não funcionou. Há situações ou sentimentos (gatilhos) que você está tentando evitar que levam ao desejo e ao uso? Identificou pessoas com quem você sempre usa drogas? Há períodos previsíveis de tempo ou lugares em que o desejo atinge seu auge? Suas expectativas em relação ao uso da substância foram atendidas? Algum obstáculo funcionou para diminuir seu uso? Use essas informações na próxima semana para evitar esses gatilhos e reduzir os períodos de desejo.

Conforme passa pelo processo de lidar com gatilhos e desejos, é natural que ocorram deslizes, mas espera-se que se tornem menos frequentes com o tempo. Portanto, tente manter uma visão ampla: pergunte a si mesmo se seu padrão atual de uso de álcool ou substâncias está colaborando para você conseguir o que deseja (emprego, relacionamento, maior estabilidade) ou, ao contrário, de que forma isso está interferindo. Controlar o abuso de substâncias envolve estar continuamente consciente do que você deseja para si mesmo a longo prazo, mesmo quando outros desejos se apresentam no momento.

PARTE TRÊS

Seus tratamentos

APROVEITANDO AO MÁXIMO OS MEDICAMENTOS E A TERAPIA

Ao ler sobre recomendações de tratamento para o transtorno bipolar na internet ou em livros, você pode ter a sensação de que as informações são bem-intencionadas, mas um tanto condescendentes. Nem todo problema precisa ser tratado com remédio ou psicoterapia. De certa forma, o que você está enfrentando faz parte da condição humana, e algumas mudanças de humor acontecem devido ao estresse no ambiente. Buscar opções de tratamento não significa admitir que tudo é culpa sua ou que está apenas na sua cabeça. Como verá, você tem mais autonomia do que imagina para desenvolver um plano de tratamento. Nesta parte, você vai aprender algumas estratégias para estabelecer um regime adequado de medicação, defender seus interesses ao ajustá-lo e fazer a psicoterapia funcionar a seu favor.

13

Cuidando de seus medicamentos

A maioria das pessoas com transtorno bipolar (se não todas) tem dificuldade em tomar os medicamentos — se devem tomá-los e, em caso afirmativo, se funcionam ou não, como lidar com os efeitos colaterais, seus efeitos na saúde física e o estigma inevitável. Acho que nunca trabalhei com alguém que recebeu o medicamento certo na primeira tentativa e continuou com ele.

Os estabilizadores de humor são uma bênção para quem vive com transtorno bipolar. Em épocas anteriores, antes de o lítio ser colocado em uso, pessoas com o transtorno entravam e saíam de hospitais. O lítio permitiu a elas o tratamento ambulatorial e uma vida muito mais satisfatória. Atualmente, existem muitas opções além do lítio, mas encontrar o tratamento certo leva tempo e, muitas vezes, implica tentativas e erros, além da consulta a mais de um especialista. Mesmo assim, os medicamentos não conseguem resolver todos os problemas com os quais convive o indivíduo com o transtorno.

Pode ser difícil se comprometer a tomar medicamentos se você não acredita que são eficazes, se sofre de efeitos colaterais intoleráveis, ou se as pessoas próximas a você atribuem todos ou a maioria dos seus problemas a medicamentos inadequados. De modo geral, pessoas com transtorno bipolar têm vidas muito estressantes. Se você costuma ouvir que sua vida seria mais fácil se tomasse apenas a medicação certa ou em doses mais altas, ou se a tomasse de forma mais consistente, provavelmente desejaria livrar-se dela e começar tudo de novo. Talvez você se pergunte se o tratamento é pior do que o transtorno. Eis algumas declarações que ouvi de meus pacientes que tiveram dificuldades com medicamentos:

"Espera-se que eu seja um engolidor passivo de comprimidos, não faça perguntas e apenas siga o programa. Se nunca fui passivo em relação a nada, por que seria em relação a algo tão importante?"

"Os medicamentos compensam meus altos e baixos, mas devo simplesmente aceitar os efeitos colaterais? Os benefícios valem os custos?"

"Depois de todas essas tentativas e erros, algum dia encontrarei a combinação certa e obterei os benefícios que desejo?"

"Todos, desde meus médicos até meus familiares, têm voz ativa sobre quais remédios preciso tomar, quando e quanto, exceto eu."

Inúmeros estudos mostram que, se o conjunto ideal de medicamentos for administrado, haverá menos episódios de humor e menos sintomas entre os episódios (ver Goldberg et al., 2022, para uma revisão recente). Isso também vale para a psicoterapia complementar, desde que o objetivo seja ajudar o sujeito a entender seu transtorno, adotar estratégias de estilo de vida relevantes e lidar com os gatilhos de estresse em sua vida diária. Medicamentos e psicoterapia, no entanto, não são a cura para tudo. Mesmo os medicamentos ideais podem deixar lacunas no controle dos sintomas, causar efeitos colaterais difíceis ou fazer a pessoa sentir que não consegue acessar totalmente suas emoções ou sua criatividade natural. Medicamentos e terapia são *ferramentas*, opções possíveis, mas é o indivíduo quem deve estar no comando. É por isso que as recomendações deste capítulo e do próximo foram classificadas como estratégias para "assumir o controle".

Estratégias práticas para assumir o controle de seu tratamento

"Desde que fui diagnosticado pela primeira vez, todos disseram que devo tomar medicamentos, mas ainda não estou convencido. O que fazer para descobrir quais tomar ou se devo mesmo tomá-los?"

Muitas pessoas com diagnóstico de transtorno bipolar demoram para concordar com um regime de medicação. Suas primeiras experiências com medicamentos podem ter sido no hospital, onde não havia escolha. Possivelmente, você era bem jovem quando seus pais insistiram pela primeira vez que tomasse um estabilizador de humor ou um antidepressivo. Como adulto, faz sentido tomar uma decisão bem-informada sobre a necessidade de tomar remédios e quais tomar — em outras palavras, assumir o controle de seu próprio tratamento.

Em teoria, você pode contar com seu médico para ajudar a pesar custos e benefícios dessa decisão. Na prática, no ambiente médico atual, muitos profissionais não têm tempo suficiente para dedicar aos pacientes, e você pode sair de uma consulta com a sensação de ter mais perguntas do que respostas. Além disso, é difícil concordar com um plano de medicação e, ao mesmo tempo, não ter certeza se você tem transtorno bipolar. Se o diagnóstico for novo e você tiver dúvidas sobre se ele se aplica a você, procure uma segunda opinião, sobretudo se achar que o primeiro diagnóstico foi feito às pressas. Mas, como você verá em breve, decidir se deve tomar medicamentos é mais do que atender aos critérios diagnósticos bastante complicados da 5a edição, texto revisado, do *Manual diagnóstico e estatístico de transtornos mentais* (DSM-5-TR; 2022).

As estratégias a seguir colaboram para a obtenção de informações confiáveis sobre tratamentos médicos para transtorno bipolar e para o esclarecimento de sua posição sobre o uso de medicamentos, independentemente do que os outros pensem.

ESTRATÉGIA PARA ASSUMIR O CONTROLE 1: Revise suas experiências anteriores com episódios de humor

Tomar medicamentos é muito mais fácil quando você sente que a escolha foi sua com base em uma avaliação fundamentada de sua história com mudanças de humor, em vez de se sentir sobrecarregado por desejos, crenças ou demandas de outras pessoas. Revisite a Introdução desta obra, que aborda gráficos de humor, bem como os Capítulos 1 e 2 para analisar os efeitos que as mudanças de humor tiveram em seus relacionamentos, suas metas profissionais, seu sono e outros aspectos da vida diária. Se você já tomou estabilizadores de humor, pode ter uma opinião formada sobre sua eficácia na estabilização de episódios anteriores ou na redução de recaídas.

ESTRATÉGIA PARA ASSUMIR O CONTROLE 2: Reúna o máximo de informações possível

Ter de tomar ou não um medicamento pode parecer menos uma escolha do que qual remédio tomar e em qual dosagem, comparando efeitos colaterais e benefícios potenciais. Por meio de sua própria pesquisa (de *sites* confiáveis ou outras fontes informadas) e de discussões com seu médico, você estará em melhor posição para esclarecer suas crenças sobre quais medicamentos tomar, em quais dosagens e para quais propósitos.

Os quadros a seguir, nesta página e na página 237, oferecem informações básicas sobre medicamentos usados para transtorno bipolar durante episódios maníacos ou depressivos. Há outras fontes que fornecem mais detalhes (por exemplo, *www.dbsalliance.org/pdfs/medication_charts/BPmedication_chart.pdf* [em inglês]). É improvável que você experimente todos os medicamentos citados no *link*, mas pode ser usuário de alguns, sozinhos ou em combinação. Seu regime também pode mudar com o tempo.

É útil saber quais sintomas cada medicamento tem como alvo. Por exemplo, você pode receber prescrição de lamotrigina para depressão ou ansiedade, mas é improvável que seja a primeira escolha para hipomania ou mania, pois a lamotrigina não tem eficácia conhecida para tratar ou prevenir essas fases da doença, para as quais os médicos geralmente recomendam lítio, valproato ou um antipsicótico.

Medicamentos para episódios maníacos do transtorno bipolar

Nome genérico	Dosagens iniciais	Dose diária completa
Lítio	600–900 mg	900–2.400 mg*
Valproato	750 mg	1.000–3.000 mg
Risperidona	2 mg	4–6 mg
Quetiapina	100–200 mg	300–800 mg
Olanzapina	5–10 mg	10–30 mg
Ziprasidona	40–80 mg	120–160 mg
Aripiprazol	5–10 mg	10–30 mg
Asenapina	10 mg	10–20 mg
Carbamazepina	200–400 mg	600–1.600 mg
Haloperidol	2–5 mg	5–20 mg

Nota: não estão listadas várias classes de medicamentos antidepressivos usados como agentes adjuvantes. De *Clinician's Guide to Bipolar Disorder* (p. 69), de D. J. Miklowitz e M. J. Gitlin. © 2014 The Guilford Press. Adaptado com permissão.

* N. de R. T. A dose plena de lítio geralmente é definida por um exame de sangue, chamado de litemia ou nível sérico de lítio. Apesar de a edição original do livro citar dose diária completa de 900-2.400 mg, as doses plenas de lítio devem ser guiadas pela litemia do paciente, sendo que, na prática clínica, é incomum essa dose ultrapassar 1.200 mg/dia, devido ao risco de intoxicação pelo lítio. Fonte: Cordioli, A. V., Gallois, C. B., & Passos, I. C. (2023). Psicofármacos: consulta rápida (6ª ed.). Artmed.

Medicamentos para episódios depressivos do transtorno bipolar

Nome genérico	Dosagem inicial	Dose diária completa
Quetiapina	50–100 mg	200–600 mg
Lurasidona	20–40 mg	20–120 mg
Lamotrigina	25 mg	100–400 mg
Lítio	300–600 mg	900–1.800 mg*
Valproato	250–500 mg	1.000–2.000 mg
Combinação olanzapina/fluoxetina	6–25 mg	6/25–12/50 mg
Olanzapina	5 mg	5–15 mg
Lumateperona	42 mg	42 mg
Cariprazina	1,5 mg	1,5–3 mg

Nota: não estão listadas várias classes de medicamentos antidepressivos usados como agentes adjuvantes. De *Clinician's Guide to Bipolar Disorder* (p. 90), de D. J. Miklowitz e M. J. Gitlin. © 2014 The Guilford Press. Adaptado com permissão.

* N. de R. T. A dose plena de lítio geralmente é definida por um exame de sangue, chamado de litemia ou nível sérico de lítio. Apesar de a edição original do livro citar dose diária completa de 900-1.800 mg, as doses plenas de lítio devem ser guiadas pela litemia do paciente, sendo que, na prática clínica, é incomum essa dose ultrapassar 1.200 mg/dia, devido ao risco de intoxicação pelo lítio. Fonte: Cordioli, A. V., Gallois, C. B., & Passos, I. C. (2023). Psicofármacos: consulta rápida (6ª ed.). Artmed.

"Como obter informações do meu médico sobre o efeito dos remédios, se estão funcionando e quais efeitos colaterais esperar?"

ESTRATÉGIA PARA ASSUMIR O CONTROLE 1: Seja direto sobre seu desejo por informações

Nenhum médico deve prescrever remédios para você sem explicar o motivo, quais sintomas tratam (humor, sono, agitação), quais são os efeitos colaterais mais prováveis e se é recomendado considerar outro medicamento, psicoterapia ou opção baseada em dispositivo (como estimulação magnética transcraniana). Você deve mencionar outros medicamentos que está tomando para descobrir se há alguma interação (por exemplo, pílulas anticoncepcionais podem tornar a lamotrigina menos eficaz por acelerar seu metabolismo).

Se você tem um psiquiatra fixo (recomendado) ou outro profissional que faz a prescrição, esses são tópicos para uma discussão contínua, não única. Você pode fazer perguntas diplomáticas como as que são mostradas no quadro "Perguntas a fazer ao médico sobre medicamentos", a seguir. Evite

Perguntas a fazer ao médico sobre medicamentos

- Quais sintomas os medicamentos prescritos estão tratando? Por exemplo, tratam problemas de sono e humor? Nível de energia e emoções?
- Como saber se esses medicamentos são os corretos? Quais outros agentes (ou métodos de tratamento) estamos considerando?
- Quanto tempo falta para sabermos quais medicamentos estão funcionando?
- Quais efeitos colaterais posso esperar com essas dosagens? Quais ocorrerão principalmente no início e quais persistirão?
- Quais são as melhores estratégias para lidar com os efeitos colaterais incômodos?
- Algum dos medicamentos prescritos interage negativamente com outros que estou tomando?

perguntar de forma acusatória porque, como todos os seres humanos, seu médico pode ficar na defensiva. As sessões de manejo de medicamentos geralmente são mais curtas do que as consultas de terapia, mas faça suas perguntas mesmo assim.

Cuidado com os médicos que fazem "*mansplaining*", o que, apesar do termo, pode emanar de profissionais de ambos os sexos: dar explicações detalhadas e condescendentes para o que você já sabe (por exemplo, o que significa "bipolar", o que é mania; veja o quadro "Exemplo de como comunicar-se com seu médico", a seguir). Se acha que seu médico está falando com você de forma condescendente ou dizendo o que você já sabe, redirecione a conversa fazendo perguntas diretas e específicas, por exemplo: "Por que lítio (ou por que um antipsicótico)?", "Como lidar com efeitos colaterais difíceis?", "Se eu estiver tomando mais de um medicamento, como decidiremos se um deles não está se somando ao efeito do outro?".

No exemplo, o médico é, de início, conciso e reticente, mas, aos poucos, se mostra receptivo e recompensa a persistência de Kendra. Nem todos os médicos precisam de estímulo. Se você se sentir desconfortável por precisar se esforçar para obter informações importantes, ou se seu médico parecer irritado ou impaciente e você não estiver recebendo respostas para suas perguntas,

Exemplo de como comunicar-se com seu médico

Cenário: é a primeira sessão ambulatorial de Kendra, 27 anos, que está se recuperando de um episódio maníaco com características mistas (depressivas e maníacas). Inicialmente, foi atendida por seu clínico geral, que, após uma tentativa fracassada com clonazepam, recomendou que ela consultasse um especialista em transtorno bipolar. Esse novo psiquiatra revisou os estados de humor e a história familiar de Kendra e sugeriu lítio, uma recomendação comum, mas que levanta muitas questões para Kendra, que nunca tomou esse medicamento. Ela chega ao consultório com conhecimentos básicos sobre estabilizadores de humor. Durante a conversa, deixa claro que espera ter um papel participativo em seu próprio tratamento e, especialmente, que deseja clareza sobre o que esperar ao se adaptar ao regime. Kendra é persistente, mas não abrupta ou acusatória.

MÉDICO: Estou dando a você uma receita de lítio. Vamos começar com 600 mg e aumentaremos 300 mg a cada semana para uma dose-alvo de 1.200 mg, que representa quatro comprimidos por dia. Devemos nos encontrar a cada duas semanas enquanto você está se adaptando, e seu nível de lítio será medido em um laboratório antes de nossa próxima consulta. Você concorda? (*Fecha o livro de anotações*)

KENDRA: Obrigada. Você pode me falar mais sobre o lítio e por que o está recomendando?

MÉDICO: Bem, como mencionei, acho que você tem transtorno bipolar tipo I. Esse é um transtorno em que o humor das pessoas oscila entre extremos...

KENDRA: (*Interrompendo educadamente*) Sim, entendo essa parte. O que eu gostaria de saber é por que você está recomendando lítio.

MÉDICO: (*Faz uma pausa*) Bem, é o medicamento mais antigo que temos e um dos mais eficazes e tolerados para o transtorno bipolar. Serve para equilibrar altos e baixos, mas é muito útil para estabilizar os altos. Como você está saindo de um estado de euforia com alguma elevação de humor, acho que é a melhor escolha.

KENDRA: Ok, isso é útil. Por que o lítio em vez de alternativas como lamotrigina ou divalproato de sódio?

MÉDICO: Estou vendo que você já sabe um pouco sobre as opções. Deixe-me explicar um pouco mais. Esses medicamentos são informalmente chamados de "estabilizadores de humor", mas esse nome é um pouco impróprio porque eles fazem efeitos diferentes. A lamotrigina não tem valor conhecido para tratar ou prevenir mania, sendo mais útil contra depressão. O divalproato de sódio é uma boa opção para tratar mania na fase ativa, mas é menos certo que possa prevenir novos episódios maníacos, como o lítio. Posso lhe indicar um bom *site* se você quiser saber mais. (*Levanta-se de sua poltrona*)

KENDRA: (*Persistindo*) Certo, sei que estou fazendo muitas perguntas, mas quando entender o plano de tratamento, pois assim será mais fácil segui-lo. Por exemplo, por que lítio e não um desses medicamentos mais novos que vejo anunciados na TV, como lumateperona ou cariprazina?

MÉDICO: (*Senta-se novamente*) Alguns especialistas acreditam que, se o lítio funcionar, sua melhor chance é nos primeiros episódios, então prefiro que seja testado mais cedo do que mais tarde. O lítio funciona muito bem na redução dos sintomas e pode reduzir o risco de episódios futuros. Podemos considerar medicamentos como lumateperona ou cariprazina posteriormente, se você não estiver obtendo os efeitos desejados do lítio e, em especial, se tiver sintomas depressivos que não desaparecem. Os medicamentos citados, no entanto, têm efeitos colaterais que podem ser difíceis para algumas pessoas.

KENDRA: Certo, terei mais perguntas sobre isso, mas você pode me falar mais sobre os efeitos colaterais do lítio?

MÉDICO: Infelizmente, todos têm possibilidade de causar efeitos colaterais, até mesmo placebos. Como o lítio é um sal, você pode sentir a boca seca e mais sede, por isso, tomar mais água e, portanto, urinar com mais frequência. Avise-me se isso acontecer, porque existem maneiras de administrar esse problema, se surgir. Outro possível efeito colateral é o tremor nas mãos (*demonstra*). Se isso acontecer, podemos diminuir a dose ou adicionar outro medicamento para neutralizá-la.

KENDRA: (*Concordando com a cabeça*) O que mais?

MÉDICO: Mantenha o consumo de sal de cozinha normal, porque se você diminuir, seu corpo poderá reter muito lítio, fazendo o nível ficar mais alto do que gostaríamos. Se seu nível ficar muito alto, você também terá efeitos colaterais gastrintestinais, como náuseas, cólicas estomacais ou diarreia.

KENDRA: Caramba, mal posso esperar! Não está me parecendo um remédio tão maravilhoso...

MÉDICO: (*Sorri*) Entendo sua reação. Estou informando você sobre possíveis efeitos colaterais preocupantes e não estou sugerindo que todos vão acontecer. Observaremos desde o início para garantir que o medicamento seja seguro para você enquanto se adapta a ele.

KENDRA: Certo. Também ouvi falar sobre "embotamento das emoções" com o lítio, que pode causar cansaço ou uma espécie de apatia.

MÉDICO: Fico feliz que você tenha mencionado isso porque, provavelmente, é "lenda urbana" sobre o lítio. Desde que os níveis sanguíneos não fiquem muito altos, os efeitos colaterais cognitivos serão raros, como se sentir embotado. Na verdade, sabe-se que o lítio protege as células nervosas do cérebro contra danos e pode até ter alguns benefícios na atenção e na memória. Certamente, não pretendemos causar embotamento das emoções, então, se você sentir que isso está acontecendo, me avise e discutiremos o assunto.

KENDRA: Bem, eu toco violino, e a música é muito importante para mim. Gostaria de evitar qualquer efeito que possa me fazer sentir menos criativa ou lenta. Além disso, o tremor das mãos me preocupa.

MÉDICO: (*Faz uma pausa*) Não sabia que você era musicista. Sabe, estudos mostraram que muitas pessoas com transtorno bipolar têm pontuação alta em medidas de criatividade e tendem a estar presentes no mundo da arte. Na verdade, esperamos que uma melhor gestão de seu humor permita que sua criatividade floresça.

KENDRA: Obrigada! E quanto ao ganho de peso?

MÉDICO: O lítio pode causar ganho de peso lento e gradual; portanto, em nossas consultas de acompanhamento, mediremos seu peso e perguntarei sobre sua dieta e atividade física. Se seu peso começar a aumentar, podemos adicionar medicamentos que combatem esse efeito. E, é claro, se acharmos que o lítio não está ajudando, passaremos para outra opção.

KENDRA: Ok, mais uma pergunta. Sei que é difícil prever, mas qual é a sua estratégia para decidir quando interromper um medicamento como o lítio e substituí-lo por outro? Como vou saber se está funcionando?

MÉDICO: É uma boa pergunta. Não sigo uma estratégia; realmente depende do paciente, da rapidez com que atinge os níveis sanguíneos terapêuticos e se seu humor está se estabilizando ou não. Gosto de esperar pelo menos um ou dois meses.

KENDRA: Obrigada. Certamente, terei mais dezenas de perguntas em nossa próxima consulta, mas gosto de deixar claro com o que estou concordando em termos de saúde.

MÉDICO: Entendido. Sugiro que você registre todas as preocupações que surgirem até nosso próximo encontro; assim, poderemos conversar sobre tudo.

Essa é uma das muitas conversas que Kendra terá com seu médico. Ela comunicou que é uma consumidora informada e deseja minimizar os efeitos do lítio em sua vida cotidiana.

diga a ele como é importante se sentir participativo em seu próprio tratamento. Qual é a abordagem dele para lidar com perguntas sobre seus medicamentos?

Se você está sempre frustrado com as respostas do seu médico ou acha que ele está ignorando você, procure outro. Infelizmente, a maioria das pessoas com transtorno bipolar consulta, em média, quatro profissionais antes de obter um diagnóstico adequado, sem falar em um tratamento eficaz.

ESTRATÉGIA PARA ASSUMIR O CONTROLE 2: Confira informações *on-line* sobre medicamentos e faça uma lista de perguntas

Embora seu médico deva fornecer informações suficientes para continuar, você também pode encontrar muito conhecimento *on-line* sobre cada medicamento, seus resultados esperados e efeitos colaterais possíveis. Existem, também, salas de bate-papo e listas de *e-mail* que você pode usar para se corresponder com outras pessoas que tomaram os mesmos medicamentos. Os grupos de bate-papo estão disponíveis por meio da Depression and Bipolar Support Alliance (*www.dbsalliance.org*), WebMD (*www.webmd.com*), National Alliance on Mental Illness (*www.nami.org*) e International Bipolar Foundation (*https://ibpf.org/social-media-communities*).

A obtenção de informações por meio de *sites* ou grupos de bate-papo nas redes sociais também apresenta riscos. Seja cético em relação às postagens não verificadas quanto à precisão (geralmente, aparecem em redes populares como Reddit ou TikTok). Existem fóruns *on-line* que divulgam informações não confiáveis ou disseminam teorias de conspiração infundadas sobre empresas farmacêuticas predatórias, médicos especuladores e medicamentos que destroem células cerebrais. Alguém que publica uma experiência negativa de tratamento *on-line* pode ter passado por circunstâncias que não se aplicam a outros, ou pode ter tirado conclusões questionáveis sobre o que acha que deu errado em seu tratamento. O oposto também pode ser encontrado: *sites* administrados pela empresa farmacêutica que fabrica determinado medicamento podem minimizar os efeitos colaterais ou exagerar a eficácia. Portanto, conheça as fontes das quais você obtém informações, busque consistência nas recomendações em diferentes *sites* e evite tomar decisões importantes sobre cuidados de saúde com base em postagens aleatórias.

Sua busca *on-line* deve servir para levantar perguntas a fazer a seu médico na próxima consulta. Você pode enviar uma lista de perguntas ao consultório médico por meio dos contatos disponíveis antes de sua próxima consulta. É possível que você não receba retorno, mas, pelo menos, terá colocado suas perguntas para discussão. Considere fazer anotações ao se encontrar com seu médico, a menos que ele forneça instruções claras por escrito no final da consulta.

ESTRATÉGIA PARA ASSUMIR O CONTROLE 3: Leve um familiar ou amigo de confiança às suas consultas psiquiátricas

Envolver as pessoas de sua rede de apoio no processo de aprendizado sobre cada medicamento permite que elas pensem em perguntas que talvez tenham passado pela sua cabeça. Elas podem, por exemplo, orientar sobre como expressar suas preocupações ao médico. Combine com seu médico com antecedência sobre a presença dessa pessoa nas sessões; certamente, seu médico não verá problema, desde que tenha um momento a sós com você.

ESTRATÉGIA PARA ASSUMIR O CONTROLE 4: Envolva seu terapeuta

Se você estiver em consulta com um terapeuta que não seja médico (por exemplo, psicólogo ou outro profissional com a especialização adequada), é importante informá-lo sobre os medicamentos que toma, incluindo aqueles prescritos por outros motivos, e o nome do profissional que os prescreveu. Depois, incentive a comunicação entre esse terapeuta e seu(s) médico(s) e assine os formulários de liberação de informações. O ideal é que os profissionais de saúde trabalhem em equipe, mantendo contato periódico para monitorar seu progresso geral. Os terapeutas podem ser os primeiros a notar um efeito colateral e acionar o médico (tremores nas mãos são um exemplo).

Talvez você deseje fazer perguntas ao terapeuta sobre seus medicamentos, ainda mais quando se sentir à vontade ou se for difícil entrar em contato com seu psiquiatra. Embora seu terapeuta possa ter bastante conhecimento sobre medicamentos, é provável que o encaminhe de volta ao seu médico para ter as respostas adequadas.

Lidando com problemas diários relativos aos medicamentos

"Estou com problemas para continuar tomando meus remédios. O que devo fazer para descobrir se estou sofrendo efeitos colaterais ou se os medicamentos não estão potencializando meus sintomas? É como se o tratamento fosse pior do que a doença."

Tudo bem tomar medicamentos após um ou dois episódios, mas e com o passar do tempo? Muitas pessoas com transtorno bipolar começam a tomar estabilizadores de humor ou antipsicóticos, mas acabam parando ou tomam de forma inconsistente. O quadro "Problemas diários com medicamentos e suas soluções" lista alguns problemas comuns relativos à medicação e algumas estratégias possíveis (com a ajuda do médico e o apoio da família) para tornar a medicação mais fácil de gerir.

Problemas diários com medicamentos e suas soluções

Área problemática	O que você pode fazer?	Como sua família pode ajudar?
"Meus medicamentos são muito caros."	Pergunte ao médico sobre genéricos. Se você estiver pagando por dois (ou mais) comprimidos do mesmo medicamento para atingir a dose desejada, pergunte se existe uma forma de prescrever uma dose maior de comprimido único para minimizar pagamentos por doses diferentes. Verifique se há cupons de desconto disponíveis.	Peça ajuda financeira; comunique-se com seu plano de saúde.
"A medicação parou de funcionar (ou nunca funcionou)."	Defina seu estado ideal de bem-estar/recuperação (como classificações de −1 [*depressão leve*] a +1 [*hipomania leve*] em seu gráfico de humor). Depois, marque quando começou ou parou de tomar diferentes medicamentos. Quais evidências mostram que nenhum remédio funcionou ou que certos medicamentos melhoraram seu humor, enquanto outros não?	Obtenha *feedback* de seus familiares; pergunte se acham que um medicamento (ou regime medicamentoso) funcionou melhor do que outros.

(continua)

(continuação)

Área problemática	O que você pode fazer?	Como sua família pode ajudar?
"Não vejo razão para tomar remédios se estou bem e não tenho sintomas."	Considere que estabilizadores de humor e antipsicóticos são medicamentos preventivos que reduzem a probabilidade de episódios futuros e sua gravidade.	Se você tem um parceiro ou amigo próximo que consegue julgar seu estado emocional, pergunte se acha que você não tem sintomas.
"Posso controlar minha doença sem medicamentos."	Pergunte a si mesmo se isso tem sido verdade ao longo do tempo. Como você conseguiu controlar sua doença no passado?	Peça a opinião de um parente ou amigo confiável: você está no controle de seus estados de humor atuais ou já esteve no passado? Os medicamentos foram úteis naqueles momentos?
"Os remédios me fazem sentir embotado, sem emoção e ressentido porque meu humor está sendo controlado."	Converse com seu médico sobre as dosagens, com vistas a ajustá-las para permitir maior variabilidade de humor.	Pergunte a parentes ou amigos: Pareço apático/entediante/desligado? Não estou tão engraçado quanto costumava ser? Parece que minha personalidade mudou?
"Não me lembro de tomar meus remédios"; "Sempre me esqueço de tomar minha dose matinal".	Considere utilizar porta--comprimidos, aplicativos e lembretes automatizados. Combine a ingestão de seus medicamentos com rotinas diárias, como o café da manhã. Converse com seu médico sobre a possibilidade de tomar os remédios uma vez por dia.	Peça aos membros da família que o lembrem ou sugiram maneiras de se lembrar, sem serem intrusivos.

ESTRATÉGIA PARA ASSUMIR O CONTROLE 1: Converse com seu médico sobre estratégias para minimizar os efeitos colaterais

Em geral, o tratamento para reduzir os efeitos colaterais envolve uma das seguintes estratégias:

- alterar a dosagem;
- usar doses divididas (por exemplo, tomar um medicamento mais de uma vez ao dia se a dose única produzir muitos efeitos colaterais);
- tomar o remédio com alimentos para minimizar a náusea;
- mudar para dose única diária, o que funciona para reduzir o esquecimento ou, em alguns casos, para reduzir os efeitos colaterais;
- tomar dosagem noturna para reduzir a sedação;
- reduzir uma medicação aos poucos enquanto outra é introduzida (uma "troca cruzada de medicamentos");

- adicionar um segundo estabilizador de humor, antipsicótico ou antidepressivo se o primeiro não estiver funcionando de maneira adequada;
- adicionar fármacos destinados especificamente a efeitos colaterais (metformina para controle de peso; amilorida para micção excessiva provocada por lítio).

Observe o exemplo: se o lítio faz você se sentir emocionalmente fraco ou menos criativo, pode discutir com o médico a redução da dosagem para experimentar mais variabilidade de humor sem ter episódios completos. Outro exemplo: a inquietação física e a lentidão motora, que são efeitos colaterais comuns dos antipsicóticos, podem ser controladas com reduções de dosagem ou, às vezes, adicionando-se medicamentos, como betabloqueadores para inquietação ou medicamentos anticolinérgicos (como benztropina) para desaceleração motora. Os efeitos colaterais sexuais dos inibidores seletivos da recaptação da serotonina, como a fluoxetina (como redução do desejo sexual ou impotência masculina), podem ser tratados diminuindo as dosagens ou substituindo por antidepressivos com mecanismos de ação diferentes, como bupropiona ou vilazodona.

ESTRATÉGIA PARA ASSUMIR O CONTROLE 2: Mantenha seu próprio prontuário médico

Pode ser muito útil manter um diário de informações sobre os medicamentos que você tomou, suas doses e seus efeitos individuais e colaterais (bons ou ruins), bem como cópias dos exames laboratoriais pertinentes (por exemplo, níveis de lítio) e resultados de testes psicológicos. Se você consultar um novo médico e este perguntar se você já experimentou o medicamento *X*, pode consultar esse registro.

"O médico tentou mudar minha medicação e diminuir as doses, mas os efeitos colaterais não desaparecem. O que mais posso fazer?"

ESTRATÉGIA PARA ASSUMIR O CONTROLE: Seja realista sobre prós e contras dos medicamentos

Alguns problemas não podem ser resolvidos simplesmente ajustando as dosagens ou mudando para um medicamento diferente, e o processo de ajuste e reajuste pode ser frustrante. Muitas vezes, quem está nessa situação começa a pensar em cessar o tratamento medicamentoso. Se você estiver se perguntando se poderia passar sem seus remédios ou se poderia controlar seu humor com simples ajustes no estilo de vida (como o sono), pense nos prós e contras. Você pode se livrar do tremor nas mãos, do ganho de peso, da sedação ou dos efeitos colaterais sexuais, que podem prejudicar sua qualidade de vida, mas parar seu tratamento pode significar risco de novo episódio. Muitas pesquisas sugerem que cessar estabilizadores de humor ou antidepressivos de forma abrupta pode provocar recaídas de humor ou até comportamentos suicidas. Ter uma recaída de mania ou depressão, ou uma nova fase de ciclagem entre hipomania e depressão, pode prejudicar sua qualidade de vida de maneiras piores do que os efeitos colaterais.

Se você não estiver satisfeito com seu regime de medicação — seja devido a efeitos colaterais, custos ou incerteza sobre a eficácia —, seja proativo e discuta suas preocupações com seu médico para chegarem a uma solução melhor do que interromper os medicamentos. Seu médico deve estar aberto a ajudá-lo a encontrar soluções personalizadas para queixas, como as que foram vistas no quadro "Problemas diários com medicamentos e suas soluções". Converse sobre alternativas aos remédios que você está tomando, que podem incluir estratégias ainda não testadas, como formas específicas de psicoterapia (Capítulo 14), fototerapia, novos medicamentos para depressão grave (como cetamina) ou estimulação magnética transcraniana.

"O estigma social de tomar medicamentos psiquiátricos é suficiente para que eu não queira tomá-los."

Muitas pessoas acham que seus medicamentos as fazem parecer fisicamente debilitadas, desajeitadas ou lentas. Tomar remédios pode soar como se você estivesse admitindo que é "doente mental", "deficiente" ou "perigoso", e isso pode contribuir para seu desejo de cessar o tratamento. De fato, efeitos colaterais físicos podem chamar a atenção de outras pessoas, incluindo possíveis parceiros românticos. Essas são questões muito reais para pessoas com transtorno bipolar. Como você explica isso para outras pessoas?

ESTRATÉGIA PARA ASSUMIR O CONTROLE 1: Seja franco

Se você está em um namoro recente (ou emprego recente) e é questionado sobre suas mãos trêmulas, sua aparente lentidão ou sua decisão de cancelar saídas à noite ou faltar ao trabalho, pode ser um bom momento para informar as pessoas acerca dos medicamentos que toma e a razão. Explique seu regime de medicação de forma objetiva: por que e há quanto tempo faz o tratamento, quais efeitos colaterais ocorrem e quais estratégias você usa para gerenciá-los. Às vezes, é melhor fazer esses esclarecimentos ao revelar seu diagnóstico (consulte o Capítulo 8), mas é preciso considerar para quem quer contar e por quê. Consulte as recomendações do Capítulo 9 sobre como solicitar adaptações no trabalho ou licença para consultas médicas.

ESTRATÉGIA PARA ASSUMIR O CONTROLE 2: Enxergue os remédios para transtornos do humor como medicamentos para uma doença física qualquer

Comparar o transtorno bipolar com doenças físicas pode ajudar a amenizar seu estigma, assim como acontece com comparações com medicamentos usados para doenças clínicas comuns. Por exemplo, anti-hipertensivos (redutores da pressão arterial) podem interferir no desempenho sexual, assim como inibidores seletivos da recaptação da serotonina. Medicamentos para enxaqueca podem estar associados à lentidão mental ou ao embotamento.

Muitas pessoas com transtorno bipolar têm uma ou mais doenças físicas não psiquiátricas para as quais tomam remédios. Pode ser difícil dizer se um efeito colateral suspeito é causado por um medicamento psiquiátrico, um não psiquiátrico ou uma interação entre eles — tudo isso deve ser discutido com seu médico.

ESTRATÉGIA PARA ASSUMIR O CONTROLE 3: Esteja consciente sobre sua conversa interna

Você sabe que sentimentos fortes sobre a percepção dos outros a nosso respeito geralmente refletem sentimentos sobre nós mesmos. É importante estar ciente de seus sentimentos sobre medicamentos e como fazem você se sentir, por exemplo: "Quando tomo lítio, sinto-me como se fosse uma pessoa defeituosa", "Pareço burro ou desajeitado quando tomo risperidona", ou "Ninguém vai querer sair comigo agora que engordei tanto tomando olanzapina". Esses pensamentos são compreensíveis, mas remédios e rótulos de doenças não definem o indivíduo. Você não mudou fundamentalmente; seus pontos fortes e habilidades ainda existem. Combata esses pensamentos com afirmações, por exemplo: "Sou uma pessoa com transtorno bipolar, não sou 'bipolar'", "As pessoas tomam remédios para diversas condições, as quais não têm o poder de mudar quem a pessoa é", e "Muitos têm problemas com o peso por diferentes razões". A princípio, você pode não acreditar nessas afirmações, mas reconhecer suas dúvidas e ensaiar contra-argumentos são estratégias essenciais de enfrentamento.

Família e medicamentos: parceiros improváveis?

"Minha família está sempre me pressionando a tomar os remédios ou me perguntando se tomei a dose do dia. Isso me faz querer parar o tratamento."

Membros da família podem ser de grande ajuda para lidar com os problemas diários causados pelos tratamentos. Mas, como você viu no quadro "Respostas construtivas para educar os familiares" (Capítulo 7, página 145), familiares bem-intencionados também podem contribuir para o desânimo em relação aos medicamentos. Você pode se sentir mais como um paciente do que como um parente se tiver um pai ou cônjuge constantemente insistindo para você tomar mais medicamentos ou um tipo diferente de medicamento, ou que fique lembrando ou verificando seus efeitos colaterais. Pode se sentir estigmatizado em sua própria família se, toda vez que ficar irritado ou emocionado, perguntarem se você tomou seus remédios do dia. Veja um exemplo:

> Julia, 19 anos, estava tomando valproato e quetiapina após um grave episódio maníaco que exigiu hospitalização. Quando começou a se recuperar, ainda apresentava sintomas residuais, como falar alto e fora de hora. No jantar de Ação de Graças, ao conversar com seus primos, Julia ficou bastante animada e entusiasmada durante um debate sobre mudanças climáticas. Ela estava gostando da estimulante troca de ideias, até que, durante uma breve pausa na conversa, ouviu a avó dizer: "Ela ainda está tomando os comprimidos?". Julia começou a chorar e saiu da mesa na mesma hora.

ESTRATÉGIA PARA ASSUMIR O CONTROLE 1: Desenvolva um acordo sobre quando, com que frequência e em que contexto os membros da família podem discutir sobre medicamentos com você

Certifique-se de que suas conversas com familiares nem sempre se concentrem em seus medicamentos. Você pode dizer a eles:

> "Não é uma boa ideia continuar me perguntando sobre remédios. Em vez disso, fale comigo sobre o que aconteceu na minha vida (e na sua) de uma forma colaborativa. Se quiser falar sobre remédios de vez em quando, tudo bem, mas não faça disso a base de todas as nossas conversas."

Da mesma forma, explique como você se sente quando tocam no assunto diante de outras pessoas. É melhor ter essas conversas antes da chegada de visitantes, da mesma forma que você pode pedir a seus pais que não mencionem um recente rompimento de relacionamento ou perda de emprego.

ESTRATÉGIA PARA ASSUMIR O CONTROLE 2: Mostre sua independência retirando seus próprios medicamentos, marcando consultas médicas e lidando com seu plano de saúde

Quanto mais autonomia você demonstrar ao lidar com seu tratamento, menos seus familiares o incomodarão.

"Meus pais (ou cônjuge) acham que eu deveria parar de tomar remédios. Continuam me dizendo que estou apenas passando por um problema hormonal. Eles não entendem."

ESTRATÉGIA PARA ASSUMIR O CONTROLE: Expresse sua independência em relação às decisões relacionadas a medicamentos

Evite brigar por causa do controle acerca do uso de medicamentos. Familiares podem se opor ao tratamento medicamentoso com base em suas próprias experiências negativas com médicos, em suas reações anteriores a remédios ou na crença de que as mudanças de humor que você apresenta têm alguma outra causa (não psiquiátrica). Embora você possa ouvir e expressar compreensão pelas opiniões alheias, deixe claro que a decisão é sua e deve ser tomada em conjunto com seu médico. Eis um exemplo de como definir limites:

PAI: Você não precisa desses remédios. Eles são uma muleta.

VOCÊ: Sei que você se sente assim, pai, mas penso de forma diferente.

PAI: Que bem eles farão? A vida é cheia de estresse. Você não pode simplesmente fazer tudo desaparecer com remédios.

VOCÊ: Entendo, mas como você sabe, tenho um transtorno de humor que me faz lidar com o estresse de modo muito diferente do que seria para você. Será preciso confiar no meu julgamento sobre o tratamento. Sinto que estou em boas mãos com o Dr. ______. Eu agradeceria se você apoiasse minhas decisões ou, pelo menos, não me pressionasse, pois isso só aumenta meu estresse.

PAI: Por que você não consulta um desses especialistas em hormônios para obter uma segunda opinião?

VOCÊ: Vou considerar isso, especialmente se meu psiquiatra recomendar. Mas agora, essa é a direção que vou tomar. Vamos falar sobre outro assunto?

Fazendo um balanço

Depois de se informar o suficiente sobre seus medicamentos e o processo de tratamento farmacológico, tente preencher a autoavaliação disponível no quadro "Autoavaliação dos regimes de medicação", a seguir, na página 252, para saber em que ponto você se encontra. Revise essas perguntas de tempos em tempos, pois suas respostas podem mudar com a experiência. Você pode entregar esse formulário preenchido a um membro da família que esteja insistindo sobre o tratamento, ainda mais quando você se sentir irritado ou sem argumentos.

Uma palavra sobre aceitação

Aprender a lidar com seus medicamentos é uma meta móvel. Os medicamentos administrados agora podem não ser os mesmos a serem tomados no próximo ano, ou mesmo daqui a alguns meses. Sempre dê tempo suficiente para que os remédios funcionem antes de interrompê-los ou trocá-los. Nunca suspenda seus medicamentos abruptamente, o que pode precipitar recaída no caso de algumas prescrições (sobretudo de lítio, mas também de antidepressivos). Se estiver determinado a parar, converse com seu médico sobre o processo de redução gradual, pois existem maneiras certas e erradas de fazer isso.

A adaptação mais difícil vem com o tempo: aceitar os desconfortos que acompanham o transtorno bipolar e os medicamentos que o tratam. Os efeitos colaterais podem ser enlouquecedores, assim como o estigma social, mas você está trocando esses infortúnios por uma vida mais estável e uma perspectiva econômica, prática e emocional mais saudável. Se isso parecer difícil, retome a conversa com seu médico e veja quais ajustes podem ser feitos. Se ainda não estiver satisfeito, peça uma segunda opinião. Você não deve abrir mão de uma vida equilibrada e gratificante.

AUTOAVALIAÇÃO DOS REGIMES DE MEDICAÇÃO

Quais medicamentos estão sendo recomendados agora e em qual dosagem?

Qual é minha compreensão do motivo pelo qual foram recomendados?

Estou de acordo com essas recomendações? Se não estou, quais motivos me levam a não querer tomar um ou quaisquer medicamentos prescritos?

O que vejo como riscos de não tomar a medicação?

Tomo os remédios com regularidade e sinto efeitos colaterais. Quais são esses efeitos?

O que aprendi sobre a forma de lidar com os efeitos colaterais?

Como meus familiares ou meu cônjuge estão se comunicando comigo sobre meus remédios? Estão ajudando? O que eu gostaria que fosse diferente?

14

Tratamento psicossocial

VIVER BEM ENQUANTO MANTÉM O HUMOR ESTÁVEL

Usar os medicamentos certos, fazer ajustes no estilo de vida (como manter ciclos regulares de sono/vigília) e fazer psicoterapia regular baseada em evidências são os três elementos do tratamento ideal para o transtorno bipolar. Isso é verdade em quaisquer cenários, isto é, não importa sua idade, se está em seu primeiro episódio ou se já teve muitos, se tem transtorno bipolar tipo I ou II ou qualquer outra variação. Infelizmente, quando indivíduos com a doença alcançam a estabilidade do humor com medicamentos, muitos decidem que não precisam de tratamento adicional. No entanto, há muitas evidências de que a psicoterapia regular pode reduzir sintomas e melhorar a qualidade de vida para além dos medicamentos.

O *tratamento psicossocial* (na minha opinião expressão mais adequada do que *psicoterapia*, que tem conotações freudianas) é recomendado como *complemento* à medicação, não como substituto. Ele pode ajudar o sujeito a progredir em questões que a medicação não pode abordar: sentimentos sobre ter o transtorno, qualidade de relacionamentos íntimos, funcionamento no trabalho, experiências de estigma, convivência com familiares ou alcance de estabilidade no casamento, impacto de experiências traumáticas ou adversidades na infância ou na idade adulta e alcance de significado e satisfação na vida apesar da doença. Alguns desses problemas se resolvem quando os sintomas melhoram, mas outros não, ou podem não melhorar tanto quanto a pessoa gostaria. Neste capítulo, você aprenderá sobre os tipos de terapia disponíveis para o transtorno bipolar, como podem melhorar sua vida diária e como encontrar a melhor terapia (e o melhor terapeuta) para suas necessidades individuais.

"Sobre o que vou falar na terapia e como o terapeuta vai me ajudar? Não quero que ele simplesmente acene com a cabeça e diga: 'Você vai ficar bem'."

Muitas pessoas com transtorno bipolar confiam no tratamento psicossocial e o consideram um salva-vidas (isso se nota, por exemplo, no relato de Kay Jamison [1995] na obra *An Unquiet Mind* [em português, *Uma mente inquieta*]). Outros se decepcionaram, vendo a terapia como uma perda de tempo e uma forma cara de manter uma amizade. Dadas suas causas biológicas e genéticas, por que as pessoas com transtorno bipolar precisam de terapia e medicamentos? De que tipos de problemas elas falam?

ESTRATÉGIA PARA ASSUMIR O CONTROLE: Saiba quais tipos de ajuda estão disponíveis

O quadro a seguir, nas páginas 255 e 256, lista os tipos de problemas que surgem rotineiramente em pessoas com transtorno bipolar (e em outros transtornos psiquiátricos recorrentes) e que podem destruir a vida diária do sujeito. O quadro também ilustra como diferentes terapias abordariam a resolução desses problemas (ou, pelo menos, a compreensão). Você pode achar útil marcar ou destacar questões com as quais se identifica, pois isso pode ajudar a encontrar o tipo de terapia que melhor atenda às suas necessidades.

Infelizmente, nem todos esses tratamentos psicossociais estarão disponíveis em sua comunidade. Alguns podem ser alcançados *on-line* (por meio de plataformas de telessaúde, por exemplo) nas principais universidades ou em centros médicos, ou, ainda, em sua comunidade após um período de espera.* Contudo, se conseguir encontrar um bom profissional que ofereça um desses tratamentos e continuar com ele por tempo suficiente (geralmente,

* N. de R. T. No contexto brasileiro, são poucos serviços que fornecem acompanhamento psicossocial e psicoterápico pelo Sistema Único de Saúde (SUS). Um exemplo são os Centros de Atenção Psicossocial (CAPS), ambulatórios em hospitais públicos e algumas Unidades Básicas de Saúde (UBSs). Fora do sistema público de saúde, pacientes com transtorno bipolar podem encontrar tratamento psicoterápico por meio de profissionais que trabalham com planos e convênios de saúde, ou de forma particular.

Problemas comuns no transtorno bipolar e como são abordados no tratamento psicossocial

Problema	Estratégias de tratamento psicossocial	Tipo de terapia
"Estou com dificuldade para aceitar que tenho o transtorno. É como se fosse um obstáculo e está causando conflitos com minha família. O que estou deixando de perceber?"	Psicoeducação para você e seu cônjuge/familiares sobre o que é e o que não é um sintoma do transtorno bipolar (por exemplo, estar feliz não é o mesmo que estar em mania); facilitar a comunicação sobre as crenças de cada um sobre a doença; abordar seus sentimentos sobre medicamentos psiquiátricos.	Terapia focada na família (conduzida em conjunto com pelo menos um familiar) ou grupos de apoio familiar (com outras famílias)
"Meus pais são extremamente críticos comigo. Acham que se eu tomar mais remédios, poderei terminar a escola e atingir meu pleno potencial. Isso me dá vontade de fazer o contrário do que querem, simplesmente parando de tomar todos os meus remédios. Eles parecem não entender o que posso ou não posso fazer por causa desse transtorno."	Educar seus pais sobre como o transtorno bipolar pode afetar seus objetivos e conquistas de vida; praticar estratégias de comunicação colaborativa com eles, como solicitações diplomáticas de mudança de comportamento e resolução de problemas, para que eles não dependam de críticas ou insistências.	Terapia focada na família
"Começo a pensar em como tudo daria certo para mim se eu simplesmente parasse de tomar todos os remédios e voltasse a fazer o que fazia antes de ficar doente."	Explorar o "luto pelo eu perdido" (tendência de pensar na vida dividindo-a em períodos antes e depois de ficar doente); obter ajuda para reavaliar seus objetivos, levando em consideração as limitações impostas pela doença.	Terapia do ritmo interpessoal e social
"Minhas interações com certas pessoas (meu chefe e alguns colegas de trabalho) desencadeiam mudanças de humor. Mal consigo chegar ao fim do dia."	Explorar como seu humor afeta os relacionamentos interpessoais e como estes afetam seu humor; considerar interpretações alternativas das causas do seu próprio comportamento ou do comportamento de outras pessoas.	Terapia do ritmo interpessoal e social ou terapia cognitivo-comportamental
"Não consegui encontrar um relacionamento romântico. Eu namoro alguém por alguns meses e logo acaba."	Explorar hábitos interpessoais, estilos de comunicação ou padrões de pensamento que podem afetar os relacionamentos e se esses hábitos são afetados por seus estados de humor.	Terapia do ritmo interpessoal e social ou terapia cognitivo-comportamental

(*continua*)

(continuação)

Problema	Estratégias de tratamento psicossocial	Tipo de terapia
"Preciso de ajuda com o equilíbrio, como organizar minha vida para dormir bem e não me deixar abalar por pequenas mudanças em minhas rotinas."	Trabalhar para manter os hábitos de sono/vigília e as rotinas diurnas/noturnas reguladas; antever os eventos que desregulam as rotinas e implementar estratégias de autorregulação.	Terapia do ritmo interpessoal e social
"Eu me sinto muito sozinho com minha doença. Como posso encontrar outras pessoas que passaram pelos mesmos problemas?"	Reunir-se com outras pessoas com o transtorno para compartilhar experiências e estratégias de enfrentamento.	Grupos de apoio mútuo (com estrutura psicoeducacional); esses grupos podem estar disponíveis para membros da família separadamente
"Tenho períodos realmente intensos de raiva e ódio de mim mesmo. Quando me sinto pior, começo a pensar em suicídio, tento me cortar ou fico muito bêbado e autodestrutivo."	Aprender habilidades de tolerância à angústia, regulação emocional e atenção plena para administrar suas reações em uma crise emocional.	Terapia comportamental dialética, geralmente combinando sessões de treinamento de habilidades em grupo e individuais
"Sinto que meu pensamento negativo me impede de aproveitar a vida. Mesmo quando algo bom acontece, eu enfatizo demais o que de terrível poderia ter ocorrido."	Explorar a conversa interna sobre as causas de certos eventos, juntamente com as previsões sobre o futuro; desafiar essas previsões e considerar formas alternativas de pensar.	Terapia cognitivo-comportamental
"Parece que não consigo sair da depressão — estou preso, passo longos períodos de tempo apenas deitado na cama."	Praticar exercícios de ativação comportamental nos quais um terapeuta orienta a fazer pequenos avanços diários na atividade física e social; envolver os membros da família no sentido de ajudar a alcançar objetivos diários.	Terapia cognitivo-comportamental, combinada com sessões de terapia focadas na família, conforme for relevante
"Adoro meus períodos maníacos — são emocionantes e cheios de vida. Fico entediado com a vida diária e com vontade de parar de tomar meus remédios."	Explorar como você pode encontrar entusiasmo e estímulo sem parar de tomar seus remédios; avaliar suas suposições sobre como a vida será sem eles.	Psicoeducação em grupo; terapia cognitivo-comportamental
"Quando a depressão piora, começo a beber muito, e então tudo se deteriora."	Empregar abordagens de redução de danos ao uso de substâncias; reduzir os gatilhos do desejo e do uso.	Abordagens de aprimoramento cognitivo-comportamental e motivacional; grupos com "diagnóstico duplo" de abuso de drogas/transtorno bipolar

Nota: alguns desses problemas são abordados em várias formas de tratamento psicossocial. Por exemplo, manter horários regulares de sono/vigília é uma recomendação de quase todas as terapias. A terapia listada após cada área problemática é a mais claramente projetada para resolvê-la.

pelo menos 12 sessões), terá menor risco de recaídas e mais facilidade para lidar com os estressores que provocam episódios.

"Minha terapia é interminável e não parece alcançar nenhum objetivo. O que fazer para entrar em sintonia com meu terapeuta?"

Muitas pessoas consideram a terapia individual útil no início, mas, depois, atingem um ponto de "estagnação". Se você sentir que isso está acontecendo, discuta o assunto com seu terapeuta.

ESTRATÉGIA PARA ASSUMIR O CONTROLE 1: Revise seus objetivos iniciais com seu terapeuta e defina um cronograma claro

Como em qualquer serviço pago, você merece saber quanto tempo levará e como saberá quando o trabalho estiver concluído. O ideal é que, no início da terapia, você e seu terapeuta definam seus objetivos e como irão monitorar o progresso. Se o objetivo for "aprender a lidar com os sintomas de humor", como você e seu terapeuta determinarão quando esse objetivo foi alcançado? Se o objetivo for "ter relacionamentos melhores" (um objetivo bastante amplo), qual é o plano de tratamento para seguir nessa direção?

Você pode pensar: "Essa não é a função do terapeuta, continuar esclarecendo meus objetivos e revisando meu progresso?". Sim, mas seu terapeuta pode pensar no tratamento de forma bem diferente de você. Por exemplo, ele pode considerar que o planejamento do tratamento ainda está em fase de desenvolvimento, enquanto você acha que os problemas já deveriam ter sido resolvidos. Seja como for, se você tiver dúvidas, é sempre melhor mencioná-las.

ESTRATÉGIA PARA ASSUMIR O CONTROLE 2: Converse sobre sessões de reforço com seu terapeuta

O tratamento psicossocial pode ser um processo lento, com bem poucas mudanças em curtos períodos de tempo. Contudo, o tratamento não deve se estender por tempo indefinido. Se você faz terapia individual há mais de dois meses, as sessões podem tomar forma automatizada, em que você fala sobre sua semana, seu terapeuta pergunta sobre seu humor e fornece alguns esclarecimentos ou sugestões, e pronto. Se isso estiver ocorrendo, faça perguntas ao seu terapeuta: ele acha que você está melhorando? De que maneira? O que ele espera que você alcance nos próximos três meses? Faz sentido continuar?

Esteja preparado para responder a essas perguntas do seu ponto de vista, porque, certamente, seu terapeuta pedirá sua opinião sobre esses assuntos.

Se você teve boa experiência com determinado terapeuta e não quer parar, mas não há mais necessidade de se encontrar toda semana, converse sobre a possibilidade de se encontrarem a cada duas semanas ou até mesmo em *sessões de reforço* a cada poucos meses. Essas sessões menos frequentes (ou mais curtas) podem ser um meio-termo razoável se você não estiver apresentando sintomas importantes ou outras questões há algum tempo. As sessões de reforço podem mantê-lo sintonizado com os gatilhos em sua vida social, profissional ou familiar que, historicamente, precipitaram novos episódios (por exemplo, grandes mudanças nas horas de sono/vigília, conflitos significativos na família, nos relacionamentos ou no trabalho ou um novo relacionamento romântico) e que são passíveis de planos de prevenção.

ESTRATÉGIA PARA ASSUMIR O CONTROLE 3: Veja se o plano de tratamento precisa ser modificado

De modo geral, não é uma boa ideia interromper a terapia de forma abrupta e esperar encontrar um profissional melhor. Em vez disso, tente explorar suas opções com o terapeuta sistematicamente, incluindo a opção de revisar o plano de tratamento. Por exemplo, você pode querer falar menos sobre estados de ânimo ou estressores atuais e mais sobre eventos traumáticos na infância. Talvez você tenha transtorno de déficit de atenção/hiperatividade comórbido e queira desenvolver estratégias para melhorar sua atenção e concentração. Você pode querer falar mais sobre seu relacionamento com seu parceiro ou incluí-lo em sessões conjuntas. Seu terapeuta pode estar aberto a fazer essas mudanças ou encaminhá-lo para outro profissional especializado nessas questões.

ESTRATÉGIA PARA ASSUMIR O CONTROLE 4: Busque uma segunda opinião

Assim como ocorre com seu psiquiatra, você pode se beneficiar ao ouvir opiniões de outro psicoterapeuta. Seu terapeuta deve poder encaminhá-lo para outros profissionais próximos. Se você mora em um ambiente rural ou com poucas opções, pode se valer dos serviços de telessaúde.

"Já me tratei com terapeutas que afirmam saber tudo sobre o transtorno bipolar e sinto que trabalhamos juntos por tempo suficiente, mas não acho que tenham me ajudado. O que fazer para encontrar a pessoa certa?"

ESTRATÉGIA PARA ASSUMIR O CONTROLE 1: Encontre um terapeuta que trate pessoas com transtorno bipolar em sua rotina profissional e compreenda a necessidade de comunicação com seu médico prescritor

Encontrar o terapeuta certo pode ser a parte mais difícil na obtenção de um tratamento eficaz. Poucos terapeutas têm especialização em transtorno bipolar (a menos que estejam vinculados a um programa clínico ou de pesquisa, geralmente vinculado a faculdades de medicina). Alguns profissionais, infelizmente, afirmam ser especialistas, mas, na verdade, não têm ideia de como tratar indivíduos com o transtorno, percebendo a doença apenas como uma extensão da depressão ou como resultado de um trauma infantil. Alguns podem tentar convencer você de ter uma doença diferente, mesmo que seu diagnóstico tenha sido confirmado por vários profissionais.

Embora você possa encontrar na internet alguns nomes ou programas relevantes, precisará conversar diretamente com o profissional para saber se ele tem mesmo formação em alguma terapia ou se pratica estratégias inovadoras de avaliação ou tratamento (de preferência baseadas em evidências).

Tendo ou não formação em transtorno bipolar, o terapeuta deve colaborar com a pessoa que prescreve seus medicamentos. Eles podem não se conhecer, mas devem concordar em conversar regularmente (pelo menos uma vez a cada dois meses) para monitorar seu progresso e trocar informações sobre suas respostas aos medicamentos e à terapia. O terapeuta deve saber o suficiente sobre os medicamentos que você toma para ser capaz de reconhecer efeitos colaterais.

ESTRATÉGIA PARA ASSUMIR O CONTROLE 2: Avalie a "adequação" de um novo terapeuta

Ao avaliar um novo terapeuta, sua decisão de continuar ou não deve basear-se, em parte, na compatibilidade entre vocês. Sua avaliação deve ter base nas respostas do profissional às suas perguntas e, ainda, na sua intuição sobre a conveniência de trabalhar com ele. Eis um exemplo:

> Alice, 23 anos, passou por três longos episódios depressivos e pelo menos dois períodos de hipomania, sendo um agravado pelo uso de *ecstasy*. Ela havia sido diagnosticada com transtorno bipolar tipo II por três psiquiatras diferentes. Durante a primeira sessão de tratamento psicossocial, seu novo terapeuta fez algumas perguntas sobre seus sintomas de humor, mas se concentrou no uso de drogas e no relacionamento com homens. No final da sessão, o terapeuta declarou: "Você não tem transtorno bipolar. Está deprimida e tem problemas com drogas. Provavelmente, precisa tomar um antidepressivo". Quando Alice insistiu em saber por que ele não acreditava no transtorno bipolar e como a terapia poderia ajudar, o profissional disse: "Precisamos descobrir por que você sempre escolhe relacionamentos destrutivos". Alice ficou desanimada com a abordagem e não voltou mais.

Como você pode ver nesse exemplo, as experiências de Alice e a abordagem do terapeuta não combinavam. Alguns detalhes que podem sugerir que o profissional não é adequado: ele relata não lidar com transtorno bipolar com frequência; opina que "geralmente é o diagnóstico errado", preferindo diagnosticar transtorno de estresse pós-traumático, transtornos da personalidade, transtorno de déficit de atenção/hiperatividade ou apenas depressão; ou diz que o transtorno bipolar só é tratado com medicamentos, com um papel mínimo da terapia. Dependendo de onde mora, de sua situação econômica e de seu convênio médico, você deve procurar outro profissional.

Há quem acredite que o terapeuta deve ter doutorado ou diploma de médico, mas isso não é tão importante quanto seu treinamento e nível de experiência. Não há evidências de que as pessoas que consultam um assistente social bem treinado, por exemplo, tenham resultados piores do que quem consulta um psicólogo ou psiquiatra bem treinado. A compatibilidade de personalidade com o clínico — como a sensação de que ele se importa genuinamente com você — é muito mais importante do que seu diploma.

ESTRATÉGIA PARA ASSUMIR O CONTROLE 3: Explique ao terapeuta qual resultado você gostaria de alcançar

Como seus objetivos individuais se alinham aos do terapeuta? Se você acabou de conhecer o profissional e contou sua história, o que ele diz sobre os próprios objetivos iniciais para você? Qual será o foco: seu transtorno e os efeitos em sua vida, estressores ou traumas de vida atuais ou que ficaram no passado, relacionamentos familiares ou românticos, funcionamento no trabalho, sentimentos de estigma, seus padrões de conversa interna, hábitos interpessoais ou sentimentos sobre o uso de medicamentos? Pode levar algumas sessões até que o terapeuta consiga responder a essas perguntas de forma eficaz, por isso, dê a ele uma chance.

ESTRATÉGIA PARA ASSUMIR O CONTROLE 4: Avalie se o terapeuta está alinhado com as abordagens eficazes para o transtorno bipolar

A maioria das terapias baseadas em evidências listadas no quadro "Problemas comuns no transtorno bipolar e como são abordados no tratamento psicossocial", nas páginas 255 e 256, tem foco psicoeducacional, o que significa que são orientadas a ajudar o sujeito a entender e lidar com seu transtorno: como antecipar e lidar com os gatilhos de episódios de humor, adotar estratégias de manejo de estilo de vida (meditação *mindfulness* para lidar com ansiedade e depressão, investigação de sintomas e sinais de alerta precoces ou prática de habilidades de comunicação), alcançar o controle sobre o abuso de substâncias ou álcool e fazer uso do sistema de saúde mental. Ao discutir as metas de tratamento relacionadas ao seu transtorno, o terapeuta pode ir além de algo como "Queremos que você fique mais estável"?

"Qual modalidade de terapia (individual, em grupo ou familiar/de casal) é mais adequada para mim?"

ESTRATÉGIA PARA ASSUMIR O CONTROLE 1: Descubra se você se sente à vontade em grupos de apoio

Alguns tratamentos são realizados em grupos com outras pessoas com transtorno bipolar. Há evidências de que os formatos de psicoeducação em grupo e familiar podem ser mais eficazes na prevenção de recaídas de doenças do que os formatos de terapia individual no transtorno bipolar. Os tratamentos em grupo com outras pessoas com esse transtorno permitem que você veja como os outros lidam com essa condição e não se sinta tão sozinho em suas lutas. Você pode ter certeza de que outras pessoas do grupo enfrentaram o estigma social, tiveram dificuldades para lidar com o sistema de saúde mental, tiveram dúvidas sobre quais medicamentos tomar e enfrentaram problemas familiares ou de relacionamento relacionados à doença.

Nem todo mundo se sente à vontade em terapia de grupo. Você pode ficar desconfortável em relação a explorar assuntos privados com estranhos, cuja disposição de manter suas informações pessoais em sigilo pode não parecer confiável. É possível que você se preocupe achando que os outros vão zombar das suas preocupações, ou que se encontre em um grupo com pessoas muito mais velhas ou mais jovens, cujos problemas não se assemelham aos seus, ou com membros que não param de falar sobre si. Normalmente, experimenta-se um grupo uma ou duas vezes antes de se comprometer com ele. Se a composição for adequada, você pode se surpreender com a sensação de apoio que as pessoas podem proporcionar.

Em geral, a terapia de grupo para transtorno bipolar é estruturada com um líder que é um profissional treinado (psicólogo ou outro profissional de saúde) e que conduz o grupo em exercícios orientados para o desenvolvimento de habilidades, tais como chegar a um acordo sobre formas de lidar com os efeitos colaterais da medicação, elaborar uma lista de sinais de alerta precoce ou aprender a lidar com situações estigmatizantes. O líder pode ser, também, um "conselheiro de pares", isto é, um indivíduo com transtorno bipolar treinado para ajudar outras pessoas. Esse trabalho com grupos costuma ser fornecido de forma gratuita pelos serviços públicos.*

ESTRATÉGIA PARA ASSUMIR O CONTROLE 2: Pese os prós e contras de ter seus pais ou seu parceiro envolvidos no tratamento

A terapia focada na família (tratamento de 4 a 6 meses desenvolvido por mim e minha equipe na University of California, Los Angeles (UCLA), e na University of Colorado) é eficaz na prevenção de recaídas e na redução da gravidade dos sintomas de humor em pessoas com transtorno bipolar, além de haver benefícios à família ou a relacionamentos conjugais. Se encontrar um profissional que trabalhe com famílias de pessoas com transtorno bipolar, você poderá realizar algumas ou todas as ações citadas a seguir, ainda que esse profissional não tenha treinamento formal em terapia focada na família.

* N. de R. T. No contexto brasileiro, o tratamento de terapia em grupos geralmente é fornecido gratuitamente em Centros de Atenção Psicossocial (CAPS) e em programas especializados de universidades públicas. A Associação Brasileira de Familiares, Amigos e Portadores de Transtornos Afetivos (Abrata) (https://www.abrata.org.br) também disponibiliza grupos de apoio para pacientes com transtorno bipolar.

- Ensinar sua família sobre seus sinais precoces de episódios depressivos ou maníacos e como oferecer apoio quando você estiver entrando ou saindo de um episódio.
- Recalibrar as expectativas dos familiares quando seu funcionamento cognitivo estiver prejudicado durante ou após um episódio.
- Aprender e praticar habilidades de comunicação e resolução de problemas relacionados à doença e à vida familiar (por exemplo, como falar sobre medicação; como podem expressar suas expectativas em relação a você sem críticas).
- Esclarecer mal-entendidos sobre suas motivações (como a acusação por parte de seus pais de que você não está se esforçando o suficiente) ou sobre as diferenças entre seus traços de personalidade e seus sintomas de humor.
- Obter apoio de seus parentes na comunicação com seu médico ou outros profissionais relevantes.

Obviamente, a terapia familiar com os pais ou irmãos não é para todos. Primeiro, pode ser difícil falar sobre seu transtorno com os familiares presentes, ainda mais se você tiver ressentimentos recentes sobre como eles o trataram durante episódios atuais ou anteriores. Alguns pais se recusam a se envolver porque temem ser culpados por causar a doença, seja pela forma como criaram seus filhos ou pelos genes transmitidos. Há uma longa e infeliz história na área de saúde mental de culpar os pais por vários problemas emocionais em seus filhos. Um bom terapeuta familiar deixará claro que ele não responsabiliza ninguém pela existência da doença.

Se seus parentes quiserem aprender sobre seu transtorno, mas você não conseguir encontrar um terapeuta familiar adequado, ou se você ou eles não quiserem fazer terapia juntos, existem grupos para parentes, como o programa Family-to-Family da National Alliance on Mental Illness (*www.nami.org/Support-Education/Mental-HealthEducation/NAMI-Family-to-Family*) ou os grupos de apoio For Friends and Family da Depression and Bipolar Support Alliance (*www.dbsalliance.org/support/for-friends-family*).*

* N. de R. T. No Brasil, a Abrata (https://www.abrata.org.br) é uma fonte de suporte para pacientes com transtorno bipolar e seus familiares, disponibilizando também grupos de apoio.

ESTRATÉGIA PARA ASSUMIR O CONTROLE 3: Encontre um bom terapeuta familiar ou de casal

A terapia familiar e de casal envolve um conjunto específico de técnicas que nem todos os terapeutas são treinados para fornecer. Procure opções locais para terapeutas familiares pesquisando na internet, ou por meio da indicação de outros profissionais de saúde mental. Depois, restrinja a pesquisa a um ou mais profissionais que tenham alguma experiência com transtorno bipolar.

A terapia familiar e de casal pode ser feita *on-line*, com a vantagem de você e seu cônjuge ou seus familiares não precisarem percorrer longas distâncias para uma sessão de uma hora.

Seja minucioso ao avaliar seu terapeuta familiar ou de casal: profissionais que atendem nessa modalidade variam bastante em termos de habilidade, treinamento e experiência (sem falar no custo). Você pode entrevistá-los por telefone antes de se comprometer. Pergunte com que frequência já trabalharam com pessoas com transtorno bipolar em um contexto familiar ou de casal, como costumam proceder e se manterão contato regular com seu médico prescritor.

Um exemplo de terapia focada na família

Karla tinha 18 anos e estava no último ano do ensino médio. Após o início de um episódio depressivo, ela iniciou sessões de terapia focada na família com dois irmãos mais velhos (uma irmã biológica e um meio-irmão), sua mãe e seu padrasto. O terapeuta começou com a concordância de Karla para discutir seu diagnóstico de transtorno bipolar com seus familiares e incentivou seus pais e irmãos a compartilharem suas observações sobre os sintomas. Os membros da família divergiam em suas explicações sobre a depressão de Karla: trauma de infância, hereditariedade, estresse, "preguiça" ou (nas palavras do irmão mais velho), "hormônios, provavelmente". Karla também descreveu períodos claros de aumento de energia, irritabilidade, comportamento impulsivo, diminuição do sono e hipersexualidade, nenhum dos quais notado por seus familiares. Ela se sentia desligada de sua família, dizendo: "Todos estão ocupados cuidando da sua própria vida".

Karla e seus familiares tinham opiniões diferentes sobre a necessidade de ela tomar remédios. A jovem expressou medo de haver "algo errado com meu cérebro, talvez esteja danificado" e que tomar remédio arruinaria suas chances de entrar em uma boa faculdade. Sua mãe queria que ela experimentasse o escitalopram, mas não levou em consideração que os antidepressivos pudessem não ser a primeira recomendação para uma pessoa com transtorno bipolar. Seu padrasto expressou preocupação com o "vício" em medicamentos psiquiátricos, o que, segundo o médico, não precisaria ser uma preocupação com estabilizadores de humor ou antipsicóticos.

O terapeuta incentivou os familiares de Karla a compartilharem suas próprias experiências de tratamento para depressão; na verdade, a mãe e a irmã mais velha tiveram episódios depressivos e receberam inibidores seletivos da recaptação da serotonina e terapia. Essa conversa fez Karla sentir-se menos estigmatizada — uma questão fundamental subjacente a suas perguntas sobre seu "cérebro danificado". O padrasto de Karla achou a conversa muito útil, pois achava que ela estava sendo preguiçosa e não queria ir para a faculdade. Karla concordou em fazer uma avaliação com um psiquiatra e começou um tratamento experimental com lamotrigina.

A maioria das sessões de terapia focada na família se concentrou em trocas nas quais cada membro praticou uma comunicação aberta e eficaz: serem capazes de ouvir as expressões de dor ou confusão emocional alheias, aprenderem a solicitar mudanças no comportamento uns dos outros (como evitar gritar quando frustrados) e equilibrarem *feedback* negativo ou críticas com elogios. No final do tratamento de quatro meses, a depressão de Karla havia desaparecido; ela seguiu o tratamento com lamotrigina e estava se candidatando ativamente a faculdades. A família relatou maior compreensão sobre o transtorno bipolar e afirmou que a comunicação entre eles estava mais honesta e direta.

Fazendo um balanço

Muitas pessoas creem que o tratamento psicossocial é tão importante quanto os medicamentos, mas é preciso encontrar o terapeuta certo, que trate de questões relevantes para a vida e o transtorno do paciente. Ao escolher um terapeuta, reserve um tempo para ver o que ele tem a oferecer. Pode ser um compromisso de longo prazo, e faz sentido escolher com sabedoria se você tiver opções, mesmo que isso signifique ficar procurando um terapeuta por certo tempo.

Seja um "consumidor informado" quando se trata de obter o que precisa da terapia. Uma boa terapia deve proporcionar ao paciente uma melhor compreensão do seu transtorno, além de ensinar maneiras de melhorar seus relacionamentos, lidar com o estresse, implementar ajustes no estilo de vida e funcionar bem na escola ou no trabalho. Às vezes, o que você aborda na terapia será muito relevante para seu transtorno (ou transtornos comórbidos como o transtorno de déficit de atenção/hiperatividade) e, em outras ocasiões, será totalmente distinto. A eficácia da terapia pode aumentar e diminuir ao longo do tempo, mas é fundamental que você e seu terapeuta estejam em sintonia quanto aos objetivos.

Se seu terapeuta e psiquiatra trabalham em equipe, com comunicação regular, é como ter uma segunda família que se preocupa o suficiente com você para garantir que seu tratamento seja ideal. Nas palavras de Kay Jamison, "psicoterapia... é onde acreditei — ou aprendi a acreditar — que um dia poderia ser capaz de lidar com tudo isso" (1995, páginas 88-89).

Referências

Introdução

Miklowitz, D. J. (2019). *The bipolar disorder survival guide: What you and your family need to know* (3rd ed.). New York: Guilford Press.

Parte Um

American Psychiatric Association. (2022). *Diagnostic and statistical manual of mental disorders* (5th ed., text rev.). Arlington, VA: Author.

Capítulo 1

American Psychiatric Association. (2022). *Diagnostic and statistical manual of mental disorders* (5th ed., text rev.). Arlington, VA: Author.

Geddes, J. R., Calabrese, J. R., & Goodwin, G. M. (2009). Lamotrigine for treatment of bipolar depression: Independent meta-analysis and meta-regression of individual patient data from five randomised trials. *British Journal of Psychiatry, 194*(1), 4–9.

Teasdale, J., Williams, M., & Segal, Z. (2014). *The mindful way workbook: An 8-week program to free yourself from depression and emotional distress*. New York: Guilford Press.

Williams, M., Teasdale, J., Segal, Z., & Kabat-Zinn, J. (2007). *The mindful way through depres- sion: Freeing yourself from chronic unhappiness*. New York: Guilford Press.

Williams, M., Teasdale, J., Segal, Z., & Kabat-Zinn, J. (in press). *The mindful way through depres- sion: Freeing yourself from chronic unhappiness* (2nd ed.). New York: Guilford Press.

Zarate, C. A. J., Brutsche, N. E., Ibrahim, L., Franco-Chaves, J., Diazgranados, N., Cravchik, A., . . . Luckenbaugh, D. A. (2012). Replication of ketamine's antidepressant efficacy in bipolar depression: A randomized controlled add-on trial. *Biological Psychiatry, 71*(11), 939–946.

Capítulo 3

Wagner, A. P. (2002). *Worried no more: Help and hope for anxious children*. Lighthouse Point, FL: Lighthouse Press.

Capítulo 4

Garrett, A. S., Armstrong, C., Chang, K. D., Singh, M. K., Walshaw, P. D., & Miklowitz, D. J. (2021). Neural changes in youth at high risk for bipolar disorder undergoing family-focused ther- apy or psychoeducation. *Bipolar Disorders, 23*(6), 604–614.

Strakowski, S. M., Adler, C. M., Almeida, J., Altshuler, L. L., Blumberg, H. P., Chang, K. D., . . . Townsend, J. D. (2012). The functional neuroanatomy of bipolar disorder: A consensus model. *Bipolar Disorders, 14*(4), 313–325.

Williams, J. M. G., & Penman, D. (2011). *Mindfulness: An 8-week plan for finding peace in a frantic world.* Emmaus, PA: Rodale Books.

Capítulo 5

Hooley, J. M., & Franklin, J. C. (2018). Why do people hurt themselves? A new conceptual model of non-suicidal self-injury. *Clinical Psychological Science, 6*, 428–451.

Jamison, K. R. (2000). *Night falls fast: Understanding suicide.* New York: Vintage Books.

Kiekens, G., Claes, L., Hasking, P., Mortier, P., Bootsma, E., Boyes, M., . . . Bruffaerts, R. (2023). A longitudinal investigation of non-suicidal self-injury persistence patterns, risk factors, and clinical outcomes during the college period. *Psychological Medicine, 53*(13), 6011–6026.

Solomon, A. (2002). *Noonday demon: An atlas of depression*: New York: Scribner.

Styron, W. (1992). *Darkness visible: A memoir of madness.* New York: Vintage Books.

Wilkinson, S. T., Trujillo Diaz, D., Rupp, Z. W., Kidambi, A., Ramirez, K. L., Flores, J. M., . . . Bloch, M. H. (2023). Pharmacological and somatic treatment effects on suicide in adults: A systematic review and meta-analysis. *Focus, 21*(2), 197–208.

Capítulo 6

Carney, C. E., Buysse, D. J., Ancoli-Israel, S., Edinger, J. D., Krystal, A. D., Lichstein, K. L., & Morin, C. M. (2012). The consensus sleep diary: Standardizing prospective sleep self- monitoring. *Sleep, 35*(2), 287–302.

Giglio, L. M., Magalhaes, P. V., Andersen, M. L., Walz, J. C., Jakobson, L., & Kapczinski, F. (2010). Circadian preference in bipolar disorder. *Sleeping and Breathing, 14*(2), 153–155.

Gruber, J., Harvey, A. G., Wang, P. W., Brooks, J. O., 3rd, Thase, M. E., Sachs, G. S., & Ketter, T. A. (2009). Sleep functioning in relation to mood, function, and quality of life at entry to the Systematic Treatment Enhancement Program for Bipolar Disorder (STEP-BD). *Journal of Affective Disorders, 114*(1–3), 41–49.

Kaplan, K. A., Talavera, D. C., & Harvey, A. G. (2018). Rise and shine: A treatment experiment testing a morning routine to decrease subjective sleep inertia in insomnia and bipolar disorder. *Behavior Research and Therapy, 111*, 106–112.

Ohayon, M. M., Mahowald, M. W., & Leger, D. (2014). Are confusional arousals pathological? *Neurology, 83*(9), 834–841.

Soreca, I., Levenson, J., Lotz, M., Frank, E., & Kupfer, D. J. (2012). Sleep apnea risk and clinical correlates in patients with bipolar disorder. *Bipolar Disorders, 14*(6), 672–676.

Capítulo 7

Cohen, M., Baker, G., Cohen, R. A., Fromm-Reichmann, F., & Weigert, V. (1954). An intensive study of 12 cases of manic-depressive psychosis. *Psychiatry, 17*, 103–137.

Miklowitz, D. J. (2007). The role of the family in the course and treatment of bipolar disorder. *Current Directions in Psychological Science, 16*(4), 192–196.

Miklowitz, D. J., Efthimiou, O., Furukawa, T. A., Scott, J., McLaren, R., Geddes, J. R., & Cipriani, A. (2021). Adjunctive psychotherapies for bipolar disorder: A systematic review and network meta-analysis. *JAMA Psychiatry, 78*(2), 141–150.

Sagar, K. A., Dahlgren, M. K., Gonenc, A., & Gruber, S. A. (2013). Altered affective processing in bipolar disorder: An fMRI study. *Journal of Affective Disorders, 150*(3), 1192–1196.

Wegbreit, E., Weissman, A. B., Cushman, G. K., Puzia, M. E., Kim, K. L., Leibenluft, E., & Dickstein, D. P. (2015). Facial emotion recognition in childhood-onset bipolar I disorder: An evaluation of developmental differences between youths and adults. *Bipolar Disorders, 17*(5), 471–485.

Capítulo 8

Comfort, A. (2013). *The joy of sex: The ultimate revised edition*. New York: Harmony.

Jamison, K. R. (1995). *An unquiet mind: A memoir of moods and madness*. New York: Knopf.

Keck, P. E., Jr., McElroy, S. L., Strakowski, S. M., West, S. A., Sax, K. W., Hawkins, J. M., . . . Haggard, P. (1998). Twelve-month outcome of patients with bipolar disorder following hospi- talization for a manic or mixed episode. *American Journal of Psychiatry, 155*, 646–652.

Rydahl, K. F. K., Brund, R. B. K., Medici, C. R., Straarup, K. M. N., Straszek, S. P. V., & Ostergaard, S. D. (2022). Bipolar disorder and regretted behavior in relation to use of social media and online dating. *Bipolar Disorders, 24*(1), 27–38.

Capítulo 9

Gitlin, M. J., Mintz, J., Sokolski, K., Hammen, C., & Altshuler, L. L. (2011). Subsyndromal depressive symptoms after symptomatic recovery from mania are associated with delayed functional recovery. *Journal of Clinical Psychiatry, 72*(5), 692–697.

Iverson, G. L., Brooks, B. L., Langenecker, S. A., & Young, A. H. (2011). Identifying a cognitive impairment subgroup in adults with mood disorders. *Journal of Affective Disorders, 132*(3), 360–367.

Jamison, K. R. (1993). *Touched with fire: Manic-depressive illness and the artistic temperament*. New York: Macmillan International.

Loprinzi, P. D., Roig, M., Etnier, J. L., Tomporowski, P. D., & Voss, M. (2021). Acute and chronic exercise effects on human memory: What we know and where to go from here. *Journal of Clinical Medicine, 10*(21), 4812.

O'Donnell, L., Helmuth, M., Williams, S., McInnis, M. G., & Ryan, K. A. (2023). Predictors of employment status and stability in bipolar disorder: Findings from an 8-year longitudinal study. *Journal of Affective Disorders, 321*, 1–7.

Torres, I. J., Boudreau, V. G., & Yatham, L. N. (2007). Neuropsychological functioning in euthymic bipolar disorder: A meta-analysis. *Acta Psychiatrica Scandinavica Supplementum, 434*, 17–26.

U.S. Equal Employment Opportunity Commission. (1990). *The Americans with Disabilities Act of 1990, Titles I and V*. Washington, DC: Author. Accessed November 30, 2023, from *www.eeoc.gov/statutes/titles-i-and-v-americans-disabilities-act-1990-ada*

Ventriglio, A., Sancassiani, F., Contu, M. P., Latorre, M., Di Slavatore, M., Fornaro, M., & Bhugra, D. (2020). Mediterranean diet and its benefits on health and mental health: A literature review. *Clinical Practice and Epidemiology in Mental Health, 16*(Suppl. 1), 156–164.

Capítulo 10

Bauer, I. E., Galvez, J. F., Hamilton, J. E., Balanza-Martinez, V., Zunta-Soares, G. B., Soares, J. C., & Meyer, T. D. (2016). Lifestyle interventions targeting dietary habits and exercise in bipolar disorder: A systematic review. *Journal of Psychiatric Research, 74*, 1–7.

Lewis, M. A., & Rook, K. S. (1999). Social control in personal relationships: Impact on health behaviors and psychological distress. *Health Psychology, 18*(1), 63–71.

Sylvia, L. G. (2015). *The wellness workbook for bipolar disorder: Your guide to getting healthy and improving your mood*. Oakland, CA: New Harbinger.

Capítulo 11

Albers, S. (2012). Eating mindfully: How to end mindless eating and enjoy a balanced relationship with food (2nd ed.). Oakland, CA: New Harbinger.

Beyer, J. L., & Payne, M. E. (2016). Nutrition and bipolar depression. *Psychiatric Clinics of North America, 39*(1), 75–86.

Brown, A. J., Smith, L. T., & Craighead, L. W. (2010). Appetite awareness as a mediator in an eating disorders prevention program. *Eating Disorders, 18*(4), 286–301.

Craighead, L. W. (2006). *The appetite awareness workbook: How to listen to your body and overcome bingeing, overeating, and obsession with food*. Oakland, CA: New Harbinger.

Craighead, L. W. (2017). *Training your inner pup to eat well: Let your stomach be your guide*. Alpharetta, GA: Lanier Press.

Dsouza, A., Haque, S., & Aggarwal, R. (2019). The influence of ketogenic diets on mood stability in bipolar disorder. *Asian Journal of Psychiatry, 41*, 86–87.

Dunbar, R. I. M. (2017). Breaking bread: The functions of social eating. *Adaptive Human Behavior and Physiology, 3*(3), 198–211.

Frigerio, S., Strawbridge, R., & Young, A. H. (2021). The impact of caffeine consumption on clinical symptoms in patients with bipolar disorder: A systematic review. *Bipolar Disorders, 23*(3), 241–251.

Fung, T. T., Long, M. W., Hung, P., & Cheung, L. W. (2016). An expanded model for mindful eating for health promotion and sustainability: Issues and challenges for dietetics practice. *Journal of the Academy of Nutrition and Dietetics, 116*(7), 1081–1086.

Goehler, L. (2022). *Food for thought: Changing how we feel by changing how we eat*. New York: Institute for Disease and Disaster Management.

Kilbourne, A. M., Rofey, D. L., McCarthy, J. F., Post, E. P., Welsh, D., & Blow, F. C. (2007). Nutrition and exercise behavior among patients with bipolar disorder. *Bipolar Disorders, 9*(5), 443–452.

Luo, J., Xia, M., & Zhang, C. (2022). The effects of chewing gum on reducing anxiety and stress: A meta-analysis of randomized controlled trials. *Journal of Healthcare Engineering*, 8606693.

McElroy, S. L., Kemp, D. E., Friedman, E. S., Reilly-Harrington, N. A., Sylvia, L. G., Calabrese, J. R., . . . Shelton, R. C. (2016). Obesity, but not metabolic syndrome, negatively affects outcome in bipolar disorder. *Acta Psychiatrica Scandinavica, 133*(2), 144–153.

Miquel, S., Haddou, M. B., & Day, J. E. L. (2019). A systematic review and meta-analysis of the effects of mastication on sustained attention in healthy adults. *Physiology and Behavior, 202*, 101–115.

Thich Nhat Hanh & Cheung, L. (2010). *Savor: Mindful eating, mindful life*. San Francisco: HarperOne.

Capítulo 12

Broyd, S. J., van Hell, H. H., Beale, C., Yucel, M., & Solowij, N. (2016). Acute and chronic effects of cannabinoids on human cognition—a systematic review. *Biological Psychiatry, 79*(7), 557–567.

Cerullo, M. A., & Strakowski, S. M. (2007). The prevalence and significance of substance use disorders in bipolar type I and II disorder. *Substance Abuse Treatment, Prevention, and Policy, 2*, 29.

DelBello, M. P., Strakowski, S. M., Sax, K. W., McElroy, S. L., Keck, P. E., Jr., West, S. A., & Kmetz, G. F. (1999). Familial rates of affective and substance use disorders in patients with first- episode mania. *Journal of Affective Disorders, 56*(1), 55–60.

Fusar-Poli, P., Crippa, J. A., Bhattacharyya, S., Borgwardt, S. J., Allen, P., Martin-Santos, R., . . . McGuire, P. K. (2009). Distinct effects of delta9-tetrahydrocannabinol and cannabidiol on neural activation during emotional processing. *Archives of General Psychiatry, 66*(1), 95–105.

Hjorthoj, C., Ostergaard, M. L., Benros, M. E., Toftdahl, N. G., Erlangsen, A., Andersen, J. T., & Nordentoft, M. (2015). Association between alcohol and substance use disorders and allcause and cause-specific mortality in schizophrenia, bipolar disorder, and unipolar depression: A nationwide, prospective, register-based study. *Lancet Psychiatry, 2*(9), 801–808.

McPheeters, M., O'Connor, E. A., Riley, S., Kennedy, S. M., Voisin, C., Kuznacic, K., . . . Jonas, E. (2023). Pharmacotherapy for alcohol use disorder: A systematic review and meta- analysis. *JAMA, 330*(17), 1653–1665.

Pintori, N., Caria, F., De Luca, M. A., & Miliano, C. (2023). THC and CBD: Villain versus hero? Insights into adolescent exposure. *International Journal of Molecular Sciences, 24*(6), 5251.

Single, E. (1996). Harm reduction as an alcohol-prevention strategy. *Alcohol Health and Research World, 20*(4), 239–243. *www.ncbi.nlm.nih.gov/pmc/articles/PMC6876518*

Strakowski, S. M., DelBello, M. P., Fleck, D. E., Adler, C. M., Anthenelli, R. M., Keck, P. E., Jr., . . . Amicone, J. (2005). Effects of co-occurring alcohol abuse on the course of bipolar disorder following a first hospitalization for mania. *Archives of General Psychiatry, 62*(8), 851–858.

Strakowski, S. M., DelBello, M. P., Fleck, D. E., & Arndt, S. (2000). The impact of substance abuse on the course of bipolar disorder. *Biological Psychiatry, 48*(6), 477–485.

Tourjman, S. V., Buck, G., Jutras-Aswad, D., Khullar, A., McInerney, S., Saraf, G., . . . Beaulieu, S. (2023). Canadian Network for Mood and Anxiety Treatments (CANMAT) task force report: A systematic review and recommendations of cannabis use in bipolar disorder and major depressive disorder. *Candian Journal of Psychiatry, 68*(5), 299–311.

Capítulo 13

American Psychiatric Association. (2022). *Diagnostic and statistical manual of mental disorders* (5th ed., text rev.). Arlington, VA: Author.

Baldessarini, R. J., Tondo, L., Ghiani, C., & Lepri, B. (2010). Illness risk following rapid versus gradual discontinuation of antidepressants. *American Journal of Psychiatry, 167*(8), 934–941.

Baldessarini, R. J., Tondo, L., & Hennen, J. (1999). Effects of lithium treatment and its discontinuation on suicidal behavior in bipolar manic-depressive disorders. *Journal of Clinical Psychiatry, 60*(Suppl. 2), 77–84.

Goldberg, J. F., DelBello, M. P., & Swartz, H. A. (2022). Expanded treatment options and addressing unmet needs in the diagnosis and treatment of bipolar disorder. *Journal of Clinical Psychia- try, 83*(6), MS21058AH5.

Hirschfeld, R. M., Lewis, L., & Vornik, L. A. (2003). Perceptions and impact of bipolar disorder: How far have we really come? Results of the National Depressive and Manic-Depressive Association 2000 Survey of Individuals with Bipolar Disorder. *Journal of Clinical Psychiatry, 64*, 161–174.

Miklowitz, D. J., & Gitlin, M. J. (2015). *Clinician's guide to bipolar disorder*. New York: Guilford Press.

Suppes, T., Baldessarini, R. J., Faedda, G. L., Tondo, L., & Tohen, M. (1993). Discontinuation of maintenance treatment in bipolar disorder: Risks and implications. *Harvard Review of Psychiatry, 1*(3), 131–144.

Capítulo 14

Jamison, K. R. (1995). *An unquiet mind: A memoir of moods and madness*. New York: Knopf.

Miklowitz, D. J. (2010). *Bipolar disorder: A family-focused treatment approach* (2nd ed.). New York: Guilford Press.

Miklowitz, D. J., Efthimiou, O., Furukawa, T. A., Scott, J., McLaren, R., Geddes, J. R., & Cipriani, (2021). Adjunctive psychotherapies for bipolar disorder: A systematic review and component network meta-analysis. *JAMA Psychiatry, 78*(2), 141–150.

Índice

B

C

D

F

I

J

K

L

M

N

O

P

Q

R

S

U

V

Z